Quentin Ludwig

Comprendre le judaïsme

Troisième tirage 2006

EYROLLES

Éditions Eyrolles
61, Bld Saint-Germain
75240 Paris Cedex 05
www.editions-eyrolles.com

Direction de la collection « Eyrolles pratique » : gheorghi@grigorieff.com
Maquette intérieure et mise en page : M2M
Corrections : Emmanuel Scavée
Illustrations : Nicolas Thomisse, à l'exception des gravures des XVIIIe et XIXe siècles (pages 21, 22, 34, 49, 50, 59, 63, 110, 112, 137, 139, 147, 151, 154, 177, 184, 185)
Illustrations provenant de collections libres de droits : pages 23, 52, 73, 80, 190, 207
Photographies Corel : pages 30, 101, 103, 127, 179, 183, 201
Photographies des pages 161 à 166 : docteur F. Lamesch

Comprendre le judaïsme

Dans la collection Eyrolles Pratique :

- *Communiquer en arabe maghrébin*, Yasmina Bassaïne et Dimitri Kijek
- *QCM de culture générale*, Pierre Biélande
- *QCM Histoire de France*, Nathan Grigorieff
- *Citations latines expliquées*, Nathan Grigorieff
- *Philo de base*, Vladimir Grigorieff
- *Religions du monde entier*, Vladimir Grigorieff
- *Dictionnaire des symboles*, Miguel Mennig
- *QCM Histoire de l'art*, David Thomisse
- *Comprendre l'islam*, Quentin Ludwig
- *Comprendre l'Europe*, Tania Régin

Sommaire

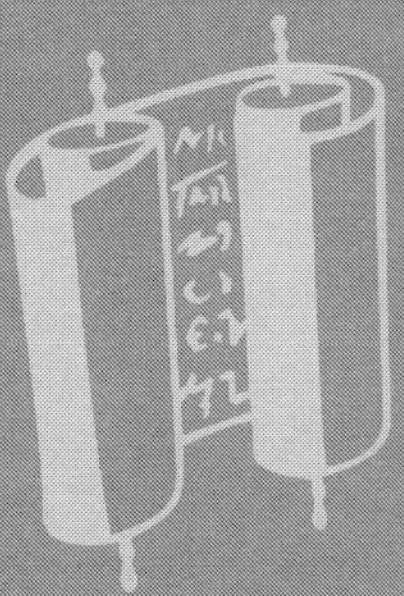

Introduction

Avertissement général

Plongeant dans le temps, à 3000, 2000 ou 1000 ans de distance, on s'éloigne de la vérité, du moins de la vérité dite historique, réelle, vérifiable. Abraham, s'il a existé, était sans doute un Apirou, moitié berger moitié mercenaire (voir la chronologie, à la page 201) mais il n'a certainement pas vécu plus de cent ans et son épouse n'a pu enfanter à l'âge d'être arrière-grand-mère. Moïse n'existe que dans la Bible et n'est attesté par aucun autre document. Qui était-il ? On n'en sait trop rien. Par contre, d'après ce qu'en connaissent aujourd'hui les archéologues, la ville de Jéricho n'a jamais été fortifiée et la circumambulation magique n'est donc qu'une légende de plus. Le Temple était loin d'être aussi majestueux que le laisse supposer sa description dans les livres et Salomon n'était pas si sage que cela. Nous pourrions continuer ainsi longtemps mais cela manque d'intérêt. Peu importe qu'un personnage ait existé ou non, peu importe qu'une bataille ait réellement eut lieu : ce qui compte c'est la manière dont cette personne ou cette bataille a pu s'inscrire comme mythe fondateur, son rôle psychologique ou sociologique. Les récits bibliques ont été écrits souvent plusieurs centaines d'années après les faits : comment imaginer qu'ils soient le reflet de la vérité ? Il faut donc lire la Bible avec un certain recul et n'y rien prendre pour argent comptant.

Aujourd'hui, en Europe, on ne croit plus qu'Adam et Ève soient nos parents, les premiers humains : et c'est fort heureux. Que cela ne nous empêche cependant pas de continuer à les traiter — de même que Moïse, Abraham, Josué, Joseph et tous les autres — comme des personnes réelles parées de toutes les qualités que la Bible leur attribue. C'est à l'aide de ces structures familiales, claniques puis étatiques que la religion s'est construite... et ce n'est pas une mince affaire.

Néanmoins, si on interprète un épisode biblique, il faut « coller » à sa réalité et ne pas se fourvoyer comme cette psychanalyse qui, tout récemment dans une revue religieuse, au sujet du sacrifice d'Isaac, base son argumentation sur une réflexion de ce dernier (« comme tout enfant, il a le don d'aller au cœur du sujet », dit l'article) alors qu'Isaac, la Bible en témoigne, avait déjà plus de trente ans lors de sa « ligature » et était donc une victime consentante et non point un enfant en bas âge.

Vois, je mets devant toi la vie et la mort... Choisis la vie. (Deutéronome, 30, 19)

Tout est entre les mains de Dieu, sauf la crainte de Dieu. (Rabbi Akiba, IIe siècle)

Les Juifs ont une façon à eux de signaler quand ils veulent prendre la parole : ils la coupent aux autres ![1]

Ce modeste ouvrage ne se prétend qu'une introduction au judaïsme. La religion juive, fondement du judaïsme, y est bien entendu privilégiée mais il nous a semblé impossible de faire l'impasse sur certains thèmes (ou mots-clés) que le lecteur s'étonnerait de ne pas trouver dans un ouvrage de ce type car il les associe immanquablement au judaïsme. Il s'agit par exemples de la Shoah, du judaïsme laïque, de l'humour juif, de l'État d'Israël, etc. Bien entendu ces questions sont traitées de manière très concise (et jamais sous l'angle politique) mais en donnant au lecteur novice les éléments nécessaires pour en approfondir le sujet (par exemple, en lui signalant quelques lectures utiles).

D'Abraham à aujourd'hui, l'histoire du judaïsme couvre plus de 5000 ans et s'étend sur tous les continents : sa découverte est donc inépuisable. Néanmoins, il existe un consensus général sur certains points-clés : c'est à ceux-ci que nous avons consacrés les principaux articles de cet ouvrage. Le judaïsme demeure une grande inconnue pour les non juifs (c'est-à-dire l'immense majorité de l'humanité : près de 6 milliards d'êtres humains non-Juifs contre quelques millions de Juifs seulement) même s'ils sont cultivés. Il n'y a pas si longtemps, un ecclésiastique écrivait « Ut narrat rabbinus Talmud » ; il est vrai qu'un sort identique est arrivé à Pâris et au Pirée... mais cela n'excuse rien.

Avant de proposer au lecteur d'entamer la lecture de cet ouvrage, je souhaite apporter quelques précisions sémantiques et aussi une explication générale sur le judaïsme d'aujourd'hui.

Préliminaires

Avant la destruction du Second Temple

Grosso modo, on peut dire que l'histoire de la religion juive peut se scinder en deux périodes précises : la période qui précède la destruction du Second Temple (en l'an 70 è.c.)* et la période qui suit cette disparition. Pour les Juifs, la destruction du Temple est un événement d'une extrême importance. Le Temple étant détruit la vie religieuse ne peut plus s'effectuer comme auparavant : les sacrifices sont interdits, la prêtrise n'existe plus, certains commandements (*mitzvoth*) sont inexécutables, le peuple juif vit dans un état perpétuel d'impureté religieuse... Bien entendu, la synagogue s'est substituée, en partie, au Temple mais toutes les fonctions du Temple ne sont pas, loin de là, transférées à la synagogue ; les rabbins ont remplacé les prêtres mais ils n'exercent plus les mêmes fonctions n'étant pas ordonnés. Ainsi, lorsqu'on décrit une fonction religieuse, il faut être très attentif à l'époque dont on parle : était-ce avant la destruction du Temple ou après celle-ci ? Malgré cela, le Juif d'aujourd'hui (s'il est orthodoxe et orthopraxe**, bien entendu) doit toujours observer certaines « règles » datant de l'époque du Temple. Ainsi, pour ne donner qu'un exemple, les prêtres (*cohanim*) et leurs « vicaires » (*lévites*) continuent à observer des règles strictes concernant le mariage ou la fréquentation des cimetières. Dans la pratique quotidienne pourtant leurs « avantages » se limitent à peu de choses : à la synagogue, pour la lecture de la Torah, c'est d'abord un *cohen* qui est appelé, puis un *lévite*.

Après la destruction du Second Temple

Pour ce qui concerne la seconde période, qui s'étend de la destruction du Temple (70 è.c.) à aujourd'hui, le sort du peuple juif a toujours été (à de rares exceptions près) celui de l'Exil, celui de la Diaspora. Il faut cependant y retenir quelques dates et éléments-clés sans lesquels bien des événements ne seraient pas compréhensibles. Retenons :

- La destruction du Premier Temple et l'exil à Babylone (-566).
- La fin de la dernière dynastie juive, les Hasmonéens (-63).
- La destruction du Second Temple (70).
- La disparition de la Judée et révolte de Bar Kokhba (132).
- La Première Croisade (1095).
- L'Inquisition (1231).
- L'expulsion des Juifs de France (1394), d'Espagne (1492), du Portugal (1496).
- Les pogroms des troupes de Chmielnicki en Pologne (1648).
- L'émancipation des Juifs de France (1791).
- La Shoah (1940-1945).
- La création de l'État d'Israël (1948).

* **è.c.** : voir page 17.

** **orthopraxe** : dont la pratique est parfaitement conforme à la Loi.

On signalera, dès maintenant, que le peuple juif a conclu un pacte, une Alliance, avec Dieu. Aussi, pour les Juifs religieux, tout événement dramatique doit être interprété comme une punition suite à l'impiété du peuple Juif. Dès lors, on sera attentif au fait que tout événement dramatique aura comme répercussion dans le judaïsme un surcroît de piété et d'espérance messianique.

Histoire du peuple juif

Il n'est pas possible de raconter cette histoire qui s'étend sur plusieurs milliers d'années en quelques pages ni, *a fortiori*, en quelques lignes. Pour comprendre les différents événements, il est néanmoins nécessaire d'en connaître les grandes lignes.

L'époque mésopotamienne

L'ancêtre de toutes les religions monothéistes (judaïsme, christianisme, islam) est Abraham. Nous lui consacrons une rubrique particulière. Abraham est le premier à avoir pressenti le monothéisme : c'est un *hânif*, un monothéiste avant la lettre. La Bible présente Abraham comme un des patriarches. Ces derniers sont au nombre de trois : Abraham, son fils Isaac et le fils de celui-ci Jacob. Pour la Bible, il s'agit de nomades originaires de Mésopotamie (l'actuel Irak) mais qui finissent par s'établir en Égypte où leurs descendants sont réduits en esclavage.

L'époque égyptienne

Moïse (auquel nous consacrons également un article), un Juif ayant reçu une éducation égyptienne, libère, avec l'aide de Dieu, son peuple de l'esclavage et quitte l'Égypte poursuivi par les troupes du pharaon, lesquelles sont noyées dans la mer Rouge. La Bible dit que lui et son peuple traversèrent pendant 40 ans le désert du Sinaï. C'est durant cette traversée du Désert que plusieurs miracles se produisirent et que Moïse reçut de Dieu les *Tables de la Loi*. Néanmoins, Moïse (dont, par ailleurs, à l'exception de la Bible aucun document historique ne fait mention) ne reçoit pas de Dieu l'autorisation d'entrer à Canaan, la Terre Promise. C'est sous la conduite de Josué que le peuple Hébreu prend possession de cette Terre Promise.

La Terre Promise : les Juges

La possession de la Terre Promise n'est pas chose simple. En cas de guerre, les différentes tribus du peuple hébreu s'unissent sous le commandement d'un chef commun dont le pouvoir est provisoire. Il y eut ainsi de nombreux chefs. Dans la Bible, ces chefs sont désignés sous le noms de « Juges ». Le plus célèbre d'entre eux est Samson, à la chevelure magnifique, dont le nom est resté dans la légende. Au fil des années, il apparut cependant que cette union provisoire des tribus n'était pas suffisante pour lutter contre les différents peuples de la région (dont, principalement, les Philistins). Une union durable, sous la conduite d'un chef définitif devint nécessaire. C'est ainsi que, sous la pression du peuple et l'ordre de Dieu, le prophète Samuel oignit comme roi le chef de guerre **Saül**. C'est le **premier roi d'Israël**.

Les rois d'Israël

Saül fut le premier roi d'Israël. À sa mort, c'est un rival qui prend le pouvoir : **David**. Comme Saül, il est oint par le prophète Samuel. David se révèle un brillant chef de guerre (il chasse définitivement les Philistins) qui élargit considérablement les frontières du pays pour en faire l'État le plus puissant de la région syro-cananéenne. Il fait de Jérusalem sa capitale. Son règne est considéré comme celui d'un âge d'or pour les Juifs.

À sa mort, c'est son fils, **Salomon**, qui prend le pouvoir. La tradition le considère comme un « sage ». Il est vrai qu'il donne à l'État une véritable structure et, surtout, il entreprend la construction d'un temple dédié à Yahveh. C'est le **Premier Temple** dont les Juifs, aujourd'hui encore, pleurent la disparition.

À sa mort, son fils, **Roboam**, lui succède mais les tribus du Nord choisissent un autre roi : **Jéroboam**. Roboam règne sur le royaume de Juda (dont la capitale est Jérusalem) et Jéroboam sur le royaume d'Israël (dont la capitale est Samarie).

Les deux États entrent fréquemment en lutte et l'instabilité est grande, surtout dans le royaume d'Israël. Le royaume de Juda est plus stable : tous les rois sont choisis dans la descendance de David. Malgré tout, les deux royaumes finissent par s'éteindre. Le royaume d'Israël disparaît le premier (en -722), conquis par les Assyriens. Le royaume de Juda disparaît en -587, ravagé par Babylone. Le Premier Temple est détruit et les Juifs partent en captivité.

La captivité : Babylone et les Perses

Le dernier royaume juif étant anéanti, l'élite des Juifs est amenée en captivité à Babylone mais certains trouvent refuge dans les pays limitrophes. En -538, Cyrus, le roi de Perse, autorise le retour des exilés. Tous ne souhaitent cependant pas revenir et Babylone restera durant des années un haut lieu du judaïsme. Ceux qui reviennent reconstruisent le nouveau temple. La vie des Juifs sous domination perse est plutôt heureuse et l'autonomie religieuse est assurée. C'est aussi l'époque où la langue hébraïque recule au profit de l'araméen (c'est de cette époque également que date la traduction de la Bible en araméen : le *Targoum*), l'une des langues officielles de l'Empire perse. Cette tranquillité est assurée pendant quasi deux siècles jusqu'à l'arrivée des armées d'Alexandre (vers -330 avant l'è.c.). L'Empire perse est vaincu et les Juifs passent sous la domination des Grecs.

Définitions

Le mot « Israël » désigne pendant une période uniquement le royaume du Nord. Au retour d'Exil, ce mot retrouve son sens premier pour désigner l'ensemble du peuple juif. Le mot « Juif », ne prend son sens qu'à partir de l'exil des Judéens à Babylone.

La domination grecque

La période grecque à ses débuts est également une époque assez calme où les Juifs s'installent dans de nombreux pays. C'est durant cette période hellénistique que la Bible est traduite en langue grecque (la *Septante*[1a]), laquelle remplace progressivement l'hébreu et l'araméen. Malheureusement, l'hyménée n'est que de courte durée : la culture juive se sent menacée par la culture grecque. De fait, Jérusalem est transformée en une cité grecque baptisée Antioche, l'observance de la Loi juive est punie de mort et le Temple est dédié à Zeus Olympien. Cette profanation du Temple est très mal acceptée par les Juifs et conduit à la révolte dite des Maccabées.

La dynastie hasmonéenne

Après la révolte des Maccabées, les droits des Juifs sont reconnus, le Temple est purifié et une nouvelle dynastie juive (les Hasmonéens) règne sur le royaume de Juda (jusqu'à -63). En restaurant l'ancien royaume d'Israël, en se dotant d'une forte armée, en pratiquant une politique de conversion, la dynastie hasmonéenne allait marquer de son empreinte un siècle d'histoire juive et l'apparition de nouvelles tendances dans la société juive : les pharisiens, les sadducéens, les zélotes, les esséniens, etc.

La domination romaine

En -63, Rome, sous la conduite de Pompée, vainc les Grecs et conquiert Jérusalem. Hérode est nommé « roi de Judée ». Les Romains lui concèdent une grande autonomie en tant que monarque d'un « royaume allié ». Il dispose de sa propre armée et agrandit son territoire, lequel compte plus d'un million d'habitants. Les chrétiens connaissent bien ce roi sous lequel le Christ fut condamné à mort. Quelques années après sa mort, le royaume passe sous domination directe de Rome, laquelle envoie des procurateurs. Ceux-ci connaissent mal les coutumes des Juifs et sont difficilement acceptés par la population. En 66, un banal accident (un procurateur puise quelque argent dans le Trésor du Temple) met le feu aux poudres : c'est l'insurrection générale. Les Romains n'ont pas la main tendre... Les Juifs sont massacrés ou réduits en esclavage. En 70, Titus s'empare de Jérusalem et incendie le Second Temple à la date anniversaire de la destruction du Premier Temple. Les Juifs passent sous domination romaine.

En 132, une nouvelle révolte juive, conduite par Bar Kokhba, éclate. Elle est rapidement matée et un temple dédié à Jupiter est bâti sur l'emplacement du Temple juif. Les Romains débaptisent la Judée qui devient la **Palestine** et Jérusalem est interdite aux Juifs sous peine de mort.

Les Juifs n'ont plus de patrie, plus de gouvernement, il ne leur reste qu'une religion qu'ils vont conserver en créant des communautés au prix parfois d'immenses sacrifices.

Avertissement

En français, il existe quantité de façons pour écrire les noms et les mots hébreux. Ainsi, on peut lire sous les meilleures plumes Thora, Thorah, Tora, Torah ou encore Shoah ou Choah et aussi Souccoth, Soukkot ainsi d'ailleurs que Cabbale ou Kabbale, pour ne donner que quelques exemples. Quelle graphie choisir ? Chacune a ses mérites ! De manière à uniformiser l'orthographe de cet ouvrage, notre choix s'est porté principalement sur la graphie utilisée pour le *Dictionnaire encyclopédique du judaïsme* (collection Bouquins). Ceci de manière à permettre au lecteur désirant un complément d'information de se reporter immédiatement à cet ouvrage qui, en langue française, fait autorité et que nous avons régulièrement sollicité. Les articles y sont clairs, précis, documentés. Que demander d'autre à un dictionnaire surtout lorsqu'il traite d'une matière aussi difficile ?

Cependant, lorsqu'il nous arrive de citer un texte d'auteur, nous avons, bien entendu, conservé la graphie utilisée par celui-ci.

Pluriel des mots

En hébreu, le pluriel des mots est réalisé généralement en utilisant l'un des suffixes « oth » ou « im ». Ainsi, on écrit une *mitzva* et des *mitzvoth*, une *halakhah* et des *halakhoth*. Par contre, le pluriel de *midrash* est *midrashim*.

Les citations bibliques

Pour les différents textes de la Bible, nous avons utilisé la Bible du rabbinat français publiée, en 1966, sous la direction de Zadoc Kahn, par la librairie Colbo. Cette nouvelle édition est une reprise de l'édition publiée en 1899.

Noms des personnes et noms communs

Il n'est pas toujours facile de se retrouver dans les différents noms des personnes. Parfois le nom est complet, parfois il ne comprend qu'une partie, parfois aussi les talmudistes utilisent un acronyme. En dehors de cela, le nom du fils n'est pas toujours celui du père, etc. On rencontre en hébreu la même difficulté qu'en arabe (voir, dans la même collection, du même auteur, *Comprendre l'islam)*.

Pour la clarté de notre exposé, nous essayerons de toujours employer le nom le plus communément utilisé en langue française ; ainsi, nous parlerons toujours de Maïmonide sans jamais utiliser son nom juif (rabbi Mocheh ben Maïmon), son nom arabe (Mocheh ibn Maïmon) ou l'acronyme, Rambam, sous lequel il est très connu dans le monde juif.

Cette simplification n'étant pas utilisée dans les ouvrages juifs, le lecteur trouvera à la page suivante les principaux acronymes qu'il peut rencontrer au cours de ses lectures.

Quelques noms propres

Becht	Rabbi Israël Baal Chem Tov
Chelah	Rabbi Isaïe Horowitz (d'après le nom de son livre *Chené Louhot ha-berit*)
Flavius Josèphe	Yossef ben Matityahou Ha-Cohen
Haari (ou Ari)	Achkenazi rabbi Yithaq (Isaac Louria)
Harif	Yitzhak Alfassi
Haroche	Asher Ben Yehiel
Rachi	Rabbi Chelomoh Yitshaqi (Rachi de Troyes)
Ramakh	Rabbi Moïse de Cordobero
Rambam	Rabbi Mocheh ben Maïmon (Maïmonide)
Ramban	Rabbi Mocheh ben Nahman

Les noms de famille

Les premiers noms de famille sont apparus chez les Juifs vivant dans les pays arabes. Comme les Arabes, les Juifs ont ajouté à leur prénom un des préfixes courants *Abou* (Aboulafia), *Al* (Alfasi), *Ben* (Rabbi Moïse ben Maïmon, connu sous le nom de Maïmonide ou Salomon Ben Isaac, connu sous le nom de Rachi) ou *Ibn* (Ibn Gabirol). L'Empire autrichien obligea les Juifs à adopter un nom de famille en 1787 et Napoléon fit de même en 1808.

Nous découvrirons, par la suite, qu'il était habituel chez les Juifs (déjà aux temps bibliques) de changer leur nom ou de le traduire en fonction du pays d'accueil. L'utilisation des anagrammes est également très prisée (ainsi *Veil* est l'anagramme de *Levi*). Un exemple intéressant, parmi d'autres, est celui du nom *Wiehlheimer*. « Il est formé de trois éléments : Wiehl - Levi, Heim - Haim, et le suffixe er - fils de. Cela donne en hébreu Ben Haim Levi. »[1b]

Acronymes fréquemment rencontrés

Admor Adonénou Morénou ve-Rabénou (Notre souverain, notre guide et notre maître).

Pardès Pshat, remez, drash, sod (les quatre formes d'exégèse biblique : sens littéral, sens allusif, sens allégorique et sens ésotérique).

Tanakh Torah Neviim Ketouvim (la Bible : Pentateuque, Prophètes, Hagiographes).

Tyku Tichbi yétarets kouchiot uba'yot (Le prophète Elie règlera les difficultés et les problèmes).

Juif ou juif ?

En principe, on devrait utiliser la minuscule lorsqu'il s'agit de religion et la majuscule dans les autres cas. Néanmoins, nous avons renoncé à cette distinction car cela posait de véritables problèmes pour certains articles. Ainsi, dans l'article consacré à « Qui est Juif ? », il aurait été nécessaire de faire un subtil distinguo entre le Juif qui se sent Juif parce qu'il est croyant, le Juif qui est Juif parce que les autres le considèrent comme Juif, le Juif apicorète (non-croyant), le Juif parce que sa mère est juive, etc. La mission était impossible. Nous avons donc décidé d'écrire le substantif Juif avec la capitale tout au long de cet ouvrage.

Les noms du peuple d'Israël au cours des siècles

Ce peuple a porté différents noms selon les circonstances historiques :

- Hébreux
- Israélites
- Israël
- Judéens
- Juifs
- Israéliens

Les noms de la terre occupée par les Juifs

Aux diverses périodes historiques, la terre occupée par les Juifs a porté différents noms :

- Canaan
- Israël
- Juda
- Judée
- Palestine
- État d'Israël (Eretz Israël)

Les noms des livres

Les Juifs ont pour habitude de nommer leurs livres par le premier mot du premier chapitre (un peu ce que fait aujourd'hui, automatiquement, le traitement de texte Word avec les documents). C'est ainsi que les cinq livres de la Torah portent les noms ci-après : la Genèse : *Berechit* (Au commencement) ; l'Exode : *Chemot* (Les Noms) ; le Lévitique : *Wayiqra* (Et Il dit) ; les Nombres : *Bamidbar* (Dans le désert) et le Deutéronome : *Devarim* (Les paroles).

Comprendre les références

La virgule : Dt 2, 4 signifie Deutéronome chapitre 2, verset 4.

Le tiret : Dt 2, 4-6 signifie Deutéronome chapitre 2, versets 4 à 6.

Le point : Dt 2, 4.8 signifie Deutéronome chapitre 2 versets 4 et 8.

Le point-virgule : Dt 2, 4.8 ; 4, 4 signifie Deutéronome chapitre 2 versets 4 et 8 et chapitre 4 verset 4.

Dernière précision

Comme il est habituel maintenant dans de nombreux travaux, pour indiquer les dates, nous utiliserons l'abréviation è.c. (ère commune) au lieu de faire référence à Jésus-Christ.

Les grands personnages bibliques dans l'ordre de leur apparition

Adam

L'ancêtre mythique du genre humain. Créé par Dieu d'un peu de terre, son histoire est racontée dans le Livre de la Genèse.

Lilith

Selon la tradition kabbalistique, elle aurait été la première femme d'Adam créée en même temps que lui, « à égalité » (Genèse 1, 27). Par la suite, elle serait devenue un démon (voir page 156) et n'aurait jamais été enceinte des œuvres d'Adam.

Ève

Selon la tradition kabbalistique, elle serait la seconde femme d'Adam. Elle aurait été créée à partir d'une côte d'Adam. Elle aurait eu, d'Adam, plusieurs enfants dont Caïn et Abel.

Caïn

Fils d'Adam et Ève, il aurait tué son frère Abel et pour cette raison, marqué d'un sceau ; il aurait été condamné par Dieu à l'errance (le premier « Juif errant »).

Abel

Fils d'Adam et Ève, il plaisait à Dieu et pour cette raison fut tué par son frère Caïn.

Seth

C'est le troisième fils d'Adam et Ève, né après le meurtre d'Abel. C'est de Seth que procède l'humanité entière. D'après la Bible, Seth (dont on ne connaît pas la femme !) vécut 912 ans (ce n'est que bien plus tard que Dieu décida que les jours de l'homme seront limités à 120 ans (Genèse 6, 3).

Noé

Fils de Lemekh, il trouva grâce aux yeux de l'Éternel, lequel était décidé à exterminer toute vie de la terre (Genèse 6, 7).

Anticipant le Déluge, il construit une arche et emmène un couple d'animaux de chaque espèce. Après le Déluge, Dieu fait alliance avec Noé (voir page 158, les lois noachides).

Abraham, le premier Patriarche

L'ancêtre de toutes les religions monothéistes (judaïsme, islam, christianisme). C'était un Apirou, mi-berger, mi-mercenaire qui, sur l'ordre de Dieu quitte son pays natal, la Mésopotamie, pour s'établir en Palestine, près d'Hébron. On lui connaît trois femmes : Sarah, son épouse, la mère d'Isaac ; Agar, sa concubine, la mère d'Ismaël et Quetora, qu'il épousa à la mort de Sarah. Son histoire est décrite dans la Genèse.

Isaac, le second Patriarche

C'est le fils légitime d'Abraham et de Sarah. Le nom Isaac signifie « il rit », car c'est ainsi que Sarah réagit lorsque cette naissance lui fut annoncée, à un âge très avancé. Isaac est surtout connu pour l'épisode de son sacrifie (la « ligature d'Isaac ») racontée en Genèse 22.

Jacob, le troisième Patriarche

C'est le fils d'Isaac et de son épouse Rebecca. Il rachète par rouerie le droit d'aînesse à son jumeau Esaü (Genèse 25, 34). Il eut douze fils, dont Joseph.

Joseph

Surnommé le Patriarche. C'est le onzième fils de Jacob et le premier de son épouse Rachel. Préféré par son père, il est détesté par ses frères qui le vendent à des marchands. Il est connu pour son don à interpréter les rêves (Genèse 40). Après une belle carrière en Égypte, il pardonne à ses frères et invite ceux-ci à s'installer en Égypte.

Moïse

Sauvé des eaux par la fille de Pharaon, il est appelé par Dieu pour sortir les Hébreux d'Égypte. C'est lui également, seul, qui reçoit les Tables de la Loi. Il conduit les Hébreux jusqu'à l'entrée de la Terre Promise (pays de Canaan) mais n'est pas autorisé à y entrer.

Aaron

Frère aîné de Moïse. Porte-parole de Moïse, il passe pour avoir être le premier grand-prêtre dont les Cohanim seraient les descendants (ils remplissent de ce fait des fonctions particulières à la synagogue). Aaron est surtout connu comme un habile médiateur. Sa vie est racontée dans l'Exode.

Josué

C'est le successeur de Moïse. C'est lui qui reçut de Dieu la permission d'entrer en Terre Promise, qu'il connaissait bien pour l'avoir espionnée au profit de Moïse. C'est le personnage central du livre qui porte son nom.

Saül

Premier roi d'Israël, oint par le prophète Samuel après une élection par tirage au sort. Il se suicida après une bataille perdue contre les Philistins, associés à David, le futur roi.

David

La vie de David est racontée dans le premier *Livre des Rois* et dans les deux *Livres de Samuel*. La Bible relate que très jeune il aurait tué le géant Goliath. Rival de Saül, obligé de s'enfuir chez les Philistins, il sera cependant oint par Samuel — avec la bénédiction des Philistins heureux de briser ainsi l'alliance des douze tribus — après le suicide de Saül.

Salomon

Fils de David. On lui doit de nombreux succès politiques et la construction du Premier Temple. Malgré sa grande sagesse proverbiale, il s'intéressa de très près à d'autres dieux. Salomon serait l'auteur du *Cantique des cantiques*. Sa vie est décrite dans le premier *Livre des Rois*.

Esdras

Pour son action après la destruction du Premier Temple, il est considéré comme le second fondateur (après Moïse) de la nation juive. C'est sous sa conduite que les Juifs reviennent, en – 485, de Babylone. On lui doit la redécouverte de la Torah et le remplacement des prêtres par les rabbins.

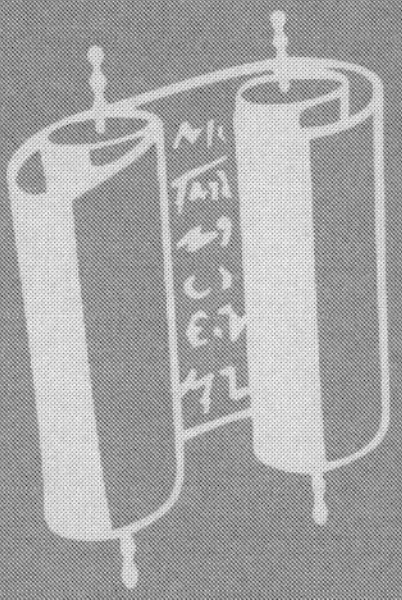

Mots-clés

Abraham

Abraham[1C] est le père des trois religions monothéistes : le judaïsme, le christianisme et l'islam. Selon les traditions de ces trois religions, Abraham (Ibrahim, pour l'islam), est le premier homme a avoir perçu intuitivement ce qu'était le monothéisme, on dit de lui que c'est un *hânif.* Pour les Juifs, Abraham est le premier des trois Patriarches. Pour le situer historiquement, les Juifs disent qu'il y a eu dix générations entre Adam et Noé et dix autres générations entre Noé et Abraham.

Abraham, notre père

Abraham est le point de départ des religions monothéistes. S'il appartient incontestablement à la religion juive, en est-il de même pour les autres religions ? On sait que Mahomet, soucieux d'établir des racines pour la nouvelle religion, octroya à Abraham la distinction de hânif et de « premier musulman ». Pour les chrétiens, le problème était plus complexe. Comment édifier son identité, se donner des racines, construire sa mémoire, en établissant la filiation avec Abraham tout en rejetant la circoncision (laquelle, aux premiers temps du christianisme, posait réellement problème – voir page 99). Saint Paul, dans son *Épître aux Romains*, a résolu le problème en proclamant qu'Abraham est le père de tous les croyants circoncis ou incirconcis : « Abraham crut à Dieu, et cela lui fut imputé à justice (...), il reçut le signe de la circoncision comme sceau de la justice qu'il avait obtenue par la foi quand il était incirconcis, afin d'être le père de tous les incirconcis qui croient, pour que la justice leur fût imputée » (Épître aux Romains 4.3.11).

Brève biographie

Selon la tradition, Abraham naquit en l'an 1948 du calendrier Juif ; c'est-à-dire en l'an -1812 de l'è.c. (son histoire est racontée dans la Genèse à partir du chapitre 12). Il vécut en Mésopotamie (l'actuel Irak) jusqu'à la mort de son père. Vers cette époque, il reçut de Dieu, à soixante quinze ans, l'ordre de quitter la Mésopotamie pour se rendre, lui, sa femme (Sarah) et sa tribu vers le pays de Canaan (actuellement Israël). Dieu lui confirma : « Je ferai de toi une grande nation ».

Pour ses quatre-vingt ans, Sarah, inféconde, lui offrit pour présent, comme concubine, sa servante Agar. C'est Agar qui lui donna son premier fils Ismaël (dont se revendiquent les Arabes).

Plus tard, Dieu se manifesta encore à lui (il avait 99 ans) pour lui donner l'ordre, en signe d'Alliance, de se circoncire et de faire de même pour sa famille, ses esclaves et tous ses descendants.

Hânif

Les arabes désignent comme étant hânif celui qui aspirait au monothéisme alors qu'il n'existait pas encore de religion monothéiste ou celui qui pratiquait le monothéisme avant la descente du Coran. Ce monothéisme pouvait être soit « naturel » soit celui d'une religion (christianisme, judaïsme, etc.). Ainsi, le premier humain à mériter cette distinction fut Abraham qui « a été un guide, un homme docile à Allah, un hânif et il n'a pas été parmi les Associateurs ». (Coran Sourate XVI, 120). Dans le Coran, l'islam est même désignée comme la religion d'Abraham (*millat Ibrahim*). Il est cependant à noter que ce n'est que tardivement que Mahomet accorda à Abraham la distinction de premier musulman. On suppose que c'est après ses controverses avec les Juifs qu'il voulu donner à l'islam la priorité sur le judaïsme (fondé par Moïse) et sur le Christianisme (fondé par Jésus). Pour ce faire, il eut l'idée riche de conséquences d'instituer le Patriarche de l'Ancien Testament en tant que fondateur de l'islam. Il est intéressant de noter que c'est sa confrontation avec les païens puis avec les Juifs qui conforta Mahomet dans son monothéisme et lui fit rechercher pour l'islam une prestigieuse généalogie.

Après cette alliance, Dieu voulut qu'Abraham eut un fils de sa femme légitime et il le lui confirma. La tradition dit qu'effectivement Sarah (90 ans) enfanta peu de temps après et lui donna (alors qu'il avait 100 ans) un fils, Isaac.

Sur l'insistance de Sarah, maintenant mère, Abraham chassa Agar et son fils Ismaël dans le désert (la fuite d'Agar et sa recherche d'un peu d'eau pour sauver son fils fait partie du cérémonial du pèlerinage à La Mecque, avec l'arrêt à la source de Zamzam).

Abraham
Le père de toutes les religions monothéistes était vraisemblablement un simple berger.

Agar

Agar, la concubine d'Abraham, lui a donné son premier fils : Ismaël. Le personnage Agar mériterait d'être analysé de manière plus approfondie car outre le fait qu'elle soit la première femme à donner un enfant à Abraham, le Patriarche des trois religions monothéistes, c'est aussi le premier personnage biblique qui reçoit la visite d'un messager de Dieu. En outre, bien que chassée par Abraham, sur ordre de Sarah mais avec la complicité de Dieu, ce dernier l'aide à trouver de l'eau dans le désert et lui assure qu'elle aura une importante descendance.

L'histoire d'Agar peut se lire comme un Exil lequel connaît encore ses prolongements de nos jours. Bien entendu, les musulmans ont également leur propre lecture de la détresse d'Agar (voir à ce sujet l'ouvrage, *Comprendre l'islam*, dans la même collection).

Le sacrifice d'Isaac

Ce sacrifice — effectué à l'endroit où se dresse aujourd'hui le Dôme du Rocher, à Jérusalem — est revendiqué par toutes les religions monothéistes. Les Juifs ne parlent pas de sacrifice mais plus exactement de « ligature », les chrétiens voient en lui le sacrifice du Christ, les musulmans pensent que c'est Ismaël qui aurait été sacrifié mais le Coran (37, 102-109) ne cite aucun nom.

Le sacrifice d'Isaac

(Aqèdat Yitshaq = ligature d'Isaac)

Plus tard encore, Dieu exigea d'Abraham qu'il sacrifie, sur le mont Moriah, son fils Isaac (lequel était déjà adulte et acteur consentant de l'holocauste). Au dernier moment, un ange arrêta le bras d'Abraham. Dans un geste dramatique, Dieu voulait, sans doute, indiquer à son peuple que, contrairement aux idoles, il n'acceptait pas les sacrifices humains. En contrepartie, Abraham sacrifie à Dieu un bélier.

Pour les musulmans, ce n'est pas Isaac qui devait être sacrifié mais Ismaël. C'est ce sacrifice que les musulmans célèbrent sous le nom de grande fête ou d'Aïd el-kébir.

Mort d'Abraham

La tradition dit qu'Abraham mourut à l'âge de 175 ans. Comme sa femme (et plus tard les autres Patriarches), il est enterré dans la grotte de Makhpélah, à Hébron (en Cisjordanie, Palestine).

L'héritage d'Abraham

Père du peuple Juif. Père de l'islam. Père de la religions bahaï (par Quétoura, l'épouse qu'il prit à la mort de Sarah). Fondateur du monothéisme. Premier hânif, premier circoncis en signe d'alliance avec Dieu, premier musulman. Les titres de gloire de ce simple berger ne manquent pas. Signalons encore que selon la tradition juive, c'est lui qui institua la prière du matin.

Les Patriarches

Ce sont les fondateurs du peuple Juif. Il s'agit d'Abraham, d'Isaac et de Jacob. Ils sont tous les trois enterrés à Hébron (grotte de Makhpélah). On connaît l'épreuve d'Isaac, le second fils d'Abraham. On connaît également la transaction commerciale de Jacob, le second fils d'Isaac. Il rachète à son frère aîné (Esaü) son droit d'aînesse contre un plat de lentilles puis, par ruse, aidé par sa mère, il obtient de son père, aveugle, la bénédiction qu'il réservait à son aîné. Jacob aura douze fils qui donneront les douze tribus d'Israël... Son préféré est Joseph, lequel est vendu par ses frères... mais fait fortune en Égypte et y fait venir toute sa famille.

Abraham découvre le dessein de Dieu envers Sodome

« Anéantirais-tu, d'un même coup, l'innocent avec le coupable ? » (Genèse 18, 23)

Abraham intercéda de nombreuses fois auprès de Dieu pour qu'il épargne les habitants de Sodome mais la ville ne comptait même pas dix Justes.

Aggadah

Ce mot signifie récit (son pluriel est aggadoth). Il s'agit d'un genre littéraire qui regroupe divers styles : des récits, de l'humour, des anecdotes, des légendes, des éléments folkloriques, des recettes, des croyances astrologiques, des informations sur les anges et les démons, etc. La particularité des *aggadoth* est de figurer au sein de textes parfois très sérieux, de la littérature rabbinique classique (c'est-à-dire du Talmud et du Midrash). En d'autres mots, la Aggadah est tout ce qui dans le Talmud et le Midrash n'est pas du droit (*halakhah*) mais appartient à un des genres « légers » cités ci-dessus.

Importance de la Aggadah

Les textes de la Aggadah occupent plus ou moins un tiers du Talmud et la majeure partie du Midrash. Ils représentent donc une somme considérable d'informations pour quiconque s'intéresse à la mentalité des Juifs de l'époque de la rédaction des textes du Talmud et du Midrash (c'est-à-dire une période qui s'étend sur près de 1700 ans : de -330 avant l'ère commune à l'aube du XVe siècle) ; sa rédaction concerne les us et coutumes de nombreux pays. En effet, de nombreuses aggadoth ont été rédigées de manière à intéresser la majeure partie de la population d'un pays : elles reflètent donc non seulement les centres d'intérêt de cette population mais aussi les préoccupations des rabbins et des responsables de la communauté. Le fait que les textes proviennent de nombreux pays différents donne, en outre, des informations précieuses sur la vie juive quotidienne dans ces pays et cela aux différentes époques.

Fonction de la Aggadah

Contrairement à la *halakhah* (la loi juive), la Aggadah n'a aucun caractère contraignant. Sa fonction est d'être didactique et aussi d'aménager des aires de repos dans l'étude des textes du Talmud et du Midrash.

Anthologies

Étant donné l'intérêt que porte le grand public à la Aggadah (il n'est pas intéressé, on le comprend, par les longues discussions techniques des rabbins), plusieurs auteurs ont rédigé des versions abrégées du Talmud, sortes d'anthologies qui ne contiennent que les textes aggadiques. L'anthologie la plus connue – mais qui date du XVe siècle – intitulée « Le Puits de Jacob », est l'œuvre du savant espagnol Jacob ibn Habib. Une anthologie plus récente, en français, est le « Livre de la Aggadah » (préparé par Haïm Bialik). En anglais, on lira le classique « The Legends of the Jews » (préparé par Louis Ginzberg).

Talmud

C'est la loi transmise oralement depuis Moïse et mise par écrit dans un volume nommé la Michnah. Les commentaires de la Michnah portent le nom de Guemara. L'ensemble des écrits (Michnah et Guemara) portent le nom de Talmud. Comme il existe deux sources de commentaires de la Michnah (l'une provenant de Babylone et l'autre de Palestine), il existe également deux Talmud : celui de Babylone et celui de Jérusalem.

Midrash

Ce sont des commentaires de la loi écrite, de la Bible. Les textes du Midrash sont très nombreux, de styles divers (juridiques mais aussi folkloriques) et leur écriture s'étend sur plusieurs siècles. Le psychanalyste Gérard Haddad, résume le Midrash en une formule (excellente) : c'est « le mode singulier juif d'interpréter le texte biblique ». Et il ajoute : « c'est un art de lire qui possède ses règles précises et codifiées et qui constitue peut-être la seule signature de la culture juive. » [1d]

Haggadah

C'est la Aggadah (ou récit) de Pâque, c'est-à-dire le récit de la sortie d'Égypte. Le lecteur attentif remarquera qu'il n'existe qu'une faible différence entre la Aggadah et la Haggadah. La Haggadah étant n'importe quelle légende, n'importe quel récit, tandis que la Aggadah est le récit codifié de la sortie d'Égypte (en hébreu, il existe également une graphie différente pour ces deux termes).

L'assiette du Sédèr de Pessah

Cette assiette ne sert que pour Pâque. Elle contient six emplacements un pour chaque type de nourriture : un os cuit (pour symboliser l'agneau sacrifié lors de la sortie d'Égypte, la première Pâque), un œuf cuit (pour symboliser les sacrifices), les légumes verts (pour symboliser le renouveau de la vie), la haroset, pâte composée de noix et de fruits écrasés (pour symboliser le mortier utilisé par les esclaves juifs), les herbes amères broyées et ces mêmes herbes entières (pour symboliser l'amertume de l'esclavage).

Alliances divines

Dieu a conclu de nombreux contrats (ou alliances ; en hébreu « berit ») avec l'humanité, d'abord, et le peuple juif, ensuite. Toute l'histoire d'Israël est celle d'une Alliance entre Dieu et son peuple. Pour les Juifs orthodoxes, chaque fois qu'un événement grave intervient et perturbe le cours de la vie (destruction du Temple, exil, pogroms, etc.) c'est toujours parce que le peuple juif est dans l'état de péché et a, en quelque sorte, rompu l'Alliance. Tout malheur est donc interprété comme une punition de Dieu parce que le peuple juif a rompu l'Alliance. Après la Shoah (voir l'article consacré à ce sujet), cette position religieuse est devenue intenable pour de nombreux Juifs qui ont donc réinterprété leur contrat d'alliance avec Dieu.

La première Alliance

La première Alliance, liant Dieu et l'humanité, fut conclue, en deux temps, avec Noé. Dieu lui annonça d'abord qu'il serait sauvé, lui et un couple d'animaux de chaque espèce, s'il construisait une arche (Genèse 6, 18). Ensuite, après le Déluge, Dieu lui annonce qu'il ne détruira plus jamais aucune vie par un Déluge (Genèse 9, 8). Le symbole de cette alliance universelle est concrétisé par l'arc-en-ciel.

Les Alliances avec Israël

Dieu se choisit un peuple et fait alliance avec lui. Il choisit Abraham, puis Isaac et Jacob (les Patriarches) auxquels il ordonne les gestes les plus fous, sans que ceux-ci se rebiffent. À Abraham, il ordonne de quitter son pays et de graver dans la chair et le sang le nouveau pacte (la circoncision), à Isaac d'accepter d'être assassiné par son père, à Jacob de se battre contre un ange. Il a choisi ses hommes, il a choisi son peuple, il lui reste à lui donner une loi et une terre et, enfin, à élire celui qui conduira son peuple à cette terre. C'est à Moïse qu'échoit l'honneur de transformer une peuplade asservie en Égypte en une nation libre. À cet effet, Dieu lui ordonne de libérer les Juifs de l'esclavage et de quitter l'Égypte. Quelques semaines plus tard (sept semaines, dit la Tradition), dans le désert, Dieu donne une loi à son peuple (laquelle est matérialisée par le **Décalogue** gravé de « l'écriture d'Elohim » sur deux tables de pierre). Il ne lui reste plus qu'à attendre que son peuple s'installe dans la **Terre Promise**.

Les principales Alliances de Dieu avec Israël sont ainsi au nombre de trois :

- Alliance avec Abraham à qui Il annonce la Terre Promise.
- Alliance avec Abraham, laquelle se concrétise par la circoncision.
- Alliance avec le peuple juif tout entier, sous la conduite de Moïse, lequel reçoit les Tables de la Loi.

Dieu fait alliance avec Abraham et Moïse

Dieu promet à Abraham la terre « entre la rivière d'Égypte et le grand fleuve d'Euphrate ». C'est-à-dire le pays de Canaan, la terre d'Israël telle qu'elle sera occupée par le peuple juif jusqu'à la destruction du Second Temple. Dieu informe Abraham que cette Terre promise ne sera concédée à sa descendance qu'après un long exil. Se révélant à Abraham, alors âgé de 99 ans, Dieu lui fait différentes promesses et lui demande en signe d'alliance de circoncire tous les mâles.

Sept semaines après la sortie d'Égypte, Dieu se révélant à Moïse lui promet que le peuple juif sera élu parmi les nations (« vous serez pour moi privilégiés parmi tous les peuples, car toute la terre est à moi. Et vous serez pour moi une dynastie de prêtres et une nation sainte » Exode 19, 5-6) s'il accepte les Dix commandements (voir l'article consacré au Décalogue). Cette alliance entre Dieu et un peuple entier est l'élément fondateur, et unique, du peuple juif. Aucun autre peuple ne se revendique d'une alliance de cette nature : l'alliance est conclue directement entre Dieu et son peuple, sans aucun intermédiaire. Les commandements que doivent accomplir les Juifs sont directement des ordres de Dieu et ainsi toutes leurs applications, quelle que soit l'activité concernée, deviennent d'essence religieuse.

Peuple élu

Ayant été choisi par Dieu, Israël est un « peuple élu ». Ce sentiment d'une élection est omniprésent dans le monde juif et serait pour la conscience juive « un dogme non formulé ». Pour de nombreux penseurs juifs, cette élection loin de constituer un avantage entraîne, au contraire, bien des devoirs. On notera que cette situation de « peuple élu » n'empêche pas quiconque le souhaite (et accepte les différentes alliances avec Dieu, dont la circoncision) de devenir Juif : s'il existe un peuple élu, il n'y a, par contre, pas d'élus. Le contrat avec Dieu est un contrat d'association, presque un contrat synallagmatique, ouvert à quiconque veut en respecter les termes.

Tanakh (mot hébreu pour désigner la Bible)

« Car je l'ai élu [Abraham] pour qu'il ordonne à ses fils et à sa maison après lui, de garder la voie de l'Éternel, en pratiquant justice et jugements. » (Genèse 18, 18-19)

Bar mitzvah et bat mitzvah

La bar mitzvah (« fils du commandement ») est une cérémonie religieuse par laquelle le jeune garçon, à treize ans et un jour, devient adulte au regard de la loi juive ; c'est le moment à partir duquel il doit observer les commandements. En outre, sa participation compte pour le *minyan* (quorum de dix hommes adultes, indispensable pour dire valablement certaines prières). Dans la tradition juive, la bar mitzvah est relativement tardive et n'apparaît que vers le XVe siècle ; ainsi, l'un des principaux codificateurs de la loi juive (*halakhah*), Maïmonide, n'en fait aucunement mention dans ses écrits.

La cérémonie de bar mitzvah

Grosso modo, elle est identique pour tous les Juifs mais peut varier dans l'organisation des détails selon que l'enfant appartienne au rite ashkénaze ou séfarade (voir page 29) ou encore à certains mouvements juifs actuels (voir plus bas l'encadré *S'associer à une victime*). Dans la plupart des cas, elle se présente de la manière ci-après. La cérémonie a lieu à la synagogue au plus tôt le lendemain du jour où le garçon vient de fêter son treizième anniversaire :

- Le bar mitzvah se rend à la synagogue en compagnie de son père. Le plus souvent, c'est la première fois qu'il porte les *teffilin* (voir page suivante).
- Le jeune garçon est invité à prononcer un discours, lequel est généralement en rapport avec le droit talmudique (ce discours a souvent été préparé avec l'assistance de son professeur et doit rester assez « modeste »).
- À la fin de la cérémonie (en semaine ou lors du chabbat), il est invité à lire la Torah.
- Après cette lecture, son père prononce une formule spéciale (*baroukh chèpetarani*) qui marque le nouveau statut de l'enfant devenu adulte eu égard à la loi juive.
- Dans la plupart des cas, du moins dans le monde occidental d'aujourd'hui, une fête termine la cérémonie et le bar mitzvah reçoit des cadeaux de la famille et des amis.

Polémique

Le judaïsme réformé a remplacé la bar/bat mitzvah par une cérémonie de confirmation, laquelle a lieu vers l'âge de dix-huit ou dix-neuf ans.

Les Juifs non religieux ont remplacé cette cérémonie religieuse par différentes autres cérémonies laïques.

La bat mitzvah

La bat mitzvah (« fille du commandement ») est l'état de la jeune fille qui atteint l'âge de douze ans et un jour, celui de la majorité religieuse pour les jeunes filles. Le judaïsme « classique » n'a prévu aucune cérémonie pour fêter cet état. Cependant, depuis le XIXe siècle, le judaïsme néo-orthodoxe a imaginé une cérémonie pour fêter cette accession à la majorité religieuse. Primitivement, la cérémonie n'était pas intégrée au rite de la synagogue, mais aujourd'hui la plupart des courants religieux organisent cette cérémonie dans ce lieu. La cérémonie varie selon le courant religieux et, dans certaines synagogues, quasi plus rien ne sépare la bat mitzvah d'une bar mitzvah (la jeune fille fait un discours, conduit l'office, lit la Torah). Compte tenu des courants religieux et des coutumes, il est compréhensible que la bat mitzvah ne soit pas encore intégrée dans tous les cercles religieux : la femme conservant encore un statut particulier dans la religion (par exemple, pour les Juifs « orthodoxes », une femme ne compte pas pour atteindre le quorum nécessaire – *minyan* – pour la récitation de certaines prières).

Teffilin

Ce sont deux petites boîtes en cuir qui contiennent des passages bibliques. On porte ces teffilin (ou tephilin) à partir de l'âge de treize ans, sur le front et l'avant-bras gauche (ou droit, pour les gauchers).

Séfarades et Ashkénazes

Les Séfarades sont tous les Juifs qui ne sont pas Ashkénazes (donc essentiellement les Juifs d'Espagne, du Portugal, d'Afrique du Nord, du Maghreb). Les Juifs Ashkénazes sont les Juifs d'Europe du Nord-Ouest (essentiellement les Juifs d'Allemagne, de France, de Pologne, etc.). Étant donné l'expulsion des Juifs d'Espagne et du Portugal (1492, 1496), les deux communautés se sont très vite côtoyées dans les mêmes pays (Amsterdam, par exemple, était un important foyer séfarade et on y parlait le judéo-espagnol).

Torah

Elle est composée des cinq premiers livres de la Bible (Genèse, Exode, Lévitique, Nombres et Deutéronome). Ces livres racontent le monde depuis sa création jusqu'à la mort de Moïse. La Torah contient tous les préceptes de la loi religieuse ; c'est la raison pour laquelle on dit qu'elle est la loi écrite. En français, les cinq premiers livres de la Bible sont connus sous le nom de Pentateuque (mot grec signifiant « cinq livres »).

S'associer à une victime : fêter sa bar/bat mitzvah en Israël

Il est fréquent que de jeunes Juifs viennent en Israël, en des lieux historiquement marqués, pour célébrer la cérémonie religieuse de la bar ou de la bat mitzvah. Les deux lieux les plus fréquentés sont le Mur des Lamentations (mur de l'esplanade du Second Temple, érigé lors de son embellissement par Hérode le Grand, peu de temps avant sa destruction) et l'antique synagogue de Massada (colline surplombant la mer Morte : lieu de sacrifice des zélotes (voir page 125) préférant se tuer plutôt que de se rendre à l'occupant romain). D'autre part, aux États-Unis, « dans un nombre croissant de communautés, l'enfant est « jumelé » à une jeune victime de l'Holocauste qui n'a pas vécu assez longtemps pour cette cérémonie. Tout indique que les gosses apprécient beaucoup ce geste. »[2]

Calendrier juif et fêtes juives

L'année juive se calcule depuis la « création du monde ». Selon les rabbins du IIe siècle (qui arrivèrent à ce calcul en utilisant les repères généalogiques de la Bible, l'âge des Prophètes, etc.), en l'an zéro de notre ère, le monde avait déjà 3760 années derrière lui. Ainsi, pour connaître l'année « juive » correspondant à une date, il suffit d'ajouter le nombre 3760 au chiffre de l'année du calendrier « civil universel ». Jusqu'en 358, le calendrier était fixé en fonction de témoignages oculaires mais à partir de cette date il fut basé sur des calculs mathématiques et astronomiques.

Depuis lors, le calendrier juif n'a subi aucune modification. Ainsi, selon le calendrier juif, jusqu'au 27 septembre 2003, nous sommes en 5763 (3760+ 2003). Mais dès le 28 septembre 2003 (début de la nouvelle année juive ou *Rosh Hachana*), nous passerons en 5764. On remarquera que l'année juive commence 3 à 4 mois plus tôt que l'année civile (en septembre ou octobre). On notera également, que **samaritains**, **sadducéens** et **esséniens** (voir pages 180-181) disposaient de leur calendrier personnel.

Étant donné que les mois du calendrier Juif sont des mois lunaires de 29 ou 30 jours, il y a, chaque année, un retard de 11 jours à rattraper sur l'année solaire de 365 jours. Ce retard est comblé tous les 3 ans (année dite **embolismique**) par un mois intercalaire. Il est intéressant de noter que dans les temps anciens la décision de fixer la date du nouvel an appartenait aux prêtres qui, le cas échéant, pouvaient retarder d'un jour ou deux l'annonce du Nouvel An. En effet, il était indispensable de fixer cette date de manière à ce que les fêtes de Yom Kippour[3] et de Hochana Rabba (le septième jour de la fête de Souccoth) ne tombent ni un vendredi, ni un samedi (ce qui aurait perturbé le déroulement du chabbat étant donné que pour les Juifs une journée commence et finit au coucher du soleil). C'est pour cette raison que les rabbins décrétèrent que le premier jour de Rosh Hachana (Nouvel An) ne pouvait tomber ni un dimanche, ni un mercredi, ni un vendredi.

À Pourim tout est possible

À Pourim, au mois de mars, tout est organisé pour s'amuser, s'offrir des cadeaux, etc.
Les jours de Pourim sont les plus joyeux du calendrier juif.

L'année embolismique

Le calendrier juif possède la particularité d'être à la fois solaire (cycle annuel) et lunaire (cycle mensuel). La conséquence en est qu'il faut ajouter, de manière irrégulière, lors de certaines années (dites embolismiques), un mois supplémentaire.

Les fêtes juives selon le calendrier hébraïque

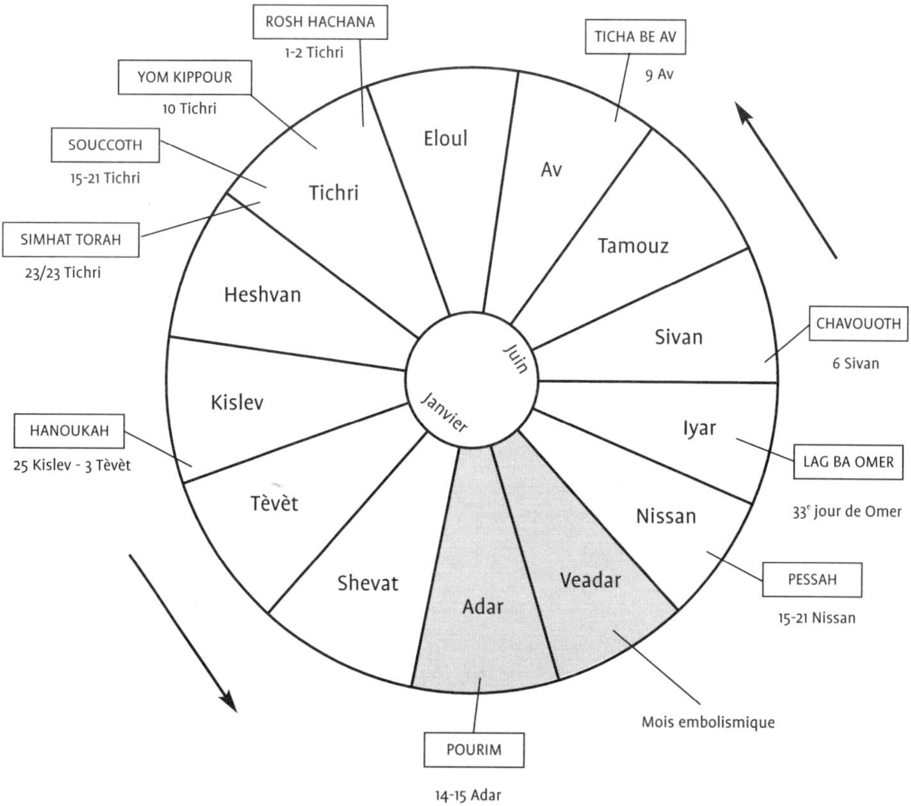

Roue des fêtes juives

Cette roue doit se lire dans le sens inverse des aiguilles d'une montre. Il n'y a pas de correspondance exacte entre notre calendrier civil et le calendrier religieux hébraïque. Ainsi, le mois de janvier chevauche sur deux mois du calendrier hébraïque (tèvèt et shevat). Les mois adar et veadar sont grisés car c'est à cette période qu'on ajoute parfois le mois embolismique (veadar). Cette roue permet de bien visualiser la succession des fêtes religieuses. On constate ainsi que les fêtes les plus importantes (Rosh Hachana, Yom Kippour, Souccoth et Simhat Torah) ont lieu durant le mois de Tichri (septembre-octobre).

Équivalence des calendriers juif et grégorien

Tichri	septembre-octobre
Heshvan	octobre-novembre
Kislev	novembre-décembre
Tèvèt	décembre-janvier
Shevat	janvier-février
Adar	février-mars
Véadar	mois intercalaire des années embolismiques
Nissan	mars-avril
Iyar	avril-mai
Sivan	mai-juin
Tamouz	juin-juillet
Av	juillet-août
Eloul	août-septembre

Les grandes fêtes juives

La loi juive décrète l'observance de sept jours de fête où le travail, comme pour le chabbath, est interdit. Ces fêtes sont :

- **Rosh Hashana** (fête du Nouvel an).
- **Yom Kippour** (fête du grand pardon).
- **Souccoth** (le premier jour ou fête des cabanes et le huitième jour ou *Chemini Atsèret*).
- **Pessah** (fête de la sortie d'Egypte : le premier et le dernier jour).
- **Chavouoth** (fête des semaines).

Liturgie des fêtes

Elle est assez complexe et nous n'entrerons donc pas dans les détails qui n'intéressent certainement pas les lecteurs qui ne fréquentent pas la synagogue. Signalons simplement que, pour chaque fête, il existe une liturgie spécifique donnant lieu à des offices supplémentaires et à des prières ou lectures en rapport avec la fête. Pour certaines fêtes, des objets rituels spécifiques sont également nécessaires comme, par exemple, le **chofar** (pour *Rosh Hashana*) ou des branches spécifiques de végétaux (pour la fête de *Souccoth*). Ceci ne devrait pas étonner le lecteur chrétien car des objets rituels sont également utilisés dans sa religion pour, par exemple, célébrer le Dimanche des Rameaux.

Les fêtes en Diaspora et en exil : deux jours de fête au lieu d'un

Avant la fixation définitive du calendrier, le début des fêtes était fixé en fonction de l'apparition de la nouvelle lune. Comme il était difficile de fixer exactement l'apparition de celle-ci, il avait été décidé que les Juifs vivant hors d'Israël observeraient les fêtes (à l'exception de Yom Kippour) pendant deux jours au lieu d'un. Malgré la précision du calendrier actuel, les rabbins ont décidé que cette règle ne serait pas modifiée.

Les pèlerinages juifs

Depuis que Salomon a construit le Temple, trois pèlerinages annuels (obligatoires pour les Juifs de sexe masculin) ont pour but Jérusalem (à l'époque des Juges, la ville des pèlerinages était Silo). Après la destruction du Temple, les Juifs continuèrent à se rendre à Jérusalem mais c'était pour y pleurer sa destruction (d'où le nom donné par les non-Juifs au mur occidental du Temple : **Mur des Lamentations**).

Aujourd'hui, le Mur des Lamentations est certainement le principal lieu de pèlerinage des Juifs, bien qu'il n'existe plus d'obligations de pèlerinage, comme c'était le cas lorsque le mur existait. Le pèlerinage s'effectuait lors des trois fêtes juives pour lesquelles Dieu l'avait ordonné ; ce sont Pessah (sept jours en Israël), Chavouoth (un jour en Israël) et Souccoth (huit jours en Israël). Si l'obligation du pèlerinage disparut avec la destruction du Temple, l'obligation de se réjouir durant ces fêtes (à signification nationale et agricole) persista. On notera que d'autres lieux, comme Safed qui abrite la tombe de nombreux sages, sont, aujourd'hui encore, des destinations de pèlerinage.

Présentation des grandes fêtes juives

Dans les pages qui suivent, nous présenterons les grandes fêtes juives en signalant pour chacune :

- sa signification actuelle et historique ;
- la date de célébration dans le calendrier juif ;
- la date de célébration pour les années civiles 2003 à 2005 ;
- la durée de la fête ;
- les éléments extérieurs qui symbolisent la fête ;
- les nourritures associées à la fête ;
- le folklore (s'il y en a) associé à la fête.

1. Rosh Hachana (« tête de l'année »)

Signification : c'est le Nouvel An juif. Cette fête commémore le jour anniversaire de la création du monde ainsi que le passage en jugement de toute créature. Cette fête marque le début des « dix jours terribles » (entre Rosh Hachana et Yom Kippour) durant lesquels Dieu pèse la « valeur » de chacun pour l'inscrire dans son registre (le « livre de Vie ») à la date de Yom Kippour.

Date de célébration (calendrier juif) : 1-2 Tichri.

Dates de célébration (calendrier civil) : 27-28 septembre 2003, 16-17 septembre 2004 et 4-5 octobre 2005.

Une telle représentation de Dieu est naturellement impensable dans le monde juif.

Durée de la fête : deux jours.

Célébration : offices supplémentaires à la synagogue.

Symboles : le blanc est de rigueur à la synagogue pour les linges rituels, le rabbin, le chantre... et les plus pieux des fidèles. Le chofar (corne de bélier sans défaut) est sonné cent fois. Cette sonnerie rappelle le sacrifice d'Isaac, appelle Dieu à la clémence et invite les fidèles à l'examen de conscience.

Nourriture associée : le miel, les quartiers de pomme, les premiers fruits de la saison (pour que l'année soit « bonne et douce »).

Folklore : cérémonie du *tachlikh* où l'on jette symboliquement ses péchés dans un cours d'eau.

2. Yom Kippour (« le jour de l'expiation », « le grand pardon »)

Signification : Dieu accorde son pardon pour les péchés commis contre lui. Par contre, chacun doit demander personnellement pardon aux personnes offensées ou lésées (dans ce cas, le responsable de l'injustice doit également réparation).

Date de célébration (calendrier juif) : 10 Tichri.

Dates de célébration (calendrier civil) : 6 octobre 2003, 25 septembre 2004, 13 octobre 2005.

Durée de la fête : un jour.

Célébration : toute la journée se passe à la synagogue en prières et supplications afin d'obtenir le pardon et une « bonne inscription » dans « le livre de la vie et de la mort » pour l'année à venir. Certains Juifs récitent même des prières de commémoration toute la nuit.

Symboles : un jeûne strict de 25 heures est obligatoire pour les adultes et cela même si la fête tombe un jour de chabbat. C'est également le jour où chacun se confesse (rappelons que la confession

Circumambulations

Les circumambulations font partie aujourd'hui des rites de la plupart des religions. L'origine de ces circumanbulations est sans doute à chercher dans celle qui fit tomber les murs de Jéricho. Pour les musulmans, la circumanbulation fait partie du pèlerinage à La Mecque. On notera que selon la légende, sur le conseil de l'ange Gabriel, Noé fit avec son arche sept fois le tour du sanctuaire contenant la Pierre Noire (la Kaba).

Fêtes de pèlerinage

Il s'agit des trois fêtes (Souccoth, Pessah et Chavouoth) durant lesquelles les Juifs montaient au Temple, à Jérusalem. La destruction du Temple (en 70 è.c.) a supprimé les pèlerinages.

juive n'a pas besoin, comme chez les chrétiens catholiques, d'intermédiaire entre Dieu et l'homme).

Nourriture associée : pour Yom Kippour les cinq règles de mortification sont obligatoires, comme s'il s'agissait d'un chabbat (pas de nourriture, pas de relations sexuelles, pas de chaussures en cuir, pas de cosmétiques, pas de nettoyage du corps, sauf les yeux et les mains).

Folklore : dès le jeûne achevé on commence à construire une « cabane » dans sa maison.

3. Souccoth (« fête des cabanes », « fête des tabernacles »)

Signification : cette fête commémore la vie des Hébreux à la sortie d'Égypte après leur libération de l'esclavage par Moïse. Rappelons que l'errance dans le désert a duré 40 ans et que les conditions de vie étaient très précaires ; entre autres, le logement sous tente. Souccoth est une des trois fêtes de pèlerinage.

Date de célébration (calendrier juif) : 15-21 Tichri (15-22 dans la Diaspora).

Dates de célébration (calendrier civil) : 11-17 octobre 2003, 30 septembre-6 octobre 2004, 18-24 octobre 2005.

Durée de la fête : 7 jours (9 si on compte les fêtes associées).

Symboles : durant les sept jours de la fête, le fidèle mange et dort dans une « cabane » dont le toit laisse voir le ciel. Le septième jour, à la synagogue, pour la fête de *Hochana Rabba* (« la grande cérémonie de Hochana »), le fidèle tourne 7 fois autour de la chaire pour commémorer la manière dont, dans le Temple, on tournait autour de l'autel (circumambulation). Cette dernière journée est particulièrement importante pour les Juifs car c'est la dernière possibilité donnée au fidèle pour obtenir le pardon de ses fautes accumulées au cours de l'année. Les kabbalistes passaient la nuit de *Hochana Rabba* en prières. Lors des liturgies, le fidèle agite dans tous les sens un fagot réalisé à partir de 4 espèces de plantes spécifiques (palmier, cédrat, myrte et saule).

Nourriture associée : aucune nourriture n'est associée à cette fête.

Folklore : la légende dit que quiconque ne voit pas son ombre au cours de la dernière nuit est destiné à mourir dans l'année.

4. Simhat Torah (« la joie de la Torah »)

Signification : cette fête célèbre la donation de la Torah à Moïse. Le cycle de sa lecture à la synagogue s'achève le jour de *Simhat Torah* et reprend immédiatement, le même jour.

Date de célébration (calendrier juif) : 22 Tichri (le 23 Tichri en Diaspora).

Dates de célébration (calendrier civil) : 19 octobre 2003, 8 octobre 2004, 26 octobre 2005.

Durée de la fête : un jour.

Symboles : tous les rouleaux de la Torah sont extraits de l'Arche et sont portés en procession par les fidèles qui tournent sept fois autour de l'estrade de lecture (*bimah*). Lorsqu'on souhaite honorer un membre de la communauté on lui fait lire la dernière section du Deutéronome (il est appelé le « fiancé de la Torah ») ou la première section de la Genèse (il est appelé le « fiancé du commencement »).

Nourriture associée : aucune nourriture n'est associée à cette fête.

Folklore : le lendemain de la fête, des cortèges avec chants et danses sont organisés en dehors des murs de la synagogue (c'est ainsi, d'ailleurs, que les Juifs soviétiques se manifestaient dans les années soixante).

5. Hanoukah (« la fête de la Dédicace » ou « fête des lumières »)

Signification : cette fête commémore le miracle de la lampe à huile lors de la purification du Temple (en -164 è.c.). Selon la légende, cette lampe à huile resta allumée huit jours (le temps nécessaire aux prêtres pour fabriquer de l'huile) alors qu'il n'y avait d'huile que pour un jour seulement. Elle commémore également la victoire des Maccabées sur les Syriens (qui voulaient helléniser les Juifs et supprimer la religion).

Date de célébration (calendrier juif) : 25 Kislev – 3 Tèvèt.

Dates de célébration (calendrier civil) : 20-27 décembre 2003, 8-15 décembre 2004, 26 décembre 2005-1er janvier 2006.

Célébration : prières et lectures spécifiques à la synagogue ; les lumières de *Hanoukiah* (chandelier à 8 branches) sont allumées chaque soir jusqu'au 8e.

Durée de la fête : huit jours.

Symboles : le chandelier à 8 branches (*hanoukiah*). Chaque soir – de manière à rendre le miracle public – on allume une bougie jusqu'au 8e soir (la neuvième branche, au devant, sert comme bougie « servante » qui allume les autres).

Nourriture associée : beignets (sans doute à cause de leur association avec l'huile).

Folklore : lors de cette fête, on organise des jeux pour les enfants.

6. Pourim (la fête des « sorts »)

Signification : on fête le renversement des « sorts » grâce à l'intervention d'Esther. C'est, en effet, grâce à elle que le stratagème utilisés par Haman, vizir du roi Perse Assuérus (Ve siècle avant notre ère), pour décider de la date d'extermination des Juifs, ne se réalisa pas.

Date de célébration (calendrier juif) : 14 ou 15 Adar.

Dates de célébration : 18 mars 2003, 7 mars 2004, 25 mars 2005.

Célébration : lecture du livre d'Esther.

Durée de la fête : un jour.

Symboles : pâtisseries en forme d'oreilles.

Étui pour les rouleaux de la Loi

Nourriture associée : pâtisseries frites (« oreilles d'Haman »), petits pains fourrés aux dattes et recouverts de grains de pavot (« poches d'Haman »).

Folklore : atmosphère de carnaval (comme pour Halloween) : déguisements, chahuts, parades, toupies, etc. C'est aussi la fête des « noceurs ».

7. Pessah (« Pâque »)

Signification : célébration de la sortie d'Égypte.

Date de célébration (calendrier juif) : 15 au 21 Nissan (au 22 Nissan dans la Diaspora).

Dates de célébration (calendrier civil) : 17-23/24 avril 2003, 16-12/13 avril 2004, 24-30 avril (1er mai) 2005.

Durée de la fête : sept jours (huit en Diaspora).

Symboles : repas solennel (*sédèr*) au cours duquel le père lit la *Haggadah* (récit de la sortie d'Égypte).

Nourriture associée : obligation de manger de la *matzah* (pain sans levain, encore appelé pain azyme) le soir de Pessah. Interdiction de consommer tout aliment à base de pâte levée durant les huit jours de la fête.

Folklore : dans certaines régions, les Juifs mettent en scène la sortie d'Égypte.

Il est à noter que Pessah est une fête qui demande une très longue préparation. En effet, le Juif doit respecter le commandement biblique qui lui interdit de posséder le moindre aliment à base de pâte levée ou susceptible d'entrer dans un processus de fermentation (certains s'interdisent même le riz et les légumineuses). Il est donc obligatoire de nettoyer toute la maison et de casheriser la cuisine (voir l'article consacré aux lois alimentaires). Par simplicité — et aussi par sûreté — la plupart des familles juives possèdent une vaisselle et une batterie de cuisine réservées exclusivement à la période de Pessah.

8. Chavouoth (« fête des Semaines » ou Pentecôte)

Signification : cette fête a lieu 50 jours après Pâque (d'où le nom de Pentecôte) : elle commémore le don de la Loi (Torah) fait par Dieu à Moïse : c'est la « fête du don de notre Torah », de la remise à Moïse du Décalogue et de l'indéfectible fidélité du peuple juif à la Torah.

Date de célébration (calendrier Juif) : 6 Sivan (6 et 7 Sivan en Diaspora).

Dates de célébration (calendrier civil) : 6 juin 2003, 26 mai 2004, 13 juin 2005.

Durée de la fête : un ou deux jours.

Symboles : les synagogues sont décorées de fleurs et de plantes vertes. Les études religieuses commencent généralement ce jour.

Nourriture associée : aucune nourriture n'est associée à cette fête.

Folklore : quelques manifestations parfois associées au premier jour de classe religieuse.

9. Ticha be Av (« le neuf du mois de Av »)

Signification : il s'agit d'un jour de deuil et de jeûne qui commémore la destruction des deux Temples de Jérusalem (-586 è.c., pour le premier, et 70 è.c., pour le second).

Date de célébration (calendrier juif) : 9 Av.

Dates de célébration (calendrier civil) : 7 août 2003, 27 juillet 2004, 14 août 2005.

Durée de la fête : un jour.

Symboles : l'œuf (nourriture de deuil) et le noir. Dans les synagogues, la lumière est tamisée et les fidèles ne portent ni châle de prière ni *teffilin.*

Nourriture associée : jour de jeûne (commence la veille, contrairement aux autres jeûnes qui commencent au lever du soleil). Seuls deux jeûnes commencent la veille : celui de *Ticha be Av* (c'est-à-dire le 9 du mois d'Av) et celui de *Yom Kippour.*

Folklore : en Israël, c'est un jour de deuil national ; restaurants et lieux de distraction sont fermés (comme pour *Yom Kippour*).

D'autres fêtes religieuses, moins importantes, sont encore célébrées dans la religion juive. Nous n'en parlerons pas ici mais le lecteur désireux d'en savoir davantage trouvera de nombreux ouvrages consacrés à ce sujet. Signalons cependant encore la fête de *Lag Baomer* (le 18 Iyar) : fête des écoliers durant laquelle on fête Siméon bar Yohaï (IIe siècle), l'auteur présumé du Zohar (XIIIe siècle), le traité de la tradition ésotérique (Kabbale). Ajoutons, pour terminer, que l'État d'Israël a également institué de nouvelles fêtes dont *Yom ha-Atsmaout* (le jour de l'Indépendance) et *Yom Yerouchalayim (le jour de Jérusalem).*

Pour en savoir plus

Parmi les nombreux ouvrages traitant des fêtes et célébrations juives, le plus « classique » est celui du rabbin E. Gugenheim : *Le judaïsme dans la vie quotidienne* (Albin Michel. Présence du judaïsme. 1988.). Les articles du *Dictionnaire encyclopédique du Judaïsme* (Collection Bouquins, Robert Laffont. 1996. 1632 pages) sont également extrêmement bien documentés et fournissent pour chaque fête les lectures et prières récitées dans la synagogue.

Tanakh

« Dieu appela la lumière Jour, et les ténèbres, il les appela Nuit. Il fut soir, il fut matin – un jour. » (Genèse 1, 5)

« Le soir se fit, le matin se fit, – troisième jour. » (Genèse 1, 13).

Chabbat

C'est le septième jour de la semaine. C'est le jour de repos obligatoire qui commence le vendredi soir pour se terminer le samedi soir par la cérémonie dite de la *Havdala* (la « séparation »). La fête de chabbat se termine avec la dernière bénédiction sur le vin (après avoir bu le vin, le père en renverse un peu pour éteindre la bougie et clôturer le chabbat).

Pour comprendre l'importance de ce jour chez les Juifs, il faut savoir que c'est le seul jour sacré qui soit mentionné dans le Décalogue. La place primordiale du chabbat dans la vie juive est signalée à plusieurs reprises dans la Bible (Gn 2,1-3 ; Ex 20-10 ; Dt 5,14, etc.).

Le texte fondateur du chabbat est contenu dans le texte de la Genèse. Il mérite d'être cité (voir à la page 45). Dans les récits de la Bible, lorsque les Juifs ne respectaient pas le chabbat, Dieu se fâchait. Il rappelait alors à son peuple que, dans le désert, il procurait toujours, le sixième jour, le pain pour deux jours et que ce jour était donc réservé au repos et non à la recherche de nourriture.

Interdictions

Le chabbat est un jour de repos, de repas de fête, d'ambiance familiale et d'étude. Tous les travaux sont, en principe, interdits. Très tôt, les premiers sages de la Michnah (voir l'article consacré aux livres saints) ont dressé une liste des 39 catégories de travaux interdits. Par la suite, les rabbins ont régulièrement complété cette liste. Il est important de préciser que l'interdiction ne porte pas sur la difficulté du travail mais sur l'éloignement que celui-ci crée entre le travailleur et Dieu et le travailleur et sa famille (il est donc aussi bien interdit de couper un arbre que de recoudre un bouton). Outre le travail, il est également interdit de transporter les objets servant à la réalisation de celui-ci (ainsi, un couturier doit faire très attention à ne pas transporter une aiguille accrochée à son veston...). Ici encore, ce n'est pas le poids de l'objet qui importe mais son utilité dans le travail (cependant, transporter un livre est autorisé). Autre interdiction (mais qui a donné lieu à de nombreux « aménagements »), celle de se déplacer hors du périmètre « privé ». Enfin, signalons encore l'interdiction de porter des chaussures en cuir pour prier à la synagogue (car il n'est pas « sain » de prendre appui sur une matière vivante pour s'adresser à Dieu). Pour terminer, notons que l'obligation de repos concerne toutes les personnes qui habitent la maison (donc les domestiques s'il y en a) ainsi d'ailleurs que les animaux.

Dispenses

Des dispenses ont été accordées très tôt pour des motifs religieux, pratiques ou humains.

Qiddouch

Prière récitée pour sanctifier le chabbat ou les jours de fête. La prière s'effectue sur une coupe de vin. Il est à noter que le Qiddouch ne peut être récité que là où il y a un repas (s'il est récité à la synagogue une collation est servie après l'office).

Le texte du Qiddouch est le suivant : « Sois loué, Éternel, notre Dieu, Roi de l'univers qui nous as sanctifiés par tes commandements et qui dans ton amour et dans ta bienveillance nous as donné en héritage ton saint jour de chabbat, souvenir de la création du monde. Ce jour est la première des solennités, instituée en mémoire de la sortie d'Égypte. Oui, c'est nous que tu as choisis entre tous les peuples et que tu as sanctifiés, et c'est à nous que dans ton amour et ta bienveillance tu as donné ton saint jour de chabbat en héritage. Sois loué Eternel, qui sanctifies le chabbat ».

Ainsi, les observateurs de la néoménie qui devaient en avertir le Sanhédrin (rappelons que les fêtes religieuses sont basées sur un calendrier lunaire et que dans les premiers temps seule l'observation permettait de déterminer l'arrivée de la lune) avaient le droit de se déplacer, si nécessaire, le jour du chabbat. La circoncision qui doit se pratiquer le 8e jour, ne souffre pas de remise : elle peut donc être pratiquée le jour du chabbat. Pour défendre sa vie (en cas de légitime défense) ou celle des autres (par exemple pour un problème médical), on peut également transgresser les interdictions du chabbat. Les animaux dangereux peuvent également être abattus.

Néoménie

Nouvelle lune : dans le calendrier juif, c'est le début d'un mois. Le jour de la néoménie était fixé par le Sanhédrin d'après des témoignages oculaires. Aux âges bibliques, la néoménie était une véritable fête qui donnait lieu à des réjouissances (Nombres 10, 10 ; 28, 11).

Juif pieux

Un livre de prière à la main (siddour), notre personnage porte une calotte (en signe de respect pour la présence divine), un châle de prière (tallit) dont les quatre coins sont garnis de franges dotées chacune de cinq nœuds (en mémoire des cinq Livres de la Torah de Moïse). Sur le front et le bras gauche, il porte les teffilin (petites boîtes contenant des versets de la Torah).

L'activité cultuelle familiale

Le chabbat est une fête de famille : des manifestations religieuses familiales sont ainsi prévues. Le chabbat est également une fête de la communauté : le Juif pieux se rend plusieurs fois à la synagogue. Les Juifs sont hospitaliers mais si vous n'avez jamais eu l'occasion de participer à un chabbat, voici le déroulement des festivités familiales d'un chabbat « classique ».

Le vendredi l'épouse (souvent aidée par son mari) a préparé les repas du soir (généralement viande et poisson) et ceux du lendemain. La table est dressé, et décorée. À la place du père, la maîtresse de maison a placé deux petits pains et une coupe d'argent pour le vin. Dans la cuisine tout est en place pour ne plus nécessiter aucun travail (les appareils ménagers modernes réalisent ainsi des « miracles » pour les familles juives). Fin d'après-midi toute la famille se prépare pour accueillir le chabbat (les familles les plus pieuses revêtent des « vêtements sabbatiques » pour honorer cette soirée).

Le vendredi soir, pendant que l'office se déroule à la synagogue, la maîtresse de maison a allumé les bougies spéciales du chabbat. Au retour de la synagogue, après s'être lavé les mains, la famille se réunit autour de la table et après que les parents aient bénis leurs enfants, tous se joignent au chant d'accueil du chabbat. Le chant terminé, le père élève la coupe de vin, prononce les paroles du *Qiddouch*, et rompt le pain dont il distribue un petit morceau à chacune des personnes attablées (une nouvelle séance d'ablutions rituelles des mains suit parfois le Qiddouch). La soirée est empreinte de joie et de nombreux cantiques spéciaux (*zemiroth*) sont chantés.

Le tallit ou châle de prière

Le tallit ou châle de prière est un grand châle blanc, souvent rayé de noir, dont les quatre coins sont garnis de franges rituelles (tsitsit). Ce châle, qui se porte sur les épaules ou sur la tête, est utilisé par les hommes pieux au moment des prières. L'obligation de porter le tallit est biblique : « Parle aux enfants d'Israël, et dis-leur de se faire des franges aux quatre coins de leurs vêtements, dans toutes leurs générations, et d'ajouter à la frange de chaque coin un cordon d'azur. Cela formera pour vous des franges dont la vue vous rappellera tous les commandements de l'Eternel, afin que vous les exécutiez... » (Nombres 15, 37-39).

Le samedi est la journée consacrée au repos, à la famille, à la prière, à la fréquentation de la synagogue (trois offices), aux repas (en tout il y a trois repas obligatoires pour le chabbat). Un nouveau *Qiddoush* introduit le second repas familial. Durant l'après-midi, il est courant de lire des extraits du *Pirké Avoth* (c'est un des traités de la Michnah — la première partie du Talmud — qui se caractérise par son contenu : uniquement des maximes et des aphorismes qui mettent en valeur les idéaux éthiques des Juifs).

La soirée du chabbat se termine à la maison par la cérémonie de la **havdala**. La famille se réunit autour du père. À sa place, se trouvent un verre de vin rempli à ras bords (en signe d'abondance), une boîte contenant des épices et une bougie (parfois tenue par un enfant). Le père récite la bénédiction sur le vin, les épices et la lumière puis fait circuler la boîte aux épices. Il boit alors la coupe de vin et éteint la bougie avec le fond du verre.

La journée de chabbat est maintenant terminée, jusqu'au vendredi soir suivant.

Les objets du culte

Pour le chabbat, le Juif pieux allume des bougies un peu avant la tombée de la nuit. On trouve dans le commerce des bougies spéciales pour chabbat sur lesquelles sont gravés des motifs religieux ou des citations.

La table du repas de chabbat est considérée comme un autel dressé à la gloire de Dieu. Il est donc normal pour un Juif qu'elle soit particulièrement ornée ce jour-là. Il existe ainsi divers objets spécialement conçus pour cette occasion. La prière du chabbat (*qiddoush*) se fait sur un verre de vin. Des verres à *qiddoush*, ornés de motifs, sont généralement utilisés pour donner à la fête un véritable décorum (la table est d'ailleurs souvent également ornée).

Enfin, des couteaux à pain spécialement ornés et sur lesquels des citations ou sentences sont gravées sont également utilisés à cette occasion.

Repas de chabbat

La table du repas est considérée comme un autel à la gloire de Dieu. On y trouvera les éléments suivants : le vin casher, les verres à vin pour la prière de *qiddoush*, deux petits pains tressés, une nappe blanche, deux bougies (dont l'une est à plusieurs mèches pour la cérémonie de la *havdala*).

Présentation du Séfèr Torah
Malgré l'arrivée du livre, le rouleau reste utilisé dans la religion juive pour la liturgie. Ainsi, le « rouleau de la Torah » (ou Séfèr Torah) est toujours utilisé à la synagogue. Il s'agit d'un rouleau de parchemin monté sur deux manches de bois ornés de fleurons de métal (rimonim, c'est-à-dire grenades). Sur ce parchemin, un scribe officiel a recopié sans aucune erreur ou rature les cinq livres de la Torah. Lors de la liturgie, il est extrait de l'Arche, porté à la table de lecture puis présenté aux fidèles debout.
Le rouleau de parchemin porte le nom de Megilah. Aujourd'hui, on réserve cette appellation au Livre d'Esther, le seul livre qui soit obligatoirement lu à la synagogue à partir d'un rouleau de parchemin. Les quatre autres rouleaux sont lus dans la Torah manuscrite ou dans un texte imprimé.

Lecture de la Torah

À la synagogue, trois jours sont consacrés à la lecture de la Torah (le samedi, le lundi et le jeudi ; cela « afin qu'Israël ne reste point plus de trois jours sans Torah »). Pour que l'intégralité de la Torah puisse être lue en une année, samedi après samedi, celle-ci a été divisée en 54 sections (*sidroth*) ; ce qui correspond au nombre maximum de chabbats pour l'année la plus longue.

En principe, sept personnes sont appelées à la lecture de la Torah. Ainsi, chaque section (*sidra*, pluriel : *sidroth*) de la Torah est divisée en sept parties (ou *paracha* ; pluriel *parachioth*). La première personne à être appelée est un Cohen, laquelle est suivie par un Lévite. La dernière personne a être appelée est nommée le **Maftir**. Lors de la fin du cycle de lecture de la Torah, la dernière personne à être appelée — qui lit donc la dernière paracha du Deutéronome — est appelée le « fiancé de la Torah » ; la personne qui ouvre le nouveau cycle — et lit donc la première paracha de la Genèse — est « le fiancé du Commencement ».

Quand commence le chabbat ?

Rappelons que la journée juive (voir l'article consacré au calendrier) commence à la tombée de la nuit et dure jusqu'à la tombée de la nuit suivante (la seule exception concernant certains jeûnes pour lesquels la journée commence le matin). Le chabbat commence donc à la tombée de la nuit du vendredi et dure jusqu'à la tombée de la nuit du samedi.

Ablutions

Il s'agit de purifications rituelles, à base d'eau, que l'on pratique dans différentes occasions sur un corps parfaitement propre. Lorsqu'on ne dispose pas d'eau, il est possible d'utiliser, comme chez les musulmans, du sable ou encore de l'herbe. Certaines ablutions concernent le corps entier (voir l'article consacré au bain rituel, page 155), d'autres ne concernent que les pieds (pour les prêtres) ou les mains (pour tout Juif pratiquant). En règle générale, le Juif pieux se lave les mains avant de rompre le pain. Cette ablution est assez compliquée car il faut utiliser un récipient à large ouverture et bords lisses et verser l'eau d'abord sur sa main droite puis sur sa main gauche : cela demande un peu de dextérité.

Tanakh

« Dieu mit fin, le septième jour, à l'œuvre faite par lui ; et il se reposa, le septième jour de toute l'œuvre qu'il avait faite. Dieu bénit le septième jour et le proclama saint, parce qu'en ce jour il se reposa de l'œuvre entière qu'il avait produite et organisée. » (Genèse 2, 1-3)

« Pense au jour du Sabbat pour le sanctifier. Durant six jours tu travailleras, et t'occuperas de toutes tes affaires ; mais le septième jour est la Trêve de l'Éternel ton Dieu : tu n'y feras aucun travail, toi, ton fils ni ta fille, ton esclave mâle ou femelle, ton bétail, ni l'étranger qui est dans tes murs. Car en six jours l'Éternel a fait le ciel, la terre, la mer et tout ce qu'ils renferment, et il s'est reposé le septième jour ; c'est pourquoi l'Éternel a béni le jour du Sabbat et l'a sanctifié. » (Exode 20, 8-11)

La circoncision

En hébreu, *berith mila*, c'est-à-dire « alliance de la circoncision ». En effet, la circoncision est « le signe de l'Alliance » entre Dieu et le peuple juif (Genèse 17). La circoncision rituelle, qui consiste en l'ablation de tout le prépuce avec mise à nu complète du gland, obéit à un rite très précis.

Le rite

La circoncision a lieu le 8e jour après la naissance d'un enfant mâle et cela même s'il s'agit du chabbat ou d'un jour de fête. La cérémonie a lieu traditionnellement devant un groupe de 10 adultes mâles (*minyan*, voir l'article synagogue). L'enfant est d'abord placé sur un siège spécial (dit siège d'Élie) puis confié au circonciseur (*mohel*). La circoncision est opérée en quelques secondes par le circonciseur qui doit être un Juif pratiquant (le judaïsme réformé accepte que la circoncision soit effectuée par un médecin). Ensuite, une bénédiction spéciale est prononcée sur un verre de vie, l'enfant reçoit son nom (l'enfant reçoit son nom à la synagogue et non pas à son domicile familial pour bien marquer que s'il est l'enfant de ses parents, il appartient également à la communauté), et la cérémonie se termine par un repas festif. Le déroulement de la cérémonie varie selon que la famille appartient au rite ashkénaze ou au rite séfarade.

L'obligation de la circoncision

Sauf pour cause de maladie, la circoncision doit impérativement avoir lieu le 8e jour après la naissance. Elle est obligatoire pour tout Juif et également pour les convertis quel que soit leur âge (on raconte qu'Abraham a été circoncis à l'âge de quatre-vingt-dix-neuf ans). Au cas (fréquent aux États-Unis) où le converti est déjà circoncis, le circonciseur

Tyku

C'est l'abréviation d'une formule hébraïque (*tichbi yétarets kouchiot uba'yot*) qui signifie : le prophète Élie règlera les difficultés et les problèmes. Cette formule est utilisée dans le Talmud lorsque les rabbins ne parviennent pas à résoudre un problème. Cette référence au prophète Élie, capable de résoudre les problèmes, est constante dans tout le monde juif. Ainsi, dans ses mémoires, le rabbin Jacob Emden (XVII/XVIIIe siècle), ne parvenant pas à savoir si une traite a été payée, écrit : « Je la conserve à ce jour, en attendant la venue du prophète Élie ».[4] En hébreu moderne, le mot est devenu *tékou* et signifie « match nul ».

Le prophète Élie

Le prophète Élie qui, d'après la tradition, monta au ciel, emporté par un tourbillon, sur un char et des chevaux de feu, est devenu un personnage très important dans l'imaginaire juif, les prières et la liturgie juives. En effet, n'étant jamais mort, il continue à enseigner aux sages (certains livres – Midrash – lui sont attribués) et peut revenir sur terre en cas de nécessité (par exemple, pour former le 10e manquant du quorum nécessaire pour la prière collective). Ainsi, dans la tradition juive :

- il est invité à toutes les circoncisions ;
- il a sa place à table pour le chabbat ;
- il annoncera la venue du Messie ;
- il lui est réservé un siège et un verre à la table du *Sédèr* de Pâque ;
- il lui est gardé une porte ouverte lors de toutes les fêtes ;
- à la fin des temps, il résoudra tous les problèmes de loi non résolus (*tyku*) et réconciliera parents et enfants.

Le prophète Élie (voir également page 122) est invité traditionnellement à de nombreuses fêtes et, nous l'avons déjà dit, à toutes les circoncisions (d'où la présence de son siège). Cette coutume provient de ce qu'Élie s'était plaint à Dieu en ces termes : « les enfants d'Israël ont répudié ton alliance, renversé tes autels... »(1 Rois 19, 10).

prélèvera, en signe d'alliance, une goutte de sang.

Les Juifs sont particulièrement attachés à cette alliance physique avec Dieu ; c'est ainsi que les révoltes des Maccabées (contre l'entreprise d'hellénisation forcée du roi Antiochus de Syrie) puis celle de Bar Kokhba (contre l'empereur romain) ont, en partie, pour cause l'interdiction faite aux Juifs de pratiquer la circoncision.

Les instruments du mohel

Les instruments utilisés par le *mohel* sont nombreux et possèdent une longue histoire. Il s'agit du couteau aiguisé sur les deux faces (*izamel*), du bouclier (*magen*) dans lequel le prépuce est passé (il sert de guide au couteau et de protection pour le gland), du stylet (qui sert à écarter le prépuce du gland). La plupart de ces instruments sont en argent.

Tanakh

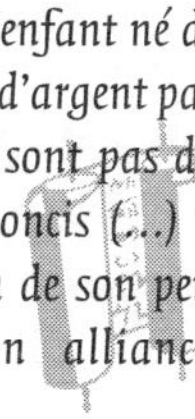

« Vous retrancherez la chair de votre excroissance, et ce sera un symbole d'alliance entre moi et vous. À l'âge de 8 jours que tout mâle, dans vos générations soit circoncis par vous ; même l'enfant né dans ta maison, ou acheté à prix d'argent parmi les fils de l'étranger qui ne sont pas de ta race. (...) Et le mâle incirconcis (...) sera supprimé lui-même du sein de son peuple pour avoir enfreint mon alliance » (Genèse 17, 11-14).

La loi juive compte 613 commandements obligatoires (ou *mitzvoth* ; singulier : *mitzva*). Ce nombre ne concerne pas chaque individu mais le peuple juif pris dans sa globalité. Certaines obligations intéressent, en effet, exclusivement les hommes, d'autres uniquement les femmes ; certaines ne concernent que le roi, d'autres ont trait au service du Temple, donc ne se rapportent qu'aux prêtres officiants, etc. Il est à noter que du fait même qu'il n'y a plus de roi, plus d'esclaves, plus de Temple, plus de prêtres officiants, de nombreux commandements ne sont plus applicables (on estime que depuis la destruction du Temple et l'exil, seuls 270 commandements sont encore effectifs). Tous les commandements continuent cependant à faire l'objet d'études de manière à pouvoir être appliqués lors de la reconstruction mythique du Temple.

Répartitions des commandements

Les 613 commandements se subdivisent en 365 actions interdites ou *azharoth* (ce qui correspond au nombre de jours de l'année solaire) et 248 actions positives, c'est-à-dire des devoirs à accomplir (ce qui correspondrait aux parties du corps de l'homme). Comme les Juifs adorent les nomenclatures, plusieurs subdivisions ont été proposées : commandements rationnels, commandements envers Dieu, commandements de la terre, etc. D'autres classifications ont été proposées : en fonction de la sévérité de la peine, en fonction de la personne qui doit exécuter les commandements, en fonction de leur compréhension (ceux dont on comprend le but et ceux qu'il faut accepter tels quels, etc.). La nomenclature qui me paraît la plus intéressante est celle qui reprend les commandements en fonction de leur apparition dans la Bible. Concernant les *mitzvoth*, une des œuvres les plus achevées est, sans doute, le *Livre des commandements* (*Sefer ha-mitzvoth*) de Maïmonide où chaque commandement est complété par sa source dans la Bible et par des références talmudiques. Signalons également l'œuvre de Aaron ha-Lévi (le *Séfèr ha-hinnoukh*) qui dit pour chaque commandement s'il est applicable en exil, qui doit l'observer, ce qu'en dit Maïmonide et enfin la manière de l'accomplir.

La femme et les commandements

Par rapport aux commandements, la situation de la femme juive est particulière : elle ne doit pas, sauf exception, observer les commandements qui doivent être exécutés à des moments parti-

Hellénistes

Juifs qui, aux environs du IVe siècle avant l'ère commune adoptaient un comportement ambivalent vis-à-vis de l'hellénisme ambiant. Ils s'appropriaient certains des traits culturels et sociaux des Grecs tout en rejetant leur conception païenne du monde. Ainsi, certains n'hésitaient pas à opter pour la chirurgie réparatrice et à se greffer un prépuce. C'est cependant dans l'architecture des monuments religieux que l'influence grecque s'est fait le plus sentir. La révolte des Maccabées et l'instauration (en -167 de l'è.c.) de la dynastie Hasmonéenne mirent fin à cette attitude dangereuse et sauvèrent le monothéisme de l'hellénisme païen.

culiers. Pour expliquer cela, il existe deux théories : la première dit que la femme doit s'occuper des tâches ménagères et n'aurait donc pas la possibilité de respecter tous les commandements ; la seconde dit que ayant déjà à subir un « cycle naturel », la femme n'a pas besoin qu'on lui impose un autre cycle. On notera cependant que la femme qui le désire peut observer valablement tous les mitzvoth, comme elle a également le droit d'étudier la Torah (mais elle n'y est pas obligée). À titre d'exemple, voici quelques mitzvoth, très brièvement commentée.

L'obligation de procréer est basée sur le verset *(Genèse* 1, 28) : « ...*Croissez et multipliez-vous ! ».* Cette obligation est applicable partout et à toutes les époques. Ce commandement est obligatoire pour l'homme mais pas pour la femme.

Moïse reçoit les dix commandements

« Le matin venu, il y eut des tonnerres et des éclairs, et une nuée épaisse sur la montagne, et un son de cor très intense. (...) Or, la montagne de Sinaï était toute fumante, parce que le Seigneur y était descendu au sein de la flamme... Moïse parlait et la voix divine lui répondait. » (Exode 19, 16-20).

Les moissons

La plupart des fêtes juives sont intimement liées aux activités agricoles. Ainsi, Chavouoth, fête du don de la Torah est aussi la fête des moissons.

Le devoir de circoncire est basé sur le verset *(Genèse 17, 10)* : « *...Circoncisez tout mâle.* » Ce commandement est applicable partout et à toutes les époques. Ce devoir incombe au père. La circonsion est le signe de l'alliance (voir l'article consacré à ce sujet) et un symbole de parachèvement.

L'obligation de rédiger un acte de répudiation basé sur le verset *(Deutéronome* 24, 1) : «*...Rédiger pour elle un acte de répudiation... .*» Ce commandement est applicable partout et à toutes les époques. Ce devoir incombe au mari. Sans cet acte, la femme reste mariée et son éventuel remariage serait considéré comme un adultère.

L'interdiction d'assassiner est basée sur le verset *(Exode* 20, 13) : *« Tu ne commettras pas d'assassinat.»* Ce commandement est applicable partout, en tous temps, et par tous. Qui assassine son semblable dépeuple de ses propres mains le monde.

L'interdiction pour un tribunal de condamner à mort un accusé à la majorité d'une seule voix est basée sur le verset *(Exode* 23, 2) : *« Tu ne suivras pas une majorité qui veut le mal... .»* Il faut toujours donner une chance de plus à l'acquittement qu'à la condamnation, la vie d'un homme étant irremplaçable.

Orthopraxie

« Il n'y a pas d'orthodoxie juive, mais bien une orthopraxie, c'est-à-dire une pratique droite, si l'on traduit textuellement. Autrement dit, l'unité du judaïsme repose non pas sur une conception théologique commune, mais bien sur un accomplissement rigoureux et tendant à l'uniformité des 613 commandements et de leur loi dérivée. » (Alain Michel. *Colloque des intellectuels juifs. Pluralité des judaïsmes. Unité du peuple juif ?* Éditions du Cosmogone. 2003. Page 43)

Les commandements de la terre

La plupart des Hébreux sont des agriculteurs, il n'est donc guère étonnant que le calendrier et les fêtes religieuses soient calqués sur les saisons. Il n'est guère étonnant, non plus, que de nombreux commandements aient un rapport avec l'agriculture. Enfin, personne ne sera surpris qu'une section entière du Talmud soit consacrée à ce sujet (Les Semences ou *Zeraïm*). Beaucoup de prescriptions à propos de l'agriculture ne concernent que la terre d'Israël mais certaines doivent être exécutées dans le monde entier.

Fêtes religieuses et saisons

Nous consacrons par ailleurs un article aux fêtes religieuses (voir page 30) mais signalons, ici, que les grandes fêtes religieuses (Rosh Hachanah, etc.) sont d'abord des fêtes agricoles et tout spécialement les fêtes de pèlerinage (Pâque, Chavouoth, Souccoth) :

- **Pessah :** fête de pèlerinage est aussi la fête du printemps ;
- **Chavouot :** fête de pèlerinage est la fête des moissons et des prémices ;
- **Souccoth :** fête de pèlerinage est la fête de l'engrangement des récoltes.

Les dons et offrandes agricoles

Toutes les activités agricoles sont soumises à prescriptions dont certaines concernent les dons aux prêtres et aux pauvres. Ainsi, lors du moissonnage, une part – variable selon les années du cycle de la terre – est prévue pour les prêtres et une autre pour les lévites. Par ailleurs, il est ordonné que tous les grains tombés à terre soient réservés aux pauvres. Une législation existe également pour les arbres fruitiers dont les fruits des trois premières années ne peuvent être consommés.

Le statut de la terre

En principe, les terres ne sont jamais définitivement vendues mais seulement les récoltes. Au bout de cinquante ans, les terres vendues reviennent à leur ancien propriétaire. Par ailleurs, tous les sept ans, les terres doivent être mises en jachère (pour des raisons économiques, cette année sabbatique n'a cependant pas été respectée en Israël lors de la création des kibboutz ; néanmoins pour respecter la loi, durant l'année sabbatique la terre était provisoirement revendue à un non Juif).

Enfin, il est interdit de mélanger des semences différentes dans un même champ (de même les pollinisations croisées de fruits ou les greffes hétérogènes sont également interdites).

Tanakh

« Trois fois l'an, tu célébreras des fêtes en mon honneur. Et d'abord tu observeras la fête des Azymes : durant sept jours tu mangeras des pains azymes (ainsi que je te l'ai ordonné) à l'époque du mois de la germination, car c'est alors que tu es sorti de l'Égypte ; et l'on ne paraîtra point devant ma face les mains vides. Puis, la fête de la Moisson, fête des prémices de tes biens, que tu auras semés dans la terre ; et la fête de l'automne, au déclin de l'année, lorsque tu rentreras ta récolte des champs. » (Exode 23, 14-16)

Le Décalogue

C'est le texte de l'Alliance conclue entre Dieu et son peuple sur le mont Sinaï, sept semaines après la sortie d'Égypte. D'abord prononcée par Dieu du sommet du mont Sinaï, cette injonction fut par la suite remise à Moïse — « de l'écriture d'Élohim » — sur deux tables de pierre.

« Je forme la lumière et crée les ténèbres, j'établis la paix
et je suis l'auteur du mal : moi, l'Éternel, je fais tout cela. »
(Isaïe 45, 7).

Les Tables

Dieu ordonna à Moïse de monter sur le mont Sinaï pour recevoir « les tables de pierre, la loi et la règle que j'ai écrites » (Exode 24, 12). Redescendant du mont Sinaï, Moïse vit le peuple juif se prosterner devant le Veau d'or, une idole construite durant son absence. Déçu et furieux, il brisa les deux tables (Exode 32, 19). Dieu lui enjoignit par la suite de tailler deux tables identiques aux premières et de remonter sur le mont Sinaï pour y graver les paroles déjà gravées sur les premières (Exode 34, 1-4). Ce sont ces nouvelles tables que Moïse déposa dans l'Arche d'Alliance. Elles furent conservées dans le Premier Temple jusqu'à sa destruction, en -586 è.c.

La tradition raconte que Dieu proposa d'abord son alliance à d'autres peuples (Édomites, Moabites, etc.) mais que ceux-ci refusèrent cette alliance bien trop contraignante pour leur mode de vie. Pour les rabbins, les tables sur lesquelles Dieu a gravé les dix commandements étaient préparées avant la Création et, dès lors, le Décalogue est applicable en dehors de tout temps et de tout lieu (pour les Arabes, aussi, le Coran existe de toute éternité, bien avant sa descente sur Mahomet).

Idolâtrie

Pour les Juifs, l'idolâtrie est le plus grand des péchés. La plupart des interdictions de la religion juive ont pour rôle d'éviter celle-ci. Parmi les objets adorés figurent la lune et le soleil, indispensables à l'homme. C'est la raison pour laquelle Dieu n'a jamais détruit les idoles, car certaines étaient primordiales pour la vie sur terre.

Textes

Exode, chap. 20, versets 2 à 14 (une autre version, « légèrement » différente figure en Deutéronome, chap. 5, versets 6 à 21). Les deux versions Exode et Deutéronome sont quasi identiques. Cette seconde version s'explique par la nécessité de rappeler aux Juifs, quarante ans après la sortie d'Égypte certains événements encore gravés dans leur mémoire alors qu'ils venaient de quitter la terre de Pharaon (rappelons que la première « alliance » a été conclue seulement sept semaines après la sortie d'Égypte). La version de l'Exode diffère sur deux points de celle du Deutéronome : elle donne une raison religieuse et non humanitaire au respect du sabbat ; en interdisant la convoitise, elle classe la femme comme l'un des biens de l'homme.

Comme le lecteur pourra le constater par lui-même, neuf des dix commandements sont identiques chez les juifs et les chrétiens (voir page 55). La principale différence réside dans le second commandement juif qui interdit les images (par crainte d'idolâtrie). On notera le neuvième commandement chez les chrétiens qui recommande de « rester pur » même en pensées et désirs.

« I. Je suis l'Éternel, ton Dieu, qui t'ai fait sortir du pays d'Égypte, d'une maison d'esclavage.

II. Tu n'auras point d'autre dieu que moi. Tu ne feras point d'idoles, ni une image quelconque de ce qui est en haut dans le ciel, ou en bas sur la terre, ou dans les eaux au-dessous de la terre. (...)

III. Tu n'invoqueras point le nom de l'Éternel ton Dieu à l'appui du mensonge ; car l'Éternel ne laisse pas impuni celui qui invoque son nom pour le mensonge.

IV. Pense au jour du Sabbat pour le sanctifier. Durant six jours tu travailleras, et tu t'occuperas de toutes tes affaires ; mais le septième est la trêve de l'Éternel ton Dieu : tu n'y feras aucun travail, toi, ton fils ni ta fille, ton esclave mâle ou femelle, ton bétail, ni l'étranger qui est dans tes murs. Car en six jours l'Éternel a fait le ciel, la terre, la mer et tout ce qu'ils renferment, et il s'est reposé le septième jour ; c'est pourquoi l'Éternel a béni le jour du Sabbat et l'a sanctifié.

V. Honore ton père et ta mère, afin que tes jours se prolongent sur la terre que l'Éternel ton Dieu t'accordera.

VI. Ne commets point d'homicide.

VII. Ne commets point d'adultère.

VIII. Ne commets point de larcin.

IX. Ne rends point contre ton prochain un faux témoignage.

X. Ne convoite pas la maison de ton prochain ; ne convoite pas la femme de ton prochain, son esclave ni sa servante, son bœuf ni son âne, ni rien de ce qui est à ton prochain. »

Présentation du Décalogue dans la tradition juive

La tradition juive donne du Décalogue une présentation sur « deux tables » où figurent, généralement, les premiers mots ou les premières lettres de chaque commandement. L'hébreu s'écrivant et se lisant de droite à gauche, le tableau ci-dessous essaye de rendre l'aspect visuel de ces deux « tables » de la Loi, telles qu'elles se retrouvent traditionnellement dans les lieux de culte, sur des objets de culte (arches de synagogue, etc.) ou même sur des bijoux symboliques.

6. *N'assassine pas...*	1. *Je suis ton Dieu...*
7. *Ne sois pas adultère...*	2. *Ne fais pas d'idoles...*
8. *Ne vole pas...*	3. *Ne jure pas en vain...*
9. *Ne sois pas faux témoin...*	4. *Souviens-toi du chabbath...*
10. *Ne convoite pas...*	5. *Honore tes parents...*

Le Décalogue dans la liturgie juive

Avant sa mort, Moïse avertit les Juifs qu'ils devaient réciter les commandements au lever et au coucher (Dt, 6-7). Par la suite, pour s'opposer à certaines sectes qui proclamaient que seuls les dix commandements étaient des proclamations divines (alors que pour les Juifs orthodoxes toute la Torah est de proclamation divine), les docteurs de la Loi remplacèrent la récitation bihebdomadaire du Décalogue par la prière *Chema Israël* (voir page 66).

Lors de la lecture du Décalogue à la synagogue, les participants se lèvent et abandonnent la cantilation habituelle pour un mode de récitation particulier mettant en évidence chaque commandement.

Polémique

Certains courants juifs considèrent que le premier commandement (« Je suis l'éternel ton Dieu... ») n'est en fait que le titre et que ce premier commandement ne commence, en réalité, qu'à partir du milieu de la première phrase : « Tu n'auras pas d'autres dieux en face de moi. »

Les dix commandements de l'Église catholique romaine

1. Un seul Dieu tu adoreras
   Et aimeras parfaitement.
2. Son saint Nom tu respecteras,
   Fuyant blasphème et faux serment.
3. Le jour du Seigneur garderas,
   En servant Dieu dévotement.
4. Tes père et mère honoreras,
   Tes supérieurs pareillement.
5. Meurtre et scandale éviteras,
   Haine et colère mêmement.
6. La pureté observeras
   En tes actes, soigneusement.
7. Le bien d'autrui tu ne prendras
   Ni retiendras injustement.
8. La médisance banniras
   Et le mensonge également.
9. En pensées, désirs, veilleras
   À rester pur entièrement.
10. Bien d'autrui ne convoiteras,
    Pour l'avoir malhonnêtement.

La Bimah

L'estrade d'où se font les lectures n'a pas toujours été placée au milieu de la synagogue mais était reportée à une extrémité de la pièce, elle était alors surélevée. Lors de certaines fêtes religieuses, il est de tradition de tourner plusieurs fois autour de la bimah.
La bimah est également présente dans les mosquées (*minbar*) et dans les églises chrétiennes catholiques (chaire de vérité).

Dhimmis

Dans les pays arabes, ce terme désigne les « **protégés** » et regroupe tous les « **gens du Livre** » (*ahl al-kitâb*), c'est-à-dire toutes les personnes à qui la pratique d'une religion monothéiste confère un statut particulier en vertu des versets du Coran et des dispositions des premiers califes. Cette catégorie de personnes, particulière au droit musulman, comprend les Juifs, les chrétiens, les sabéens et les zoroastriens. Dans un pays dont le pouvoir est musulman, les « gens du Livre » sont libres et protégés. En contrepartie, ils doivent s'acquitter d'un impôt spécial et se soumettre à certaines interdictions (ce qui les place dans une situation d'infériorité, de soumission).

Parmi les **droits**, signalons celui de conserver leur propre juridiction religieuse, pour autant que les conflits n'impliquent pas un musulman (auquel cas le conflit devient du ressort du juge, le *cadi*).

Parmi les **interdits** figure la défense de porter des armes, de monter à cheval, de s'habiller comme les musulmans, d'accéder à certaines fonctions administratives, d'hériter ou de faire hériter une personne ayant une autre religion. Pour les chiites, les dhimmis étaient également considérés comme impurs. Ainsi, au XIXe siècle, certaines autorités religieuses iraniennes interdisaient aux Juifs de sortir par temps de neige ou de pluie, de peur que leur impureté ne soit transmise par l'eau à des musulmans.

L'obligation principale des dhimmis consistait à payer **un impôt spécial**, dit de capitation (la *djizya*). Ce statut a été appliqué jusqu'à la fin de l'Empire ottoman. C'est l'émancipation des coptes qui scellait, dans les faits, la fin du statut spécial des « gens du Livre ». Récemment, ce statut a été repris par des gouvernements intégristes.

En règle générale, le prescrit d'Allah concernant les dhimmis fut bien respecté. S'ils acceptaient de se comporter en citoyens de seconde zone et de payer la taxe, les « gens du Livre » étaient bien traités. Bien entendu, il y eut des exceptions comme, par exemple, sous les premiers Almohades. Période pendant laquelle ils furent privés de cette protection (les Almohades usèrent même de traitements infamants envers les Juifs convertis, leur imposant des restrictions vestimentaires et matrimoniales).

Bien que le statut des dhimmi concernât tous les gens du Livre, c'est-à-dire également les chrétiens, ce sont essentiellement les Juifs qui eurent à en subir la rigueur car le nombre de chrétiens en terre arabe diminua considérablement au cours des siècles (les Juifs, eux, n'ayant plus de patrie où se rendre restaient sur place, envers et contre tout). La rigueur avec laquelle ce statut était appliqué dépendait de la situation politique intérieure et du résultat des conquêtes. Lorsque la situation était florissante, le statut des Juifs était également florissant et certains occupaient des positions très élevées auprès des califes, sultans et autres gouvernants. En période faste, les

Deux religions très proches

Juifs et musulmans sont parfaitement monothéistes (les uns comme les autres pensent que la religion chrétienne, trinitaire, ne l'est pas réellement ; beaucoup même la considèrent comme idolâtre). Dans le domaine religieux (pour n'évoquer que celui-ci), Juifs et musulmans ont de très nombreux points communs. Abraham est leur ancêtre commun, ils sont circoncis, ils respectent des interdits alimentaires similaires, ils sont davantage orthopraxes qu'orthodoxes, Jérusalem et d'autres villes sont réputées saintes dans les deux religions, ils pratiquent le jeûne religieux, on retrouve les mêmes thèmes bibliques – et même talmudiques – dans les deux religions, la jurisprudence religieuse (sharia, chez les uns et halakhah, chez les autres) occupe une place quasi identique dans leur vie quotidienne, etc. Signalons encore que les deux religions considèrent que le Loi écrite (Torah ou Coran) n'est complète qu'accompagnée, et explicitée, par la loi orale (Talmud ou Sîra/Hadîths). Une analyse plus fouillée montrerait combien Juifs et musulmans sont religieusement très proches et combien leur cohabitation pendant des siècles a été source de profit, même dans le domaine du culte, pour les uns comme pour les autres.

autorités appliquaient avec générosité le verset « pas de contrainte en religion » (Coran II, 256). En période difficile, ils appliquaient plus volontiers un autre verset : « Ceux qui, parmi les gens du Livre, ne pratiquent pas la vraie Religion, combattez-les jusqu'à ce qu'ils payent de leurs mains la *djizya* après s'être humiliés » (Coran IX, 29). La *djizya* devenant alors un instrument d'humiliation, de soumission. Divers documents arabes explicitent la manière de payer cet impôt : « Pour payer, il (le dhimmi) se tiendra debout, tandis que le percepteur sera assis. Le percepteur l'empoignera par le collet et le secouera en lui disant : “Acquitte la *djizya* !” ; et quand il aura payé, il lui donnera une tape sur la nuque. »[4a] Quoi qu'il en soit, tous les historiens sont d'accord pour admettre que la situation des Juifs – loin d'être excellente – était cependant bien meilleure en terre arabe qu'en terre chrétienne. Mais, malgré tout, moins chez les chiites, pour lesquels le Juif était impur, que chez les sunnites. Au cours des siècles, fuyant les persécutions chrétiennes, de nombreux Juifs trouvèrent repos et prospérité en terre arabe. Il n'y a pas bien longtemps, en 1940, la situation des Juifs en terre chrétienne n'était guère favorable, « le cauchemar devint réalité lorsque le gouvernement de Vichy ne leur accorda même pas une citoyenneté de seconde classe comparable à celle des dhimmi. C'est alors que, renversant les rôles, le sultan du Maroc protégea ses sujets juifs contre les mesures hostiles des autorités de Vichy et de leurs maîtres nazis ».[4b]

Pour en savoir plus

Juifs en terre d'islam, par B. Lewis. Champs Flammarion. 1989.

Le passé d'une discorde Juifs et Arabes depuis le VIIe siècle, par M. Abitbol. Tempus. Perrin. 2003.

Diaspora

On désigne sous ce terme, aujourd'hui encore, toutes les colonies juives dispersées dans le monde entier, par opposition aux Juifs qui vivent en Israël. Au lieu de parler de Diaspora, on parlera aussi d'Exil ou de Galout (mot hébreu). Dans des textes anciens, on trouvera parfois aussi les termes de captivité ou de déportation. En d'autres mots, la Diaspora représente tous les pays en dehors d'Israël où les Juifs vivent en minorité. La Diaspora est une notion fondamentale de l'histoire juive et a acquis une signification religieuse.

La première galout : à Babylone

Historiquement, le premier exil est la déportation et la captivité des dix tribus du royaume d'Israël, en 722 avant l'è.c. La première « véritable » Diaspora, qui a donné son sens au mot, se situe immédiatement après la destruction du Premier Temple. L'élite juive fut envoyée en exil à Babylone. Lorsque le roi Cyrus autorisa les Juifs exilés à revenir à Jérusalem, un certain nombre décidèrent de rester à Babylone. Ils gardèrent cependant le contact avec Jérusalem en payant un impôt au Temple, en organisant des pèlerinages et en construisant des synagogues. La vie religieuse en Diaspora fut très riche et on lui doit, entre autres, le Talmud de Babylone, qui fait autorité (plus riche que le Talmud de Jérusalem, il a supplanté celui-ci).

Réservé au départ aux Juifs restés à Babylone, ce mot désigna par la suite (et jusqu'à aujourd'hui) tous les pays en dehors d'Israël où les Juifs vivent en minorité, en exil.

La galout : une punition

L'exil et la diaspora sont des punitions infligées au peuple juif pour ses péchés, c'est la position constante des prophètes puis des rabbins. Pour les kabbalistes, Dieu s'est mis lui-même en exil (voir l'article consacré au *tsimtsoum*) et l'exil des Juifs est la volonté de Dieu pour recréer grâce aux exilés l'harmonie universelle. De toute façon, même en exil la présence divine est constante. L'exil n'est pas un état permanent et le judaïsme promet aux Juifs – à l'avènement du Messie – la fin de l'exil et la retrouvaille de tous les Juifs du monde en Israël.

L'exil : un facteur de cohésion

Le mode de vie des Juifs (en particulier leurs habitudes alimentaires et leur interdiction des mariages mixtes) conjugué à l'antisémitisme des habitants des divers pays d'accueil, rendent l'assimilation impossible et, au contraire, exacerbent le sentiment d'identité des Juifs. Dès les temps les plus anciens, les Juifs en *galout* forment des communautés

Galout et gola

Le *galout*, c'est l'exil, c'est l'esclavage. Le peuple juif a connu plusieurs formes d'exil.

La *gola*, c'est la dispersion, la diaspora volontaire. Quelques années après la destruction du Premier Temple et l'Exil à Babylone, les Juifs reçurent l'autorisation de revenir en Israël. Certains préférèrent rester à Babylone : c'est le début de la diaspora. Aujourd'hui, tout Juif qui décide de ne pas monter en Israël, est en diaspora et il n'y a plus, à proprement parler, d'exil à condition toutefois de reconnaître à l'État d'Israël une identité religieuse (ce qui est loin d'être le cas pour les Juifs les plus orthodoxes).

très soudées qui, au cours des siècles, entretiennent de véritables rapports amicaux entre elles. Il arrive ainsi régulièrement qu'un rabbin de Prague se rende pour quelques mois (ou années) à Amsterdam, à Vilnius ou à Lodz où il dirige une communauté. Pour les Juifs, malgré les distances et les difficultés des voyages, la terre, au XVIIe siècle, était déjà une petite planète.

Exil à Babylone

Au moment de la déportation des Juifs, Babylone est la plus grande ville au monde et son souverain très puissant. La déportation des Juifs s'effectue en deux étapes : la première (en 597 avant l'è.c.) concerne essentiellement l'élite de la population, la seconde (en 586 avant l'è.c.) s'applique à l'ensemble de la population juive. C'est à ce moment que le Premier Temple est détruit et qu'un groupe important de Juifs trouve refuge en Égypte.

Les principaux exils

-722	Déportation et exil des dix tribus du royaume d'Israël en Assyrie.
-598 et -586	Exil à Babylone (deux déportations). (Destruction du Premier Temple.)
70	Exil « permanent » du peuple juif dépossédé (échec de la révolte de Bar Kokhva) de toute souveraineté politique. (Destruction du Second Temple.)

À partir de ce moment, les Juifs ne seront plus exilés mais chassés (ce qui a sans doute une signification religieuse mais ne change pas grand-chose pour les malheureux qui doivent quitter des pays où depuis des générations ils ont construit leur vie).

1492	Les Juifs sont chassés d'Espagne.
1496	Les Juifs sont chassés du Portugal.
1648	Les Juifs sont pourchassés et massacrés en Pologne.
	Les Juifs sont chassés d'Autriche.
1941-1945	Shoah (voir l'article consacré à ce sujet).

Répartition de la diaspora : ashkénazes et séfarades

La diaspora européenne se répartit en séfarades, ashkénazes et yavan. Les deux principaux groupes sont les séfarades et les ashkénazes, les yavan (de Grèce et du sud de l'Italie) ne représentent qu'une assez petite communauté. Parmi les séfarades, les puristes distinguent encore les *sefaradim* (originaires d'Espagne) et les *misrahim* (originaire d'Orient).

On appelle ashkénazes les Juifs originaires d'Allemagne, du Nord de la France et de l'Est de l'Europe. Les séfarades sont les descendants des Juifs expulsés d'Espagne (1492) et du Portugal (1496) ainsi que les Juifs d'Afrique du Nord. Il y a donc de nombreuses communautés séfarades non seulement en Méditerranée mais aussi, suite aux expulsions, en Hollande, en Angleterre, aux USA, etc.

Les séfarades se différencient des ashkenazes essentiellement par les rites, l'organisation de la liturgie, les coutumes lors des fêtes, la prononciation de l'hébreu, la graphie et la langue juive vernaculaire : le yiddish pour les ashkénazes et le djudezmo/ladino pour les séfarades (voir l'article consacré aux langues juives). On notera que les Juifs séfarades, même cultivés, déchiffraient mal la graphie ashkénaze : la séparation entre les

Galouti

Aujourd'hui, en Israël, l'adjectif *galouti* est devenu péjoratif et fait référence à une mentalité de timoré, de craintif, de pusillanime, comme c'était le cas pour les habitants du ghetto. « Il est plus aisé d'extraire un Juif de la galout que d'extraire la galout du Juif » (C. Levin).

Pour désigner l'exil, en Israël, on préfère aujourd'hui les termes de *tefutsa* ou de *pezura*, qui signifient exactement « dispersion ».

deux mondes était donc réelle. Ainsi, l'ouvrage classique du rabbin séfarade J. Caro, « La Table dressée »[5], véritable code de vie des Juifs a été complété par un rabbin ashkénaze (Isserlès) pour qu'il soit également tenu compte des rites ashkénazes. Il est à noter que malgré des origines géographiques différentes, dès le XVIIe siècle (et peut être même avant) les séfarades et les ashkénazes se côtoyaient dans de nombreuses villes européennes (Amsterdam, Londres, Hambourg, Budapest, Istanbul, etc.).

La population ashkénaze est majoritaire dans le monde entier (y compris en Israël) – 80 % des Juifs sont ashkénazes. Habituellement, les Juifs de l'une ou l'autre tradition tiennent énormément à la conserver. Ainsi, dans ses mémoires, le rabbin Jacob Emden raconte que son père refusa une superbe fonction dans un pays séfarade car, dit-il, « Je suis ashkénaze ! Je veux que toute ma descendance soit élevée dans une tradition ashkénaze »[6].

Bogdan Chmielnicki

C'est sous la conduite de l'hetman Chmielnicki qu'en 1648 les Cosaques ukrainiens pillèrent les communautés juives de Pologne et tuèrent plus de 100 000 Juifs. Les Juifs religieux considèrent ces massacres comme les premières manifestations des « douleurs de l'enfantement du Messie » (voir page 130). Ce hourban (catastrophe) est à l'origine des mouvements mystiques et messianiques juifs (hassidisme, sabbatéisme, etc.).

Dieu (les noms de)

La Bible utilise de nombreux noms pour désigner Dieu. Selon Maïmonide, ils sont au nombre de sept :

1. YHVH
2. El
3. Eloha
4. Elohim
5. Elohaï
6. Chaddaï
7. YHVH Tsevaot (« YHVH des armées »)

En réalité, ils sont beaucoup plus nombreux... Citons simplement :

- *Bore Olam* (le Créateur du Monde)
- *El Elion* (le Très Grand)
- *En Sof* (l'Infini)
- *Ha Makom* (l'Omniprésent)
- *Ha-Rahaman* (le Miséricordieux)
- *Kedosh Israël* (le Saint d'Israël)

Le rapport des Juifs avec les noms de Dieu est assez complexe. La plupart des noms de Dieu peuvent être écrits mais non effacés (on ne peut ainsi détruire un document sur lequel figure le nom de Dieu, voir à *Genizah*, page 171). Le nom sous lequel Dieu s'est présenté à Moïse (YHVH) ne peut être prononcé à voix haute. Certains Juifs orthodoxes refusent même de prononcer à voix haute les autres noms de Dieu et les remplacent par d'autres ; ainsi *Adonaï* devient *Adochem*, *Elohim* devient *Elokim*, etc. Dans le milieu francophone, les Juifs orthodoxes remplacent habituellement le mot Dieu par « D. » ou « D-ieu ». Ainsi, dans l'ouvrage de référence *Le judaïsme dans la vie quotidienne*, le rabbin Gugenheim utilise toujours la première graphie.

Reprenons, rapidement, les divers noms de Dieu.

1. YHVH (Adonaï)

C'est le nom que Dieu se donne au moment de sa révélation à Moïse lors de l'épisode du buisson ardent. C'est aussi le nom qu'il se donne, plus tard, lors de la sortie d'Égypte, etc.

Ce nom est le tétragramme divin qui, depuis le IIIe siècle avant l'è.c., n'est plus jamais prononcé à voix haute mais lu comme Adonaï (Seigneur). En appliquant au tétragramme divin la vocalisation d'*Adonaï*, on obtient *YaHoVaH*, c'est-à-dire Jéhovah. En lui appliquant une autre vocalisation, on obtient *YaHVeH*. À l'époque du Temple, seul le grand prêtre pouvait prononcer le tétragramme

Le Tétragramme divin

Seul le Tétragramme divin – révélé à Moïse lors de l'épisode du buisson ardent – est le vrai nom de Dieu, tous les autres noms ne sont que des noms descriptifs. Le grand-prêtre, uniquement, avait le droit, une fois l'an, de prononcer ce nom de Dieu lorsqu'il était dans le saint des saints. Aujourd'hui, nous n'avons aucune idée de la manière dont on prononçait ce tétragramme. Selon les kabbalistes, le monde a été créé par le Tétragramme et sa contemplation peut mener à l'extase, sa possession peut donner la vie (voir le Golem, page 113).

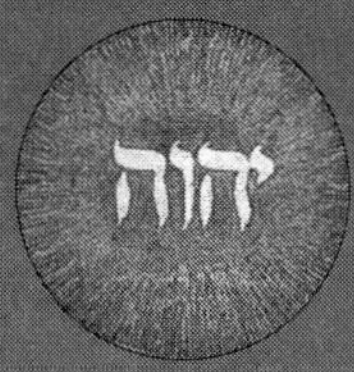

divin à *Yom Kippour* pourvu qu'il soit dans le Saint des Saints (la partie la plus sacrée du Temple, à laquelle seul le grand prêtre avait accès).

2. El, Eloha, Elohim, Elohaï

El est le terme générique pour désigner Dieu. Plusieurs noms de Dieu sont formés à partir de cette racine. Ces différents noms désignent une qualité de Dieu (*El elyon*, « *El* le Très Haut » ; *El olam*, « *El* du Monde » ; *El berit*, « *El* de l'Alliance »). Il est utilisé également dans des noms comme Israël, Samuel, Ismaël, etc.

3. Chaddaï

Le Tout-Puissant. Lorsqu'il fut content de son œuvre, Dieu dit « Daï » (assez), et le monde s'arrêta de grandir. C'est ce nom qui figure sur chaque *mezouzah*.

Dieu s'adressant à Abraham

Cette gravure du XIXe siècle est culturellement et religieusement inimaginable pour un Juif. Néanmoins, les relations d'Abraham avec Dieu font partie du patrimoine de toutes les religions monothéistes, y compris de la religion chrétienne dont le langage graphique de représentation de la divinité a été clairement codifié.

4. Chekhinah

C'est le nom attribué à Dieu lorsqu'il manifeste sa présence en certains lieux du monde. Contrairement aux termes précédents, celui-ci n'est pas biblique mais rabbinique (de la période tanaïque). Il est également utilisé par les kabbalistes.

5. En Sof

L'Infini. C'est le Dieu des kabbalistes.
Dieu est parfois appelé simplement *Adonaï* : c'est-à-dire mon Seigneur, mon Maître.

Les noms de l'homme

Nous l'avons vu, le garçon reçoit son nom au cours de la cérémonie de la circoncision et la fille, à la synagogue, lorsqu'on lit pour la première fois la Torah après sa naissance. Pour le Juif, le nom est porteur de sens et de puissance, nous l'avons vu en parlant du Nom de Dieu mais cela est également vrai pour les noms de l'homme. La Torah nous apprend déjà que lorsqu'un homme change, est appelé à une autre destinée, son nom change également. Rappelons simplement qu'Abram devient Abraham, Saraï devient Sarah, Jacob devient Israël, etc.

Cette valeur du nom est telle que lorsqu'un document (transaction, contrat de mariage, etc.) contient un nom mal orthographié il est tout simplement annulé ainsi que le motif du document. Les Juifs accordent une telle importance au nom qu'ils changent de nom (ou plus exactement ajoutent un nouveau nom – *Hayyim*, pour les hommes, et *Hayyah*, pour les femmes – au leur) en cas de maladie grave. Cette « extrême-onction » juive se pratique au cours d'une cérémonie.

Rappelons encore que les premiers noms de famille sont apparus chez les Juifs vivant dans les pays arabes. Comme les Arabes, les Juifs ont ajouté à leur prénom un des préfixes courants *Abou* (Aboulafia), *Al* (Alfasi), *Ben* (Rabbi Moïse ben Maïmon, connu sous le nom de Maïmonide ou Salomon ben Isaac, connu sous le nom de Rachi) ou *Ibn* (Ibn Gabirol). Le préfixe le plus courant est *ben* (fils de) ou *bat* (fille de). C'est d'ailleurs celui qui sert, dans les synagogues, pour l'appel à la lecture de la Torah.

Mezouzah

Petit rouleau de parchemin contenu dans une petite boîte que l'on fixe sur les portes à l'entrée des maisons juives. Pour qu'une mezouzah soit conforme aux impératifs de la religion, elle doit répondre aux critères suivants :

- le parchemin doit être fait à partir de la peau d'un animal pur ;
- le texte (des extraits bibliques) doit être calligraphié par un scribe qualifié ;
- au dos du parchemin, le scribe doit écrire Chaddaï, l'un des noms de Dieu ;
- la boîte contenant le parchemin doit être percée d'une ouverture permettant de lire le mot Chaddaï.

La main de Dieu

Pour représenter la puissance divine et la présence de Dieu, il était classique dans les anciennes représentations (ici la vision d'Ezechiel, à Doura-Europos) de placer des mains dans le ciel. D'après un dessin du IIIe siècle.

Dogme

On désigne sous ce terme les décrets fixant les conditions d'adhésion à une religion ; c'est-à-dire ce qu'il faut obligatoirement croire dans une religion précise pour s'affirmer croyant. Pour ce qui concerne la religion chrétienne, le problème des articles de foi est assez simple car il existe une autorité suprême qui dit ce qu'il faut obligatoirement croire. L'église catholique a même érigé en dogme l'infaillibilité pontificale. Dans la religion musulmane, c'est également simple car il suffit de croire qu'Allah est le Dieu unique et Mahomet son prophète. Dans le cas de la religion juive, c'est un peu plus complexe car aucun texte de la loi écrite (Torah) ne précise exactement ce qu'il faut croire.

Et maintenant, ô Israël ! ce que l'Éternel, ton Dieu, te demande uniquement... (Dt 10, 12)

On pourrait espérer que cette demande de l'Éternel précise exactement le dogme ; il n'en est rien. Dieu demande à son peuple de le révérer, « de suivre en tout ses voies, de l'aimer, de le servir (...) en observant les préceptes et les lois du Seigneur » (Deutéronome 10, 12-13). Formulation bien vague mais qui explique déjà pourquoi les Juifs orthodoxes sont surtout orthopraxes. Pour arriver, malgré tout, à formuler un dogme fondamental, les rabbins séparèrent dans les 613 commandements (*mitzvoth*) ceux qui concernaient la relation entre Dieu et l'homme... mais les commandements ne sont pas les croyances.

Chema Israël... (Écoute Israël...)

C'est dans la prière quotidienne, *Chema Israël*, qu'est énoncé le dogme essentiel de la religion juive :

« Écoute, Israël : l'Éternel est notre Dieu, l'Eternel est Un ! » (Deutéronome 6, 4).

Pourtant, cet énoncé est insuffisant car il ne distingue par les Juifs des caraïtes, des chrétiens ou des musulmans. C'est la raison pour laquelle, au Moyen Âge, plusieurs penseurs juifs, dont Maïmonide, se sont penchés sur l'énoncé d'un article de foi plus complet. Pour certains penseurs, l'« acte de foi » se limite à croire en l'existence d'un Dieu unique, en la divinité de la Torah et en la rétribution et le châtiment des fautes, le reste n'est que croyance laissée à l'appréciation de chacun. Maïmonide est plus complet (bien que dans ses principes il oublie le libre arbitre). Les treize principes de foi de Maïmonide sont récités dans les synagogues après l'office du matin. Sans entrer dans de subtiles discussions, aujourd'hui, par exemple, le douzième principe de Maïmonide (« je crois en la venue d'un Messie ») est contesté par les Juifs réformés... et ce n'est qu'un exemple. Le mieux est donc de s'en tenir au *Chema Israël*...

Les caraïtes ou karaïtes

Cette secte a été fondée, à Bagdad, au VIIIe siècle par Anan Ben David, un des exilarques[7] de Babylone par opposition aux rabbins. Les membres de cette secte, très orthopraxes, n'acceptent que la tradition écrite (la Bible et surtout la Torah) et refusent toute la tradition orale (le Talmud) et toutes les « coutumes » juives (phylactères, châle de prière, mezouza, etc.). D'abord tolérée, cette secte a été fortement combattue par Saadia Gaon (Xe siècle, un maître talmudiste) puis par Maïmonide (voir page 134). Aujourd'hui, la secte est limitée à une quinzaine de milliers de membres (surtout en Israël où ils disposent d'un grand rabbin et d'un tribunal rabbinique propres). La doctrine des caraïtes porte également le nom d'ananisme.

Rabbin et son épouse

La famille est au centre de la vie juive. Le Talmud précise que la table du repas familial du chabbat est un autel dressé à la gloire de dieu et qu'« au moment où l'homme est uni à sa femme en sainteté, la Présence divine réside auprès d'eux ». La situation de la femme n'est cependant pas toujours facile car la femme « appartient » à son mari. La difficulté de ce statut déséquilibré se manifeste, par exemple, dans la situation de l'agouna (femme « abandonnée ») où la femme séparée de son mari mais n'ayant pas obtenu l'acte de divorce (gèt) n'a pas la possibilité de se remarier ; les enfants qui pourraient lui naître seraient considérés comme mamzers (lesquels, selon le statut rabbinique, ne peuvent se marier qu'entre mamzers ou, à la rigueur, avec un prosélyte).

Les Treize Principes de la Foi selon Maïmonide :

1. Je crois en l'existence d'un créateur et d'une providence.
2. Je crois en l'unicité de Dieu.
3. Je crois en l'incorporéité de Dieu.
4. Je crois en l'éternité de Dieu.
5. Je crois qu'à Dieu seul est dû un culte.
6. Je crois en la parole des prophètes.
7. Je crois que Moïse a été le plus grand de tous les prophètes.
8. Je crois à la révélation de la Torah à Moïse, sur le Sinaï.
9. Je crois à l'immuabilité de la Loi révélée.
10. Je crois à l'omniscience de Dieu.
11. Je crois en la rétribution dans ce monde et dans l'autre.
12. Je crois en la venue du Messie.
13. Je crois en la résurrection des morts.

Ces treize principes sont repris tels quels dans un cantique (Yigdal : « qu'Il soit magnifié ») chanté le chabbat et les jours de fête.

Les fêtes instituées par la Torah

Ces fêtes religieuses sont au nombre de six. Elles définissent, d'une certaine manière, ce qui est fondamental dans le judaïsme et pourraient servir à la justification d'un Credo tel que celui proposé ci-après : je crois en un Dieu Un, Créateur du monde, Omnipotent, Allié d'Israël à qui il a donné la Torah. Je crois en la Providence divine qui récompensera les justes et punira les méchants. Je crois en la promesse d'une Terre promise et d'un monde meilleur.

Les fêtes religieuses instituées par la Torah sont :

- La **Création du monde** (fêtée tous les chabbat et particulièrement à Rosh Hachana).
- L'**Omnipotence divine** (fêtée à Pessah – fête de pèlerinage).
- La **Révélation du Sinaï et le don de la Torah** (fêtée à Chavouoth – fête de pèlerinage).
- La **Providence** (fêtée à Roch Hachana).

▪ Le **Repentir** (fêté à Yom Kippour).

▪ La **Promesse** de la Terre Promise, du « monde à venir » (fêtée à Souccoth – fête de pèlerinage).

Selon la formule de Moïse Mendelssohn, le judaïsme n'est pas une religion révélée mais une législation révélée.

Tabernacle

Depuis l'Exode dans le désert, le tabernacle est le sanctuaire construit pour recevoir l'Arche d'Alliance et les Tables de la Loi. Le tabernacle symbolise la présence divine (la *Chekhina*). Selon la tradition, le premier Tabernacle s'édifia tout seul sous la dictée des lettres hébraïques lues par Beçalel, le décorateur-menuisier de Moïse (Exode 31).

Émancipation

Sous ce terme on désigne l'accession des Juifs à l'égalité des droits. Enfin, les Juifs ne sont plus traités, dans les pays chrétiens et musulmans, comme des sujets de seconde zone. Cette émancipation, qui en quelques années s'est étendue à tout le monde occidental pour, enfin, atteindre l'Orient (avec la suppression des dhimmis) a eu, avec la disparition des ghettos, une influence énorme sur l'organisation du monde juif. Pour la première fois, les conditions nécessaires à la sécularisation et à l'assimilation apparaissent.

Cette émancipation n'est d'ailleurs pas toujours du goût de certains Juifs, lesquels estiment, à juste titre, qu'il y a un véritable danger d'assimilation et de perte de l'identité juive. Le Français Clermont-Tonnerre déclare devant l'Assemblée constituante : « Tout aux Juifs comme individus et rien aux Juifs comme nation. » S'ils gagnaient une citoyenneté complète, les Juifs perdaient souvent une certaine autonomie qui leur était accordée dans les ghettos (tribunaux personnels, etc.) : les Juifs n'étaient plus une « nation » dans la nation ; d'où la déclaration de Clermont-Tonnerre. Même si elle s'est produite durant la Révolution française, l'émancipation des Juifs, ainsi que le signale Robert Badinter, « n'a jamais été un temps fort de la Révolution (...). En vingt-neuf mois d'existence, de mai 1789 à septembre 1791, l'Assemblée constituante a consacré au sort des Juifs moins de quarante heures de travail ».[8]

Les conséquences de l'émancipation

Elles seront nombreuses sur tout le monde juif. Pour résumer, on peut retenir les éléments suivants :

- **Disparition des ghettos** : l'obligation faite aux Juifs de vivre dans un espace limité disparaît de fait ; cette « ouverture » au monde n'est, bien entendu, pas sans danger car certains Juifs préfèrent une assimilation immédiate par la conversion au christianisme.

- **Sécularisation** : la vie dans une société laïque oblige les Juifs à abandonner certaines des pratiques de leur religion (chabbat, nourriture casher) et ainsi abandonner une part du religieux au profit d'une laïcisation.

- **Assimilation** : les Juifs, abandonnant certaines de leurs particularités, s'intègrent à la société.

Les Juifs et les Noirs : même combat ?

Le *Code noir*, promulgué par Louis XIV, régit la situation des Noirs dans les îles appartenant à la France mais, on ne le dit pas souvent, il n'oublie pas les Juifs. Dans son Article 1, on lit : « Voulons et entendons que l'édit du feu roi de glorieuse mémoire notre très honoré seigneur et père, du 23 avril 1615, soit exécuté dans nos îles. Ce faisant, enjoignons à tous nos officiers de chasser hors de nos îles tous les Juifs qui y ont établi leur résidence, auxquels, comme aux ennemis déclarés du nom chrétien, nous commandons d'en sortir dans trois mois, à compter du jour de la publication des présentes, à peine de confiscation de corps et de biens. » Plus tard, à la Révolution française, en 1791, l'Assemblée déclarait que toutes les personnes qui se trouvaient en France étaient libres ; fussent-elles juives ou noires. Cependant, deux ans plus tard, sous la pression du lobby colonial, l'esclavage était à nouveau consacré. Ce qui fait écrire à Robert Badinter[9] : « Pareille capitulation idéologique, pareil reniement de leur idéal par des hommes qui avaient qualifié la Déclaration de « catéchisme national », appelaient sans doute, en l'âme des meilleurs d'entre-eux, une sorte de compensation morale. À l'instant de se séparer, s'ils sacrifiaient les Noirs, au moins libéraient-ils les Juifs. »

- **Acculturation** : la force vive des Juifs est cependant suffisante pour leurs permettre d'incorporer les valeurs et le comportement du monde extérieur sans rien perdre de leur identité propre.
- **Intégration** : dans les pays où la séparation entre la religion et l'Etat est réelle (comme c'est le cas en France), les Juifs — que rien ne sépare des autres citoyens — trouvent les conditions idéales pour s'intégrer non seulement au monde du travail mais également à la société (par exemple grâce aux mariages mixtes).
- **Réformes** : le désir des Juifs de conserver leur religion tout en s'adaptant aux nouvelles conditions de vie ne permettant plus l'observance rigoureuse des lois religieuses abouti à la création d'un judaïsme réformé (voir page 94) sans doute, en quelque sorte héritier de la *haskalah* (voir page 73).

Ce n'est qu'à partir du moment où l'assimilation est complète et que plus rien ne distingue un Juif d'un autre citoyen que le sentiment de « différence » peut resurgir mais, dans ce cas, comme une différence « positive » (héritage culturel, « valeurs juives », etc.).

L'émancipation en quelques dates

1787 : la Constitution américaine supprime toute discrimination religieuse.

1791 : la Révolution française accorde aux Juifs l'égalité des droits et décrète l'émancipation.

1807 : Napoléon convoque un Grand Sanhédrin (voir page 148).

1796 : la Hollande décrète l'émancipation des Juifs.

1831 : la Belgique décrète l'émancipation des Juifs, puis c'est le tour des autres pays d'Europe de la décréter : le Danemark (1849), la Grande-Bretagne (1858), l'Autriche-Hongrie (1867), l'Italie (1870), l'Allemagne (1871), la Suisse (1874).

1878 : le Congrès de Berlin déclare que l'émancipation des Juifs est la condition à la reconnaissance des nouveaux États balkaniques.

1917 : la Révolution russe libère les Juifs.

Moïse Mendelssohn (1729-1786)

Fervent défenseur de l'émancipation des Juifs, le philosophe allemand, surnommé le « Socrate allemand », a traduit en allemand la Torah et a beaucoup œuvré pour l'intégration des Juifs dans la société. C'est le chef de file des philosophes de la Haskalah (La Philosophie juive des Lumières).

Qui suis-je ?

L'émancipation a transformé certains Juifs de manière méconnaissable : c'est ce que craignaient les Juifs pieux attachés à toutes les traditions.

Ghetto

Le ghetto est, dans une ville, l'espace clôturé réservé aux Juifs. Les portes du ghetto étaient fermées la nuit. Le but du ghetto était de séparer les Juifs des chrétiens (ou des musulmans). Le ghetto vivait dans une certaine autarcie mais les conditions d'existence y étaient très difficiles. Avec l'émancipation des Juifs les ghettos européens disparaissent (le dernier, à Rome, en 1870). Au cours du vingtième siècle, l'Allemagne nazie a recrée des ghettos dans certaines villes (Lodz, Varsovie), comme étape intermédiaire avant l'extermination. C'est cependant à tort qu'on les appelle ghettos (les allemands les nomment d'ailleurs *bezirk* (quartiers)) car leur fonction était d'être un lieu de rassemblement avant la mort.

Haskalah

Mouvement né, à la fin du XVIIIe siècle, au sein des communautés juives de l'Europe de l'Est. Les disciples de ce mouvement — les *maskilim* — souhaitaient une meilleure intégration des Juifs dans la société. Leur mot d'ordre était : « Sois Juif chez toi et homme au-dehors. » Le principal théoricien de ce mouvement fut Moïse Mendelsohn, philosophe de grande envergure. Malheureusement, si la *haskalah* préparait l'émancipation des Juifs, elle portait également en elle les germes de la destruction du judaïsme : de nombreux disciples (y compris des membres directs de la famille de Mendelsohn) se convertirent au christianisme. Si ce n'est par conviction religieuse, certainement pour accéder plus vite à un meilleur statut social.

Comme pour tout homme, la vie du Juif est marquée par certains événements importants : naissance, majorité religieuse, mariage, mort. Pour le Juif, s'y rajoutent la circoncision et, surtout, l'obligation des commandements (mitzvoth) qui marquent la présence de la Loi de Dieu à tous les moments de son existence. Aucun acte de sa vie n'échappe à la *halakhah*, la Loi voulue par Dieu.

« Ne te sépare pas de ta communauté !» (Hillel)

Naissance

Les rites de naissance sont aujourd'hui moins importants qu'il y a quelques années. La naissance est saluée par une cérémonie (qui varie selon que l'on est ashkénaze ou séfarade). On y lit certains passages talmudiques mais surtout la famille se réunit autour d'un repas. Les plats servis sont souvent des mets de deuil (légumes secs, œufs, etc.) car il s'agit d'un repas de consolation. Le rabbin Gugenheim, précise que « d'après une Aggada du Talmud, l'embryon est censé connaître toute la Torah, mais dès qu'il perçoit la lumière du monde, un ange, le frappant à la lèvre, le prive de sa science. C'est de cet oubli qu'on vient le consoler »[10]. Ce mythe de la connaissance globale du corpus religieux se retrouve également dans la première rencontre de Moïse avec Dieu et dans celle de Mahomed avec Allah. Le texte saint est d'abord donné en entier puis seulement partie par partie.

Circoncision (8e jour)

C'est la cérémonie la plus importante car elle scelle pour le Juif son Alliance avec Dieu. Il s'agit d'un commandement (*mitzva*) qui se pratique obligatoirement au 8e jour même s'il s'agit d'un jour de fête. Pour en savoir plus, voyez à la page 46, l'article consacré à cette cérémonie fondatrice. Signalons simplement que la Michnah nous dit que « malgré toutes les mitzvoth qu'accomplit Abraham notre père, il ne fut appelé "parfait" que grâce à elle ».

Rachat du premier-né (31e jour)

Rappelons qu'avant la sortie d'Égypte, seuls les premiers-nés juifs furent épargnés par l'Ange de la mort. En souvenir de cette grâce, tous les premiers-nés d'une femme sont consacrés à Dieu. Le père est donc tenu de racheter l'enfant au trente et unième jour de sa naissance. Le rachat s'effectue auprès d'un Cohen et la somme a été fixée à cinq sicles (ce qui représente exactement 94 grammes d'argent pur, soit une dizaine d'euros).

Cohen et Lévite

Un Cohen est un descendant du grand prêtre Aaron, le frère de Moïse. Les Cohen étaient chargés héréditairement de tous les travaux au Temple nécessitant un état de « sainteté ». Aujourd'hui, les descendants des Cohen, les *Cohanim*, n'ont plus grand-chose comme prérogatives en dehors du « rachat des premiers-nés » : ils peuvent « monter à la chaire » pour bénir les fidèles et sont les premiers appelés à la lecture de la Torah.

Les Lévites sont les descendants de la tribu des Lévis, ils ont été choisis par Moïse pour assister les Cohanim. Aujourd'hui, ce sont toujours eux qui versent l'eau sur les mains des Cohen avant la bénédiction et ils sont appelés en second à la lecture de la Torah (l'honneur de la montée à la Torah peut aussi se monnayer, ainsi que le raconte dans ses mémoires le rabbin J. Emden).

Par contre, les Cohanim et les Lévites doivent observer certains commandements particuliers concernant le mariage, les cimetières, etc.

Au sujet de la montée à la Torah, en principe réservée aux hommes — car la voix féminine est « une distraction sexuelle » pour l'homme —, il est à noter qu'au XIIIe siècle, le Maharam de Rothenbourg propose comme exemple didactique une ville habitée uniquement par des prêtres. Dans ce cas « les femmes peuvent lire dans la Torah en troisième position, pour protéger l'honneur des hommes présents. On pourrait croire en effet que les prêtres ont été déchus de leur statut s'ils lisent en troisième position. Dans un cas normal, si une femme lisait dans la Torah, cela impliquerait probablement qu'aucun homme n'était capable de le faire, d'où le déshonneur pour une communauté d'hommes ».[11]

Majorité religieuse : 13 ans

Le garçon atteint sa majorité religieuse à treize ans et un jour. Pour la religion juive, c'est un adulte qui a maintenant des obligations religieuses. On appelle Bar Mitzva la cérémonie qui marque, à la synagogue, cette majorité religieuse. La fille atteint sa majorité religieuse plus tôt : à douze ans. En principe, elle n'est astreinte à aucune cérémonie religieuse mais aujourd'hui, le judaïsme « progressiste » a créé la Bat Mitzva, équivalent de la Bar Mitzva. Nous avons consacré un article à ces deux cérémonies (voir page 28).

Mariage

Il est anormal qu'un Juif reste célibataire. C'est au garçon à se chercher une femme car Adam a perdu une côte et c'est donc à lui de partir à sa recherche. S'il est timide ou trop occupé, ses amis, sa famille vont s'en charger en faisant éventuellement appel à un marieur professionnel (*chadchen*). Les mariages entre Juifs et non-Juifs ne sont pas conseillés pour quantité de raisons religieuses. D'ailleurs les Juifs ne comprennent pas pour quelle raison un non-Juif décide de se soumettre à 613 commandements alors qu'il peut se contenter de n'en observer que sept (les sept commandements noachiques). Pour ce qui concerne les fruits du mariage, rappelons que pour le judaïsme orthodoxe, l'enfant né d'un mariage mixte n'est Juif que si sa mère est juive. Il n'en a pas toujours été ainsi. Aujourd'hui le judaïsme réformé considère qu'un enfant né d'un père juif est Juif s'il se reconnaît comme tel.

La cérémonie de mariage juive est intéressante à décrire car il est fort possible que vous serez un jour invité à y participer.

Cette cérémonie a lieu l'après-midi ou le soir (il est de tradition que les fiancés jeûnent avant la cérémonie). Le mariage ne doit pas se célébrer à la synagogue ; n'importe quel édifice convient pour autant qu'il y ait deux témoins valables selon la loi religieuse. En général, le mariage juif est un grand événement auquel on invite toute la famille (dont les membres sont disséminés dans le monde entier), les amis, connaissances, relations professionnelles, etc. Le mariage est généralement présidé par un rabbin. C'est lui aussi qui aura pris soin de rédiger l'acte de mariage (la *ketoubbah*). Cet acte de mariage, très précis, est toujours rédigé en araméen.

Pour donner à la cérémonie tout le faste nécessaire, elle a lieu le plus souvent dans les locaux d'un grand hôtel.

Amulette

Les amulettes sont offertes en diverses occasions, souvent aussi lors des fiançailles. Sur la plupart des amulettes on peut lire le mot *Chaddaï* (le Tout-Puissant, c'est le nom de Dieu qui figure également sur chaque mezouzah). La main (*yad*) ci-contre est tout particulièrement utilisée dans les communautés juives marocaines où elle est réputée protéger du mauvais œil.

La cérémonie de mariage commence par la lecture de la *ketoubbah*, acte qui est signé par les deux témoins. Après avoir lu la *ketoubbah*, le rabbin prononce deux bénédictions : l'une sur la coupe de vin (que vont boire les deux fiancés) et l'autre pour louer Dieu qui « sanctifie son peuple par l'institution du mariage ». La famille conduit alors la fiancée sous le « dais nuptial » (la *houppa*) où elle est rejointe par son fiancé. C'est sous celui-ci que le fiancé remet à sa fiancée l'anneau nuptial (à l'origine c'était une petite pièce de cuivre, la *perouta*) et prononce, devant les témoins, la formule suivante : « Voici, tu m'es consacrée par cet anneau selon la Loi de Moïse et d'Israël. » Le mariage est alors légalement conclu. C'est à la famille maintenant de manifester sa joie en lançant des grains de blé et des formules de bénédiction. Ensuite, réunis sous le même *tallit*, les mariés vont entendre les sept bénédictions (les *Chéva Berakhoth*) chantées par le *hazane* sur une nouvelle coupe de vin. Celles-ci ne peuvent être prononcées que s'il y a constitution d'un *minyan* (c'est-à-dire un quorum de dix mâles juifs adultes au sens religieux du terme).

À la fin de la cérémonie, le marié brise un verre en signe de deuil pour rappeler la destruction du Second Temple. Dans les familles traditionnelles, la fête dure une semaine... mais il est clair qu'aujourd'hui c'est rarement le cas. La nuit de noce (de même que toute la vie sexuelle du couple) est soumise à certaines restrictions, lesquelles sont bien connues des femmes juives.

La mort

Il est du devoir de la famille et des amis d'accompagner les malades jusqu'à leur mort et ensuite de manifester sa sympathie à la famille. Il est du devoir de la famille du mort de prendre le deuil et d'honorer les morts. Par contre, le judaïsme est très attentif à ce qu'un culte des morts ne s'installe pas. C'est la raison pour laquelle, il n'est pas conseillé de rendre visite aux morts plus d'une fois par an. Les règles du deuil sont assez complexes, aussi il n'est pas question d'entrer dans les détails. Retenons simplement que, jusqu'à l'enterrement, les proches parents du mort, les « affligés » ne prient pas, ne mettent pas les *teffilin*, ne se rasent pas, ne se coupent pas les cheveux (cette interdiction est valable durant un mois), et (sauf le chabbat) ne mangent pas de viande, ne boivent pas de vin. Après le délai légal (variable selon les pays), le mort est mis en terre, « sans fleurs ni couronnes », dans la plus grande simplicité. Après l'oraison funèbre, au cimetière, le cercueil est mis en terre et c'est à ce moment que commence le deuil lequel dure sept jours, trente jours ou un an, selon le degré de parenté avec le décédé. Le *kaddish* est récité matin et soir à la synagogue, c'est la raison pour laquelle certains pensent qu'il s'agit de la prière des défunts (ce qui n'est aucunement le cas). C'est seulement un an après le décès que la famille pose la pierre tombale (*matsèva*), laquelle est toujours très simple. Pour terminer cette courte description, signalons que l'incinération est toujours rigoureusement interdite par la loi juive.

Halakhah

Tout le monde sait ce qu'est, dans la religion musulmane, la charia : l'application de la loi religieuse. Par contre, le mot *halakhah* qui signifie exactement la même chose (l'ensemble de la loi religieuse) a eu moins de succès. Pourtant, la *halakhah* est partout présente dans la loi écrite (la Torah) et dans les innombrables commentaires de la loi orale (le Talmud).

Le mot *halakhah* recouvre non seulement la loi, le droit, mais également son interprétation, son application, la jurisprudence et, bien entendu, puisque la loi juive est avant tout une loi religieuse, tout ce qui a trait au dogme. La *halakhah* prend en charge tous les événements de la vie du Juif, jusqu'aux plus infimes détails. Comme l'écrit le rabbin Steinsaltz, « le Talmud veut précisément que le sentiment religieux abstrait s'incarne dans la réalité de tous les jours par une conduite codifiée et tracée par la règle, la *Halakhah.* (...) Car pour le judaïsme, une idée paraît morte quand elle ne peut se traduire en acte, seule son expression concrète saura la valoriser. Et c'est ainsi qu'appelée à résoudre constamment de nouveaux problèmes, la *Halakhah* se développera par l'application, dans chaque cas, des principes ancestraux ».[12]

Pour faire simple, on peut dire que la *halakhah* est l'ensemble des décisions rabbiniques qui règlent la vie quotidienne des Juifs.

Il ne faut jamais oublier que la halakhah est la loi des hommes (la loi de Dieu étant la Torah). Les érudits juifs n'ont jamais oublié cela. Comme ils ont conscience que les hommes peuvent aisément se tromper, il a été admis qu'un raisonnement n'est jamais accepté comme une vérité finale. Ainsi, par exemple, dans les discussions talmudiques qui ont opposé deux grands rabbins halakhistes, Chammaï et Hillel, même si finalement c'est l'interprétation de Hillel qui a prévalu, on considère que c'est l'ensemble des deux commentaires qui forme la vérité.

Rouleaux de la loi

Responsa [12a]

Les *responsa* (en hébreu : *téchouvoth*) sont des réponses écrites rédigées par des experts du Talmud. Ces réponses font suite à une question provenant d'un collègue, d'une communauté ou de l'un de ses membres. L'origine des questions est donc extrêmement diversifié mais, la plupart du temps, ces questions portent essentiellement – mais pas toujours – sur des problèmes concernant la vie pratique. Aujourd'hui encore, les *responsa* sont une source très importante pour les décisions que les rabbins sont amenés à prendre concernant des problèmes liés à la vie du vingtième siècle et à la création de l'État d'Israël. Les *responsa* sont de pratique courante dans la communauté juive depuis la rédaction du Talmud, c'est-à-dire 200 ans avant les débuts de l'è.c. De nombreux érudits juifs (Maïmonide, Rachi de Troyes, etc.) ont publié des recueils de questions et réponses (*chéélot outechouvoth*), dans lesquels ils nous fournissent également des informations sur la vie juive et le fonctionnement des communautés aux différentes époques. Comme les *responsa* étaient des réponses à des questions précises où les personnes en conflit étaient généralement citées, il fut nécessaire, pour en faire des compilations à usage général, d'en gommer les indications personnelles trop précises (on fait la même chose aujourd'hui lorsqu'on publie des jugements pouvant faire jurisprudence). Il a donc été décidé de remplacer le nom des hommes par celui de l'une des douze tribus, celui des femmes par le nom d'une matriarche et le nom du lieu par celui d'une grande ville de Terre sainte (ainsi Ruben est opposé à Simon, Sarah à Rachel, etc.).

L'étendue de la halakhah

Comme la religion juive ne se cantonne pas au domaine strictement religieux (dogmes, rites, liturgie) mais à toutes les choses de la vie (le commerce comme l'amour ou les aliments autorisés), le domaine de la halakhah est extrêmement vaste et couvre l'ensemble de la vie quotidienne. Comme, en outre, la société juive a longtemps été fermée sur elle-même (par sa volonté — refus de la mixité — mais aussi par la volonté des religions dominantes chrétienne ou musulmane), elle a pu, en quelques siècles, créer un véritable système juridique en vase clos en évitant toute ingérence extérieure et, dès lors, tout affrontement « légal » avec un autre système juridique. Bien entendu, l'émancipation des Juifs a fait éclater ce système qui n'est appliqué, dans la plupart des pays, que pour ce qui est volontairement accepté et n'entre pas en conflit avec les lois du pays ; c'est-à-dire essentiellement pour tout ce qui concerne le domaine religieux. En Israël, par exemple, la halakhah s'applique en principe uniquement pour ce qui concerne les droits de la personne (mariage, divorce, conversion) mais elle arrive à s'ingérer également dans le quotidien (absence d'autobus à Haïfa le jour du chabbat, obligation du respect des lois alimentaires dans les lieux publics, etc.).

Les sources de la halakhah

Elles sont au nombre de cinq :

- La loi écrite (Torah).
- Les Prophètes et Hagiographes.
- La loi orale (essentiellement le Talmud de Babylone).
- L'enseignement des scribes (c'est-à-dire des érudits de l'époque du Premier Temple).
- L'usage : c'est-à-dire le consensus au sein de la communauté.

La *halakhah* qui s'est imposée est d'origine pharisienne. Pour comprendre la manière dont les décisions se sont imposées, il est nécessaire de lire les différents débats entre les écoles. Dans le Talmud, on trouve non seulement la question et la décision mais également les diverses opinions émises dans le débat.

Évolution de la halakhah

Contrairement à ce qui se passe au niveau du droit religieux musulman sunnite où toute interprétation est maintenant interdite (la porte de l'ijtihâd étant définitivement fermée), dans le droit religieux juif, il est toujours permis d'interpréter la loi pour l'adapter aux nouvelles conditions de vie. Cette évolution de la *halakhah* se manifeste concrètement dans la vie intellectuelle (commentaires des commentaires du Talmud, *responsa*, etc.) ainsi que dans l'apparition de nouveaux courants dans le judaïsme contemporain (orthodoxes, néo-orthodoxes, réformés, conservateurs, reconstructionnistes, etc.). Notons que la *halakhah* se fondant sur plusieurs sources, l'autorité d'une source est déterminée par son ancienneté : plus la source est ancienne plus elle est solide. Ainsi, les lois formulées dans la Bible priment sur celles de la Michnah, lesquelles priment sur celles de la Guemara, qui priment sur les décisions rabbiniques ultérieures.

Le pilpoul

Il s'agit d'une méthode d'interprétation, basée sur l'analyse et le rapprochement de subtiles analogies, très prisée par certains talmudistes.
En français, on dira que c'est une méthode de « coupeurs de cheveux en quatre ». Certains rabbins estimaient cependant que cette méthode était non seulement une perte de temps mais aussi un vrai danger, car si elle aiguisait l'esprit elle éloignait souvent les jeunes étudiants des études traditionnelles.

Rachi de Troyes

« Que dit Rachi ? » C'est la question traditionnelle chaque fois que l'on se pose une question face à un texte de la Bible ou du Talmud. De son vrai nom Salomon Ben Isaac, ce maître français de la Torah et du Talmud, 1040-1105, est connu surtout sous le nom de Rachi, lequel est soit l'acronyme de Rabbi Shlomo Isaac soit encore celui de Rabbi Shlomo Cheykhié, ce qui signifie « Rabbi Salomon, qu'il vive longtemps », ou encore celui de Raban chel Israël (« le maître d'Israël »). L'œuvre de Rachi, entièrement composée en hébreu, est extrêmement vaste mais il est surtout apprécié pour ses commentaires du Talmud ainsi que pour ses *responsa*. Jusqu'au XVe siècle le commentaire talmudique de Rachi circulait librement sans être associé « physiquement » au Talmud. Ce n'est qu'en 1484, que pour la première fois, un éditeur imprime les commentaires de Rachi à côté du texte du Talmud. Depuis lors, **il n'est pas de Talmud qui soit publié sans les commentaires de Rachi**. Cette publication assez tardive explique qu'un maître comme Maïmonide (né un siècle après Rachi) ne connaissait pas les commentaires de Rachi. Les commentaires de Rachi ont été complétés par ses gendres (et leurs enfants) : ce sont les **tossafistes**, c'est-à-dire les auteurs de « suppléments ». Aujourd'hui, toutes les éditions du Talmud se présentent de la manière suivante : au centre, le texte du Talmud ; à droite, les commentaires de Rachi ; à gauche, les commentaires supplémentaires des tossafistes. Commentateur du Talmud, décisionnaire (*posèq*) par ses *responsa*, Rachi est également poète de prières liturgiques (le *piyout*) et de prières pénitentielles (*selihot*). Pour les linguistes francophones, Rachi est également intéressant à un autre titre : lorsqu'il ne disposait pas du terme *ad hoc* en hébreu, il utilisait le terme français pour désigner avec précision un outil, une plante, etc. L'étude des gloses françaises de Rachi (*laazim*) est donc un véritable apport pour l'étude du français médiéval. Pour la petite histoire, signalons encore que Rachi était vigneron...

Le lecteur intéressé par des exemples de mots français moyenâgeux utilisés par Rachi, en trouvera quelques exemples dans le bel ouvrage de Simon Schwarzfuchs consacré à Rachi (*Rachi*. Présences du Judaïsme n° 3. Albin Michel. Pages 138-145).

Tanakh

« Représente, toi seul, le peuple vis-à-vis de Dieu, en exposant les litiges au Seigneur ; notifie-leur également les lois et les doctrines, instruis-les de la voie qu'ils ont à suivre et de la conduite qu'ils doivent tenir. » (Exode 18, 19-20).

Hassidisme

Avec ses nombreuses interdictions, ses différentes obligations, son habitude de régulièrement couper les cheveux en quatre, la pratique du judaïsme n'est pas toujours une partie de plaisir. L'arrivée d'un mouvement annonçant aux Juifs qu'on sert Dieu quand on mange, quand on boit, quand on aime, etc., a tout de suite apporté un souffle de jeunesse au judaïsme. Si, en outre, ce mouvement conseille de chanter, de danser, de s'amuser (le tout, bien entendu, dans un esprit de sainteté), on comprend qu'il est très bien accueilli par une frange importante de la population juive fatiguée des discours élitistes et des (trop) nombreuses interdictions. Prier dans la joie, dans les chants et la danse est une trop belle manière d'approcher Dieu pour rester limitée à une petite partie de la population.

Naissance du hassidisme

Le hassidisme, courant religieux populaire et mystique, est né au XVIIIe siècle, en Podolie (dans les Carpates). Son créateur est le rabbin Israël Baal Chem Tov, plus connu sous son acronyme de *Becht* dont on connaît assez mal la biographie. Ce mouvement (dont le nom signifie « pieux ») a surtout connu son expansion à la mort, en 1760, du Becht du fait de l'action de deux de ses disciples : Jacob Joseph de Polonnoye et Dov Baer. On doit au premier un ouvrage contenant les paroles du Becht et au second un esprit d'organisation qui allait transformer le mouvement en une vaste organisation envoyant des disciples dans le monde entier. Il semblerait qu'à la moitié du XIXe siècle le mouvement avait conquis la moitié de la population juive d'Europe orientale ; ceci malgré le fait qu'à la fin du XVIIIe siècle les hassidim firent l'objet d'excommunication dans de nombreuses villes (il fut interdit de contracter mariage avec ces sectaires, de partager leur repas et même de traiter des affaires avec eux).

Les conditions de naissance du hassidisme

Plusieurs raisons peuvent expliquer la naissance et la rapide expansion de ce mouvement populaire et mystique. Des conditions politiques d'abord : le hassidisme est né alors que la Pologne venait de connaître, en 1648, son plus grand pogrom (sous le feu des cosaques de Bogdan Chmielnicki). M.A. Ouaknin écrit que « les massacres de 1648 constituent dans l'histoire du peuple juif un événement fondamental — peut-être faudrait-il dire fondateur — du même ordre que l'expulsion des Juifs d'Espagne en 1492, que la destruction du Temple de

Baal Chem

Ce titre signifie « maître du Nom (de Dieu) ». Le titre de Baal Chem (plus tard modifié en Baal Chem Tov) a été attribué depuis le Moyen Âge aux rabbins, talmudistes et kabbalistes disposant de « pouvoirs magiques » tels que, par exemple, le don de réaliser des amulettes ou des potions thérapeutiques. À de rares exceptions près — comme, par exemple, le *Becht* — la plupart des personnages s'attribuant ce titre étaient des charlatans.

Quelques aphorismes du Becht

Si tu veux vivre longtemps, ne deviens pas célèbre.

Il n'est pas de place pour Dieu dans quelqu'un qui est plein de lui-même.

Lorsque Dieu veut punir un homme, il le prive de la foi.

Pour en savoir plus

- Martin Buber. *Les récits hassidiques*. Seuil. 1996 (deux volumes).
- Marc-Alain Ouaknin. *Tsimtsoum. Introduction à la méditation hébraïque*. Albin Michel. Spiritualités vivantes, n° 105, 2003.

Jérusalem en l'an 70 ».[13] Des conditions religieuses ensuite : la population juive européenne venait de subir une énorme déception dans le chef du faux messie Sabattai Tsevi. Des conditions économiques aussi : les Juifs de l'Europe orientale vivaient dans des conditions économiques épouvantables. Les pogroms de Chmielnicki, l'apostasie de Tsevi, les misérables conditions de vie de toute la population expliquent que le peuple juif avait besoin d'un mouvement qui puisse lui remonter le moral en lui annonçant qu'on pouvait servir Dieu dans la joie (*simha*), la ferveur (*hitlahavout*) et l'attachement (*devéqout*). Comme l'écrit très justement Marc-Alain Ouaknin, « le Baal Chem Tov ne changea pas seulement la pensée, mais le climat et la qualité de l'existence juive. Sans lui et ses paroles, sans lui et ses chants, sans ses disciples et la puissance de leur appel, sans le vertige de la danse, de la pensée et du corps, que serait devenu le judaïsme ? »[14].

Le tsaddiq

Le mouvement hassidique est organisé autour de différents « sages », encore appelés *tsaddiq*, lesquels se placent sous l'influence d'un « chef spirituel » ou *rebbe* ou *rabbi* (en yiddish) (à ne pas confondre avec le *rav* ou le rabbin). En Israël, le chef spirituel portait aussi le nom d'*Armor* (qui est l'acrostiche, en hébreu, de « notre souverain, notre guide

Hassidim

Le hassidisme est un courant mystique juif où l'amour de Dieu se manifeste par des chants et des danses, la joie et la ferveur. Fondé, en Europe centrale, vers 1750 par le rabbin Baal Shem Tov.
Le noyau central d'une communauté hassidique est le *tsaddiq* (le « juste »), médiateur entre Dieu et ses fidèles.
Il est donc non seulement vénéré et imité mais fait parfois l'objet d'un culte que le judaïsme orthodoxe réprouve.
La communauté hassidique compte aujourd'hui moins de 250 000 personnes car de nombreuses communautés ont été décimées par les nazis. Toujours habillés comme les nobles polonais du XVIIIe siècle (longs manteaux noirs, larges chapeaux, shtraymel), les hassidim se remarquent très facilement surtout que les femmes, très couvertes, portent toujours perruque.

Excommunication

L'excommunication (*hérèm*) était une pratique assez répandue dans le monde juif et si certains y échappèrent par miracle (comme, par exemple, Louria, un maître de la Kabbale), d'autres, comme Spinoza, en furent victimes. Voici un petit descriptif de ce qui attend l'excommunié : « Aucun membre de notre Nation ne pourra s'associer avec les sus-mentionnés (c'est-à-dire les excommuniés) ni leur parler, ni permettre à ses enfants de le faire, et cela sous aucun prétexte. Nul ne pourra leur parler ni communiquer avec eux par voie écrite ou orale, ni par aucun subterfuge, sous peine d'être excommunié. »[15]
Bien entendu, puisque dans le judaïsme il n'existe pas d'autorité suprême, l'excommunication était locale (et l'excommunié d'une ville pouvait parfaitement être fêté dans une autre ville). Il n'est donc pas possible de comparer l'excommunication dans le monde juif à ce qui se pratique dans le monde chrétien.

Pogrom

Mot russe qui signifie détruire entièrement (de *po* : entièrement et *gromit* : détruire). Il s'agit de la destruction des Juifs d'un ghetto, laquelle est exécutée avec l'accord du pouvoir en place et la bénédiction de l'Église orthodoxe. Signalons, pour son ampleur, à l'époque, le progrom de Kichinev (Moldavie), en 1903, et, pour sa cruauté toute particulière, celui de Kielce (en Pologne), en 1946, visant les Juifs rentrés des camps de concentration.

et notre maître »). Chaque *tsaddiq* avait ses disciples qui écoutaient ses paroles, participaient à ses fêtes et tissaient un lien étroit avec celui-ci (ceci étant la seule manière de se rapprocher de Dieu en observant la façon dont vit et se comporte le tsaddiq dans la vie quotidienne). En outre, l'attachement perpétuel du tsaddiq à Dieu (la *devéqout*) rejaillissait sur le disciple.

Le rebbe et le rabbin

Le mouvement rabbinique « classique » voyait d'un très mauvais œil le développement du hassidisme qui passait pour un mouvement de rébellion contre la communauté. Sans entrer dans les détails, notons que du point de vue doctrinal dans la religion juive il n'est nul besoin d'intermédiaire entre l'homme et son Dieu. Aussi, l'attachement quasi mystique du disciple à son rebbe pouvait conduire à des comportements idolâtres. D'autre part, la doctrine hassidique affirmant que « tout est en Dieu » pose problème car comment accepter que le mal et l'impur soient également en Lui. Enfin, les rabbins reprochaient également aux rebbes de mépriser le savoir et l'étude. Dans un autre domaine, plus terre à terre, les rabbins accusaient les hassidims d'avoir créé leur propre abattage rituel, ce qui privait les abatteurs d'une source importante de revenus.

Le hassidisme aujourd'hui

Au vingtième siècle, l'extermination des Juifs et la dissolution des communautés ont détruit la plupart des communautés hassidiques. Néanmoins, ce mouvement populaire (se manifestant par de grands rassemblements, des fêtes, des chants, des danses, un attachement particulier au *tsaddiq*) et mystique (transes où la présence de Dieu se dévoile sous forme de paroles) a apporté au judaïsme un sang neuf qui, aujourd'hui encore (malgré le nombre élevé de victimes de la shoah), se concrétise par la présence de nombreux groupes hassidiques (aux Etats-Unis et en Israël) et par de nombreuses publications.

Spécificité du hassid

Le mouvement hassidique a adopté une liturgie fondée sur le rituel kabbaliste où la prière perd en régularité ce qu'elle gagne en spontanéité. Le corps tout entier participe à la prière laquelle, dans le meilleur des cas, aboutit à l'extase. Outre leurs chants et danses maintenant connus dans le monde entier, les *hassid* continuent à parler le yiddish et à s'habiller comme le noble polonais du XVIIIe siècle. Parmi les vêtements, les plus connus sont les chaussettes blanches (signe de pureté) du chabbat ainsi que le chapeau de fourrure à large bord (*shtraymel*) dont les treize queues de zibeline représentent les aspects de la miséricorde divine. Enfin, le manger et le boire, dans un esprit de sainteté, sont un devoir religieux : il ne faut donc pas s'étonner de voir un rebbe fumer le cigare. In fine, le hassidisme pourrait être rattaché à la Kabbale et au rassemblement des étincelles de sainteté disséminées dans le monde (voir à ce sujet l'article consacré au *Tsimtsoum*).

Hourban et résilience juive

Le *Hourban*, ou catastrophe, est le terme utilisé par les Juifs religieux pour désigner les deux destructions du Temple : la première en -586, conduisant les Juifs à l'Exil à Babylone et la seconde, en l'an 70, les déplaçant en Diaspora après la perte de Jérusalem. Dans un cas comme dans l'autre, l'Exil et la Diaspora ont été pour les Juifs le creuset d'une reconstruction de la religion (autour de la Torah d'abord, autour de la synagogue ensuite). Préférant le terme de *Hourban* à celui d'Holocauste ou de Shoah, des Juifs religieux l'utilisent également pour désigner l'assassinat de 6 millions de Juifs par les nazis. Pour continuer à vivre, à se reconstruire et à progresser, après de telles catastrophes, il faut un courage certain mais aussi une réelle capacité psychologique, ce qu'on appelle la *résilience*. Pour le peuple juif, coutumier des catastrophes, cette résilience est-elle innée ou trouve-t-elle sa source dans quelques vertus extérieures ? C'est la question que nous nous posons dans ce court article.

Le Hourban

Cette catastrophe, plusieurs fois renouvelée, « représente la passion du peuple juif, mais une passion (...) qui s'empresse d'en soulager le poids par une résurrection quasi immédiate, inapaisable, renouvelée. Le judaïsme est le seul grand culte qui possède, comme lieu le plus saint, une ruine. (...) Le paradoxe du Hourban tient à ce qu'il a en même temps permis la survie du petit peuple juif, alors que tous ses grands rivaux de l'Antiquité ont disparu de la scène de l'histoire, relégués dans l'archéologie ».[15a] G. Haddad, l'auteur de ces quelques lignes, a parfaitement raison : la « catastrophe », la difficulté, le malheur est souvent psychologiquement formateur. C'est d'ailleurs ce que déclarent beaucoup d'adultes ayant eu à affronter une jeunesse difficile. Ils se posent la question : « Mais comment font les autres qui n'ont pas eu à rencontrer de difficultés dans leur enfance ? »

La résilience juive

En l'an 70, alors qu'il était impossible de sortir de Jérusalem assiégée, le rabbin Yohanan ben Zakkaï, se faisant passer pour mort, placé dans un cercueil, réussit à s'enfuir de la ville et à se faire conduire devant l'empereur romain Titus Flavius Sabinus Vespasianus (connu sous le nom de Titus ou de Vespasien) à qui il demande simplement « Donne-moi Yavneh et ses sages ». Titus accède à son désir et en quelques années cette bourgade devient le centre le plus important du Judaïsme, se substituant à Jérusalem désormais interdite aux Juifs.

Ce qui se passa en l'an 70 de l'è.c. s'était également produit au Ve siècle avant l'è.c. lorsque revenant d'Exil, sous la conduite d'Esdras, les Juifs réapprenant la Torah, reconstruisirent leur religion. Cette reconstruction se réalise encore, selon un schéma presque identique

La résilience [15b]

Ce terme a pour origine le monde de la métallurgie et désigne la capacité que possèdent certains métaux de retrouver leur état initial à la suite d'un choc. Depuis, ce terme a été repris par les informaticiens (capacité d'un logiciel de continuer à fonctionner malgré des défauts de programmation), par les économistes (capacité intrinsèque des sociétés de résister aux crises), les écologistes (récupération d'un écosystème après un accident), les criminologues, les médecins et surtout les psychologues. En gros, la résilience est donc la capacité d'un individu ou d'un système à récupérer après un accident important ou un stress continu ; c'est, en quelque sorte, une auto-guérison.

Bien entendu, pour les métaux, les systèmes ou les individus, la capacité de récupération dépend de facteurs constitutifs, de facteurs de terrains et de l'accompagnement qui peut être assuré après le traumatisme.

après l'expulsion d'Espagne (1492), les pogroms de Chmielnicki en Pologne (1648), la Shoah, le dernier Hourban.

Cette capacité incroyable du peuple juif à rebondir, à se reconstruire, cette résilience juive, est certainement à mettre au compte de la religion et, d'une certaine manière, de son orthopraxie. La religion juive, religion communautaire, religion exigeante du point de vue de la praxis, permet à l'individu de ne jamais s'isoler, de ne jamais perdre la combativité pour la vie et cela en utilisant divers mécanismes psychologiques que sont la sublimation, l'humour et le contrôle des affects. Alors si la religion juive dit que l'origine du Hourban est à chercher dans le péché des hommes, ne faudrait-il pas ajouter aussi que le Hourban est la force qui a permis au peuple juifs de rester, aujourd'hui, la seule civilisation survivante de l'Antiquité ?

À la suite d'une revue exhaustive de la littérature concernant la résilience, des psychologues (Mangham et coll., 1995) ont découvert trois grandes catégories de facteurs de protection : les facteurs individuels, les facteurs familiaux, les facteurs de soutien. Un regard rapide sur la société juive montre que ce sont justement les facteurs qui sont privilégiés dans la religion juive : la famille et la présence de la communauté sont omniprésentes dans l'itinéraire de vie du Juif. Ces facteurs de protection que sont la religion, la famille, le réseau social, l'écoute et les conseils sont un des piliers de la résilience et une barrière à la victimisation. C'est peut-être pour cette raison, aussi, que le terme de Hourban – uniquement utilisé par les religieux — est mal adapté à la Shoah, qui ne s'inscrit pas dans la lignée des persécutions et des malheurs du peuple juif mais opère un changement de degré, celui du génocide.

L'humour juif

L'humour échappe à toute définition rigoureuse, d'autant plus qu'il peut prendre de nombreuses facettes et un instant nous faire rire, l'instant suivant nous faire pleurer. Cependant, l'humour — certes à des degrés variables — est présent chez tous les peuples et dans toutes les civilisations et, comme toute production de l'esprit, peut, au détriment parfois de la rigueur, être classé, ordonné, rangé, analysé, décortiqué... Notre propos, très pragmatique, sera simplement d'analyser ici le rôle de l'humour juif. La seule question à laquelle nous tenterons d'apporter un élément de réponse sera : « Dans la culture juive, l'humour possède-t-il une fonction précise ? ».

Rôle et fonctions de l'humour

Un trait d'humour bien placé peut faire plus de mal qu'une flèche, et il est souvent bien plus difficile de s'en remettre, les médecins se montrant impuissants. Mais ce n'est pas tout : un trait d'humour réussi, colporté comme une bonne nouvelle, fait en quelques jours le tour de la planète. Pourtant, bien malheureux est celui qui en fait les frais ! Colporté comme une victoire sur l'ennemi, le mot d'esprit vise l'ennemi.

Mais qui donc est cet ennemi ? En gros, ce sont les puissants, ceux qu'on envie, que, secrètement peut-être, on jalouse. Le mot d'esprit est alors une revanche contre la beauté, le talent, la force, la gloire ou la richesse qu'on ne possède pas.

En est-il de même dans l'humour juif ? Non car, assez paradoxalement, l'un des peuples les plus brimés de la terre ne raille pas les plus puissants mais se moque de lui-même.

Comment se fait-il, alors, que les mots d'esprit juifs trouvent le même succès de foule et la même vitesse de propagation ? L'humour juif posséderait-il donc vraiment quelque chose de spécifique ? C'est ce que nous tenterons d'expliquer dans les quelques lignes consacrées à la psychanalyse de l'humour juif.

Pour l'instant, revenons à la fonction de l'humour et notons qu'il permet de **lever une inhibition** extérieure (provoquée, par exemple, par la puissance de celui dont on se moque) ou encore une inhibition intérieure (conséquence, par exemple, d'une bonne éducation). **Sans l'humour qui lève l'inhibition, l'expression orale ou écrite de la pensée ou de l'émotion demeurerait interdite et la satisfaction, le plaisir, nés de l'humour, inexistants.**

Comme le fait remarquer Freud, « le “plaisir” ainsi acquis correspond à une épargne de l'effort psychique ».

C'est ce qui différencie fondamentalement deux fonctions psychiques ayant pour rôle de donner à l'homme le plaisir sans lequel la vie n'a pas de sens : le rêve et le mot d'esprit.

Classification

Une analyse, même sommaire, des blagues juives montre immédiatement qu'il y a, en réalité, quatre sortes d'histoires colportées :

- les histoires racontées par les Juifs eux-mêmes ;
- les histoires d'origine non juive ;
- les histoires générales adaptées aux Juifs ;
- les histoires israéliennes.

En réalité, seules peuvent être classées comme histoires juives les situations où les Juifs sont mis en scène par des Juifs. En effet, lorsqu'il s'agit d'histoires mettant en scène des Juifs mais racontées par des non-Juifs, cela ne dépasse pas l'anecdote grossière, laquelle est le plus souvent articulée uniquement autour du leitmotiv principal de l'argent, voire d'un thème antisémite (les nombreuses histoires juives qu'on trouvait dans les revues humoristiques soviétiques illustrent parfaitement cela). Dans ces histoires, il n'y a habituellement de juif que le décor et les comparses, le reste est simplement humain. D'autre part, dans certaines « histoires universelles » rapportées aux Juifs, les rôles sont tantôt tenus par des Français, tantôt par des Écossais, etc. Les rôles sont interchangeables et les histoires, à force d'avoir été entendues, manquent d'originalité. Enfin, les histoires israéliennes faisant appel à des thèmes nouveaux, nés d'une situation nouvelle (politique, guerre, etc.), ne peuvent plus, aujourd'hui, être classées parmi les histoires juives. Bien que créé et basé sur un héritage juif, l'humour israélien a perdu sa spécificité juive.

L'humour juif se limite donc aux histoires juives racontées par les Juifs eux-mêmes. Mais nul ne se connaît mieux et ne se juge plus férocement qu'un Juif faisant de l'humour. L'humour juif peut, nous le verrons, être assimilé à une langue vernaculaire pourvue d'un pouvoir exorciste contre les démons humains.

Mort naturelle

Moshe se promène sur un grand boulevard et voit un billet de cinquante livres traîner dans la rue.

Il se précipite, veut le ramasser et est écrasé par une voiture.

On appelle le médecin qui déclare :

- Mort naturelle.

Le rêve et le mot d'esprit

Alors que le rêve est une fonction psychique parfaitement asociale servant essentiellement à réaliser un désir inconscient (ou en d'autres mots à s'épargner du déplaisir), le second sert à acquérir du plaisir ; c'est, selon Freud, « la plus sociale des activités psychiques visant à un bénéfice de plaisir ».

Ce n'est pas tout, contrairement à ce qu'on pourrait croire, le plaisir, ici, n'est pas nécessairement procuré par quelque chose d'agréable, par l'évocation d'une situation plaisante, mais souvent par la mise en scène de situations pénibles ou humiliantes. Selon Freud, « le plaisir de l'humour naît alors aux dépens de ce déclenchement d'affect qui ne s'est pas produit ; il résulte de l'épargne d'une dépense affective ».

L'humour est aussi une soupape de sécurité contre les tensions internes. En ce sens, il agit comme le rêve, lequel permet de réaliser, en toute quiétude, un désir inconscient.

Cependant, l'humour ne se limite pas qu'à cela, comme le savent bien ceux qui distinguent les catégories d'humour (humour noir, humour rose, etc.). L'humour est également un mécanisme de défense important (comme tel, il pourrait intervenir dans le rêve). Et Freud, lui-même, le considère comme la manifestation la plus élevée des réactions de défense.

Un mécanisme de défense efficace

Les politiciens le savent bien, eux qui sont passés maîtres dans l'utilisation d'un mot d'humour pour esquiver une question embarrassante. Dans ce cas, l'utilisation de l'humour est une fuite devant l'ennemi mais une fuite honorable au cours de laquelle c'est souvent l'agresseur qui se trouve humilié. Se sentant agressé, quiconque ne possède pas le sens de l'humour n'a qu'une alternative : la fuite ou la lutte. Dans les deux cas, s'il n'est pas le plus puissant, il dépensera une énorme charge affective. En fuite ou vaincu, il ruminera pendant longtemps sa défaite et la charge affective n'en sera que plus longue et plus douloureuse.

Par contre, **s'il lui est possible d'utiliser le mécanisme de défense de l'humour, non seulement il sera vainqueur, il n'y aura pas de dépense affective en jeu, mais, en plus, l'épargne de la défense affective sera source de plaisir.**

Les Juifs, ayant très longtemps vécu dans un climat de domination, ont naturellement, pour la sauvegarde de leur équilibre, été contraints de développer l'humour. Il est clair que la fortune d'un bon mot est directement liée au plaisir qu'il engendre chez celui qui l'écoute. Dans une communauté liée par la souffrance (comme ce fut souvent le cas pour la communauté juive), où les humiliations sont fréquentes, chacun peut très facilement se substituer au conteur et goûter, quasi viscéralement, au mot d'esprit.

À la poste

Pourquoi un Juif se rendant dans un bureau de poste se met-il toujours dans le file la plus longue ?

Simplement pour garder son argent plus longtemps.

En utilisant l'humour, la personne en situation de conflit déplace ce dernier à un niveau supérieur, où elle est en position de domination, et permet à la décharge émotionnelle devant se produire de s'exprimer sur un terrain où seul le plaisir a droit de cité.

Superbe mécanisme de défense, magnifique conquête et revanche du Moi qui refuse de se laisser imposer une souffrance extérieure, l'humour permet, en cas de situation de faiblesse, de déplacer le terrain d'agression vers celui où la force revient, comme de droit, à l'esprit. Mieux même, la souffrance extérieure qu'on voulait lui opposer devient plaisir. Quelle magnifique leçon pour la non-violence.

Bien sûr, pour y parvenir, il faut nécessairement un apprentissage, souvent douloureux : celui de la vie, que seul donne le fréquent affrontement du principe de plaisir avec celui de réalité. Et aussi quelle magnifique leçon d'espérance pour ceux qui souffrent, dont la santé psychique est chancelante, de réaliser que, grâce à l'humour, en dépit d'une situation réelle très défavorable, le principe de plaisir trouve le moyen de s'affirmer.

Face à l'adversité, aux réactions antisémites, aux pogroms, les Juifs ont érigé en système le seul mécanisme de défense permettant non seulement l'annihilation de l'affect mais aussi l'affirmation de la toute-puissance du principe du plaisir.

L'humour : un don ?

Malheureusement, comme nous l'avons dit, l'humour est la chose la plus mal partagée au monde. S'agit-il, comme de la beauté, de l'oreille musicale ou de la main picturale, d'un don de Dieu ? Non, sans doute, car tout un peuple possède et utilise cet artifice intellectuel qui crée le plaisir à partir du déplaisir. Ce « don » (ou plutôt la recette) pour faire d'une défaite une victoire serait le résultat d'une transmission culturelle et non génétique. Comment cela se fait-il ? La réponse est simple et complexe... Notons simplement, comme la psychanalyse nous l'enseigne, que l'éducation, l'autorité parentale, marquent profondément le Surmoi, lequel a, entre autres, pour mission de protéger le Moi de manière à lui éviter la souffrance. C'est donc par l'**éducation**, sous la pression du Surmoi, que le Moi acquiert ce mécanisme de défense qui lui permet d'esquiver la souffrance en y prenant du plaisir.

Ainsi, reprenant une conclusion de Freud, on peut dire que lorsque « le Surmoi s'efforce, par l'humour, à consoler le Moi et à le préserver de la souffrance, il ne dément point par là son origine, sa dérivation de l'instance parentale ».

Un mécanisme de défense tourné contre soi-même

Nous avons déjà montré que l'humour, un mécanisme de défense du Moi, est particulièrement développé dans la communauté juive. Transmis culturellement, héritier du Surmoi, véhiculé et amplifié dans une communauté soudée dans le malheur, l'humour juif pose encore une question fondamentale aux chercheurs de l'âme. Comment expliquer ce mécanisme de défense, a priori tourné contre le sujet lui-même ?

Theodor Reik, dans un petit travail de contribution à la psychanalyse de l'humour juif, apporte un début de solution. Pour lui, l'humour juif, autocritique particulièrement féroce et acerbe mais dépourvue du moindre souci de correction, s'apparente à l'« exhibitionnisme masochiste ».

À première vue incompréhensible, ce mécanisme s'explique si on le compare à une maladie bien connue des psychiatres et psychanalystes : la mélancolie. Cette maladie, très grave, se caractérise par un désintérêt total pour le monde extérieur (perte de l'appétit, insomnie, perte de la faculté d'aimer, inhibition totale à accomplir quoi que ce soit et tendances suicidaires) associé à une énorme culpabilité aggravée par la crainte réelle d'un châtiment.

Ce tableau semble très éloigné de celui du Juif toujours prêt à lancer un bon mot et à plaisanter sur toute chose. Et, pourtant, en y regardant de près, la similitude est réelle. En effet, le mélancolique, malgré tous les reproches qu'il s'adresse, n'a pas honte de ses faiblesses et ne fait rien pour les compenser. Bien plus, et c'est ce qui surprend toujours son entourage, il ne fait rien de ce qu'on lui propose de raisonnable pour diminuer son sentiment de culpabilité. En d'autres mots, il s'y complaît. Pour Reik, « il est indubitable qu'il a dans cette rage féroce envers le Moi une décharge de sentiments forts, qui soulage l'âme ».

La psychanalyse explique cela en montrant que, par un **processus d'identification**, les reproches que s'adresse le mélancolique sont en réalité adressés à une autre personne. Ainsi, le mélancolique n'a aucune raison d'avoir honte ou même de vouloir se corriger, puisque tous les reproches qu'il s'adresse sont en réalité adressés à une autre personne et ne servent, en fin de compte — aussi paradoxal que cela puisse paraître pour qui n'a pas l'expérience des âmes — qu'à se valoriser soi-même de manière à assurer un détachement de l'objet d'amour déprécié.

La mélancolie du Juif

Les mêmes explications peuvent-elles nous éclairer sur la genèse de l'humour juif ? C'est, en tout cas, ce que pense T. Reik : « La similitude de la dynamique psychique nous semble évidente et il ne nous est guère difficile d'en voir l'origine dans les conditions de la genèse des deux phénomènes. Si nous examinons ces traits particuliers aux histoires juives, l'auto-abaissement cruel et impudique, voire même souvent éhonté, ainsi que la satisfaction exhibitionniste trouvée dans la mise en scène des faiblesses et des défauts propres aux Juifs, on a l'image d'un phénomène collectif qui donne à penser à l'analyste que des facteurs psychiques similaires à ceux qui président à l'apparition de la mélancolie doivent à tout le moins être associés à l'invention de ces histoires. »

Pour quiconque connaît l'histoire des Juifs et l'histoire de l'antisémitisme, une telle similitude n'est plus à démontrer. C'est lorsqu'il est le plus acerbe envers lui-même que l'humour d'un Juif est le plus cruel envers le monde qui l'entoure, responsable à part entière de son triste sort.

Et le verbe s'est fait glaive...

Alors ? L'humour juif ? Qu'est-ce que c'est ? Un humour comme les autres ? Une conquête de l'esprit ? Un jeu intellectuel ?

Non !

Rien de cela, si ce n'est comme épiphénomène, mais, plus concrètement, un mécanisme de défense original, une **adaptation verbale prodigieuse en réaction à la névrose qui guette le Juif face à un monde hostile**.

L'humour juif, mécanisme de défense individuel, est également un mécanisme de défense collectif : celui de la bourgade juive (« shtetl ») contre la ville hostile. Ainsi, malgré un attrait certain, l'humour juif ne doit pas être analysé comme une œuvre esthétique (même lorsqu'il se présente au premier plan comme une simple spéculation intellectuelle) mais comme une **production psychologique** naissant d'un Surmoi protecteur en réaction à un conflit entre le Moi et le monde extérieur. Ceci est si vrai que les individus capables de diriger leur agressivité contre un objet ne font pas, ou ne font plus, d'humour.

On peut imaginer comment, face à l'agressivité ambiante, jour après jour, ce mécanisme de défense s'est créé et construit en système jusqu'à se transmettre culturellement, alors que rien ne prédisposait les Juifs à l'humour ; Yahveh est un Dieu sévère et la religion interdit la moquerie.

Pour en savoir plus

Le lecteur est invité à lire l'ouvrage classique de Sigmund Freud, *Le mot d'esprit et ses rapports avec l'inconscient* (Idées Gallimard), la courte étude de Theodor Reik, *Contribution à la psychanalyse de l'humour juif* (La documentation psychanalytique, document de travail, cahier N° 14) et l'important travail de J. Stora-Sandor, *L'humour juif dans la littérature* (PUF, 1984).

Judaïsmes contemporains

Aux premières années du vingt et unième siècle, la situation du judaïsme mondial reste dominée par deux éléments historiques : la Shoah et l'État d'Israël. La tragédie de la Shoah —dont rares sont les Juifs à n'avoir pas directement ou indirectement souffert —, avec ses millions de morts, a marqué de manière indélébile le corps, le cœur et l'esprit de tous les Juifs ; en souvenir de celle-ci, ils s'obligent, face au monde non-Juif, à un consensus minimal.

La création (en 1948) de l'État d'Israël, refuge des millions de victimes occidentales puis orientales de la folie des hommes, a cristallisé ce consensus : pendant de nombreuses années, la fidélité à l'État d'Israël tenait lieu de pratique religieuse dans laquelle Juifs religieux et Juifs laïques pouvaient communier à l'unisson. Pour de nombreux Juifs de la Diaspora, le rêve s'est brisé : l'État d'Israël est devenu un État comme les autres[16] auquel il devient parfois difficile de s'identifier... Étant donné que l'homme – le Juif comme les autres — a besoin du merveilleux de la religion, d'un but de croyance que les mouvements philosophiques ou politiques ne peuvent lui apporter de manière pérenne, on assiste à un retour vers la religion juive. Cependant, pour quiconque a vécu hors de l'orthopraxie de la religion juive, il est quasi impossible (sauf à être très croyant, très riche et à disposer de beaucoup de temps) d'en suivre tous les commandements (*mitzvoth*). C'est donc plutôt vers des versions « édulcorées » des pratiques juives que se tournent aujourd'hui les Juifs qui reviennent à la religion (les conversions vers le judaïsme restant rares) et se demandent comment, au XXIe siècle, vivre leur judaïsme, sachant que 50% des Juifs ne participent jamais à la vie communautaire juive. Aujourd'hui, le judaïsme se présente sous diverses formes, que nous allons passer rapidement en revue.

Judaïsme orthodoxe

Il est, depuis dix-huit siècles, le gardien de la Loi, respectueux de toutes les obligations de la *Halakhah*. Ici, pas d'innovations : la liturgie est en hébreu ; à la synagogue, les femmes sont séparées des hommes ; le chabbat est bien le samedi ; les règles alimentaires sont strictement respectées ; etc. Bien entendu, ce courant connaît lui aussi des tensions internes, ce qui permet d'y distinguer des néo-orthodoxes et des ultra-orthodoxes (sans compter les hassidim, qui sont également des Juifs orthodoxes).

Judaïsme réformé (aussi parfois appelé judaïsme libéral)

Né en Allemagne, il existe dans de nombreux pays mais c'est aux USA qu'il est le plus dynamique (près de la moitié de la population juive américaine appartiendrait au judaïsme réformé). Ce judaïsme reconnaît l'existence de la loi juive, la

Halakhah, mais admet également la nécessité de la faire évoluer en fonction de la vie moderne ; il ne tient donc plus compte de la loi orale (le Talmud). Ainsi, dans les synagogues, hommes et femmes ne sont plus séparés, le rabbin n'est plus exclusivement un homme, un enfant de père juif (et de mère non juive) est Juif s'il se reconnaît comme tel, les règles de la *cashrout* ne sont plus toutes observées, les interdits sexuels sont appréciés en fonction de la dignité humaine, etc. D'après lui, il convient de prendre ce qu'il y a de mieux dans le judaïsme (une langue, une civilisation, une histoire, une organisation sociale, un attachement à une terre, etc.) et de rejeter le surnaturel. Ceci n'empêche que les coutumes sont préservées autour de la synagogue et de l'attachement à Israël. Le judaïsme réformé connaît également des scissions dont, pour ne donner qu'un exemple, le judaïsme conservateur, qui n'accepte pas la suppression de l'hébreu pour les prières...

Judaïsme libéral

C'est le judaïsme réformé « version française ». Il reconnaît les obligations de la *Halakhah* mais pense qu'il est nécessaire de la faire évoluer pour mieux s'adapter aux exigences du monde actuel. Ainsi, les prières sont dites en français et le chabbat est célébré (par facilité) le dimanche. Ce judaïsme « culturel » est-il encore du judaïsme sachant le caractère orthopraxe de celui-ci ? Pour marquer la différence avec le judaïsme orthodoxe, les synagogues portent le nom de **temple**. Il existe quelques communautés de ce type en France surtout dans les « beaux quartiers ». Pour le judaïsme libéral, les femmes peuvent même accéder au rabbinat. C'est ainsi que Pauline Bebe, l'une des rares femmes rabbins d'Europe, est rabbin de la Communauté juive libérale à Paris.

Reconstructionnisme

Mouvement philosophique juif américain selon lequel, puisque les Juifs ne croient plus en la vie éternelle, il convient de réaliser le salut dans ce monde. Pour le fondateur du mouvement (M. Kaplan), le judaïsme est aujourd'hui une « civilisation religieuse dynamique » mais dont les commandements ne sont plus adaptés au monde moderne.

Judaïsme laïque

C'est, en Europe, le pendant du reconstructionnisme américain. Pour le couple Ajchenbaum, « le judaïsme laïque est une tentative de tourner le dos à la Loi et à ses obligations sans pour autant rompre avec une histoire millénaire, avec ce qu'on pourrait appeler une civilisation. »[17]. C'est à cette **judéité** (terme mieux approprié que judaïsme) **laïque** que l'on rattache tous les Juifs soucieux du souvenir de la Shoah, fidèles à l'État d'Israël, lecteurs de Schalom Aleichem, d'Isaac Bashevis Singer, amateurs d'humour juif, et qui savent toujours exactement qui est Juif et qui ne l'est pas !

Le judéo-maçonnisme

Des États, des organisations politiques, des corpuscules fascistes, mettent régulièrement en avant une action judéo-maçonnique pour expliquer un supposé désordre ou un réel malaise politique ou social. On notera d'emblée que cette action judéo-maçonnique est réputée participer tout aussi bien à la main-mise du monde par des banquiers capitalistes que par des communistes. L'amalgame étant ainsi la règle, le judéo-maçonniste ne semble donc qu'un bouc émissaire pour canaliser des aigreurs et des frustrations. Mais qu'est-ce qui fait, dans cet opprobre, associer les Juifs et les francs-maçons ?

Les francs-maçons

L'origine des francs-maçons est à chercher dans les corporations chrétiennes du Moyen Âge, dans les groupements spontanés des ouvriers bâtisseurs des cathédrales. Ces corporations chrétiennes n'étaient certainement pas accueillantes pour les Juifs, aussi on imagine mal, au Moyen Âge, une association, même provisoire, entre chrétiens et Juifs. Ce n'est qu'à partir de l'Émancipation des Juifs qu'une entrée dans une loge maçonnique devint possible. Rien donc chez les francs-maçons n'invite historiquement à une association avec les Juifs. Rien, non plus, chez les Juifs, n'appelle à cette association, bien qu'aucune règle dans leur pratique religieuse ne s'oppose à la franc-maçonnerie. Alors, comment expliquer cette si tenace association verbale ?

Une entraide permanente

Dans le *Dictionnaire de la franc-maçonnerie*[17b], l'auteur de l'article consacré à la judéo-maçonnerie propose quelques explications qui sont à chercher dans les traits communs de ces deux communautés. Nous ne pouvons mieux faire que de le citer : « Les Juifs et les francs-maçons présentent des caractéristiques qui leur sont communes :

a) D'abord, d'être minoritaires dans le pays où ils se trouvent.

b) D'être mal connus et, comme tels, d'être soupçonnés d'être capables des pires forfaits.

c) D'avoir la réputation de s'entraider, ce qui suscite des jalousies.

d) D'être persécutés par les régimes autoritaires qui ne peuvent supporter que s'assemblent des hommes libres qui ont soif d'un avenir meilleur pour l'humanité, à cause des idéaux de leur éthique, ou du messianisme de leur religion. » [17c]

Ces caractéristiques communes, surtout l'entraide et une certaine

Judéo-maçonnisme

L'origine de cette expression est à chercher dans un pamphlet encore aujourd'hui largement distribué : *Le Protocole des Sages de Sion*. Il s'agit d'un document censé contenir le *Programme juif de conquête du monde*. Ce document est présenté par ses diffuseurs comme ayant été rédigé lors du Congrès sioniste mondial tenu à Bâle en 1897. Cet ouvrage, composé de 24 parties, explique comment les Juifs doivent s'y prendre pour devenir les maîtres du monde. Citons simplement : la violence, l'encouragement de l'alcoolisme, l'acquisition de la presse, l'encouragement de la spéculation, la ruine de l'aristocratie par les impôts, l'organisation de coups d'État, l'abolition de la liberté d'enseignement, la destruction du Vatican, etc. Des hommes politiques et même des gouvernements continuent à présenter ce document comme la « preuve » de la perfidie juive.

Or, on sait parfaitement aujourd'hui qu'il s'agit d'un faux réalisé par un émigré russe vivant en France, Mathieu Golovinski, sur ordre de la police du Tsar des Russies. En réalité, ce document est un plagiat d'un ouvrage de Maurice Joly, *Dialogue aux enfers entre Machiavel et Montesquieu*, paru à Bruxelles en 1864. Pour de nombreux passages, les seules modifications ont consisté à remplacer le nom Napoléon III par le mot Juifs et le mot France par Monde. Malgré cela, ce document a la vie dure et continue à être présenté comme authentique par certains groupuscules politiques.

« marginalisation », ont pour conséquence que Juifs et francs-maçons finissent par se retrouver dans des loges maçonniques.

Une terminologie kabbalistique

Comme on le sait, la franc-maçonnerie est passée, vers le XVIIIe siècle, de la phase opérative à la phase spéculative. C'est à ce moment qu'elle a opté pour le mode de pensée et la terminologie de la Kabbale (voir l'article consacré à ce sujet). Au XVIIIe siècle, tous les rituels des hauts grades de la franc-maçonnerie se référaient plus ou moins à la Kabbale et cela pour différentes raisons, dont la recherche du sens caché de la Bible n'est certainement pas la moindre. Sans compter que le jeu intellectuel avec les nombres (guématria)[17d] était très prisé par les architectes et maçons attachés à leur symbolisme. Quoi qu'il en soit, la terminologie hébraïque (biblique et kabbalistique) est très présente dans la franc-maçonnerie, ce qui ne pouvait qu'accentuer la prétendue collusion entre les deux communautés. À titre de simple illustration, notons que de nombreux rites portent des noms hébraïques, que le mot *kadosch* (qui signifie « saint ») est utilisé pour de nombreux grades maçonniques ; signalons aussi que la représentation des *sefiroth* (les dix « émanations » de Dieu des kabbalistes) est quelquefois utilisée pour représenter l'organisation des loges maçonniques.

Les judéo-chrétiens

Comme le rappelait très justement le pape Pie XI dans son encyclique *Mit brennender Sorge*, « spirituellement nous sommes des sémites ». Pendant très longtemps, les chrétiens n'étaient qu'une secte juive parmi d'autres. Les premiers chrétiens fréquentaient les synagogues (c'était d'ailleurs le premier endroit où se rendait saint Paul pour prêcher) et respectaient tous les commandements du judaïsme (le Christ n'avait-il pas dit : « Je suis venu pour accomplir la Loi et non pour l'abolir »). Ce n'est qu'après un certain temps de coexistence entre judéo-chrétiens et pagano-chrétiens que le christianisme devint une religion à part entière. Sans entrer dans les détails (sur lesquels personne n'est d'ailleurs entièrement d'accord), on peut dater cette transformation entre l'an 70 et l'an 200. C'est-à-dire qu'elle a débuté peu après la destruction du Temple. On peut, sans trop se tromper, affirmer que la destruction du Temple eut pour effet de séparer l'Église de la Synagogue. La religion chrétienne prenait son propre nouveau chemin et la religion juive se reconstruisait sur la Synagogue qui remplaçait le Temple détruit.

Les judéo-chrétiens [17e]

On désigne sous cette appellation les Juifs (de Palestine ou de la Diaspora) qui, convertis au christianisme, voulaient conserver les traditions et les commandements de la Torah. Ils formaient donc une secte[17f] au sein du judaïsme (le mot secte n'est bien entendu pas à prendre dans son sens actuel mais simplement comme une tendance particulière au sein de la religion). Dans le monde juif, ils sont désignés comme nazaréens (c'est-à-dire des disciples de Jésus de Nazareth). Ils observaient le chabbat, faisaient circoncire leurs enfants, célébraient les fêtes mais croyaient que Jésus-Christ était le Messie et pratiquaient le baptême comme rite d'entrée et la communion en « souvenir » du Christ. Il faut conserver à l'esprit que durant les premiers temps de l'Église chrétienne tous les convertis étaient des Juifs. Comme nous l'avons dit, il s'agissait des Juifs de Palestine (qui parlaient araméen) et des Juifs de la Diaspora (surtout des hellénisants, qui parlaient grec). Sans entrer dans les détails, signalons que des dissensions apparurent très vite entre les judéo-chrétiens de Palestine (assez stricts sur le plan religieux) et les judéo-chrétiens de la Diaspora (beaucoup plus ouverts à des réformes).

Les pagano-chrétiens

Ce n'est que plus tard qu'un Juif converti, saint Paul (qui disait de lui « Je suis pharisien, fils de pharisien... »), s'intéressa particulièrement aux non-Juifs, à tel point qu'il est désigné comme l'apôtre des Gentils. Comme on le sait, le premier païen (c'est-à-dire non Juif) converti fut le centurion Corneille. De longues discussions et prises de position religieuses jalonnent les premiers temps du christianisme mais, sous l'influence de l'apôtre Paul (que l'on relise, par exemple, son *Épître aux Galates* (11, 4)), il fut admis qu'il était possible de devenir chrétien sans passer par le judaïsme (contrairement à ce qu'affirmaient les « judaïsants » qui voulaient imposer aux chrétiens la circoncision — signe de l'Alliance avec Dieu — et la

Bible chrétienne

L'Ancien Testament des Bibles chrétiennes comprend davantages de livres qu'il n'y en a dans la Bible hébraïque. Les livres adoptés par les chrétiens (catholiques et orthodoxes), mais rejetés par les juifs, sont appelés **deutérocanoniques**, ce qui signifie admis dans le canon dans un second temps. Ceux admis par les juifs et les chrétiens sont appelés **protocanoniques.** La Bible protestante se rapproche davantage de la Bible juive car certains textes ont été retirés. Les protestants appellent ces textes **apocryphes** (c'est-à-dire « cachés »). Il ne faut pas confondre les apocryphes de l'Ancien Testament avec les apocryphes du Nouveau Testament (Évangile de Pierre, Évangile de Thomas, etc.). Pour désigner ces textes qui ne sont pas entrés dans le canon de la Bible hébraïque, les Juifs parlent de « livres extérieurs » (*sefarim hitsonim*). Ce sont les apocryphes et les **pseudépigraphiques** (c'est-à-dire des livres attribués à d'autres personnes que l'auteur).

Loi). Par la même occasion, la circoncision jusqu'alors obligatoire, ne fut plus imposée aux chrétiens et on leur demanda seulement d'observer les commandements noachiques (voir page 157). C'est à Antioche que se développa la première communauté importante de chrétiens incirconcis, parlant grec, et détachés du judaïsme. C'est d'Antioche que l'apôtre Paul partit pour ses différentes missions d'évangélisation. On notera que si la première « opposition idéologique » du futur monde chrétien avait pour acteurs les Juifs de Palestine opposés aux Juifs de la Diaspora (jugés « inférieurs »), la seconde opposition avait pour acteurs les Juifs convertis opposés aux gentils convertis. Une troisième division aura pour acteurs les judaïsants (soutenus par saint Pierre) opposés aux gentils non circoncis (soutenus par saint Paul et saint Jacques). C'est de cette troisième division, et du détachement des judaïsants de la synagogue, que naît réellement l'Église chrétienne, qui se sépare ainsi définitivement du judaïsme pour prêcher à toutes les nations. Pour les Juifs, à l'aube de la destruction du Temple, se pose le choix douloureux entre la religion juive et la foi en Christ, représentée par l'Église chrétienne.

La destruction du Temple, catastrophe des catastrophes (*hourban*, voir page 86), déplaçant le centre vital des Juifs de Jérusalem à Yavneh et celui des chrétiens de Jérusalem à Antioche, allait consolider irrémédiablement cette rupture. Pendant que le judaïsme, religion sacrificielle du Temple, religion des prêtres, allait se reconvertir en religion synagogale, religion des rabbins, le christianisme se détachait lentement, par mutations successives, mais irrémédiablement du judaïsme. En 330, l'empereur Constantin se convertit au catholicisme et, en 380, l'empereur Théodose Ier, par l'Édit de Thessalonique, institue la religion chrétienne comme religion officielle de l'Empire romain (ce qui n'empêcha pas son excommunication par la suite). De *religio licita* (statut jadis accordé au seul judaïsme), la religion chrétienne devient la religion officielle, la religion dominante. Certains fixent cette date comme celle de la rupture définitive entre les deux religions. Les quelques sectes judéo-chrétiennes encore existantes disparaissent ou se fondent dans d'autres religions.[17g]

Qui est Juif ?

Dans sa Constitution, l'État d'Israël a prévu la « Loi du retour » qui autorise tout Juif à obtenir immédiatement la nationalité israélienne. Cependant, la Constitution a oublié de préciser qui est Juif. Sans insister sur les procès qui ont été intentés à l'État juif, précisons simplement que pour l'État d'Israël, un Juif converti a perdu sa « qualité » de Juif alors que pour la religion, il reste Juif « à vie ».

Le regard des autres

Pour Sartre (*Réflexions sur la question juive*) et, d'une certaine manière, pour R. Peyrefitte (*Les Juifs*) est Juif celui que les autres considèrent comme Juif. Il ne s'agit pas, ici, d'un point de vue religieux mais sociologique.

Pour les rabbins orthodoxes, le problème est fort simple : est Juif un enfant dont la mère est Juive ou encore toute personne qui s'est convertie au judaïsme selon les préceptes de la *Halakhah* (c'est-à-dire de la jurisprudence rabbinique, laquelle prévoit que la conversion n'est effective qu'après la circoncision, s'il s'agit d'un homme, et un bain rituel, pour les deux sexes).

Juif ou pas Juif ? À confirmer !

Si on se soumet à la *Halakhah*, on définit rapidement, pour les cas simples, si une personne est Juive ou non ; il existe cependant des cas compliqués comme, par exemple, celui des Juifs d'Éthiopie (les Fallachas) rapatriés en Israël, à grands frais, dans les années quatre-vingt-dix. Reconnus Juifs par les deux rabbinats de l'État Juif (le rabbinat séfarade et le rabbinat ashkénaze), il leur a cependant été demandé de « reconfirmer » leur judaïté par un bain rituel... ce qu'ils refusent toujours. En contrepartie, les rabbins, eux, leur refusent toujours la cérémonie de mariage... et comme il n'existe pas de mariage civil en Israël...

Né de père juif...

Sans être compliqué, le cas des enfants nés d'un couple mixte où le père est Juif mais non la mère pose un autre problème. Pour les orthodoxes, il n'y a pas de doute, ils ne sont pas Juifs. Par contre, les Juifs réformés et les Juifs reconstructionnistes admettent que ces enfants sont Juifs pour autant qu'ils se sentent Juifs et ont été éduqués de manière juive.

La jurisprudence rabbinique

Cette jurisprudence est simple : « Ton fils né d'une femme israélite est appelé ton fils, mais ton fils né d'une femme païenne n'est pas appelé ton fils » (Qiddouchin, 68b). Rappelons que la Bible est muette à ce sujet.

Les Fallachas

Ces Juifs éthiopiens sont, selon le rabbinat d'Israël, des descendants de la tribu de Dan (une des dix tribus perdues) : ce sont donc des Juifs de première génération (la tribu de Dan appartenait au royaume d'Israël qui s'était séparé du royaume de Juda, à la mort du roi Salomon : elle fut déportée en Assyrie, en l'an 722 avant l'è.c., moment à partir duquel on perd sa trace... il y a trois mille ans !). Les Juifs éthiopiens observent un rituel assez strict mais ne connaissent pas, et pour cause, la Loi orale (le Talmud).

Contrairement à ce qu'affirment certains ouvrages antisémites, dans un groupe rien ne permet particulièrement de distinguer un Juif.

Signalons également que cette transmission matrilinéaire est assez tardive dans l'histoire juive (depuis le Ier siècle après l'è.c.) et s'explique par plusieurs raisons. D'abord, c'est une mesure de protection car on est toujours sûr de sa mère mais jamais de son père. Ensuite, c'est une mesure de sauvegarde de l'honneur des filles. Par exemple, pour les viols lors du siège de Jérusalem, ou, plus tard, lors des pogroms. À l'horreur du viol, la femme ne devra pas ajouter l'infâmie de donner naissance à des enfants qui ne seraient pas Juifs. Cette transmission matrilinéaire est, par ailleurs, en opposition avec les traditions juives qui sont toutes patrilinéaires (la prêtrise des Cohanim, le vicariat des Lévites, les règles d'héritage, etc.), il s'agit donc bien d'une mesure exceptionnelle prise après le siège de Jérusalem pour sauver l'honneur des femmes violées.

Mariages mixtes

Au retour de Babylone (plusieurs centaines d'années avant l'ère commune !), le prêtre Esdras interdit les mariages mixtes (il impose même de douloureuses séparations aux Juifs ayant épousé des non-juives). Depuis, les Juifs interdisent les mariages mixtes car ils considèrent que cela équivaut à l'abandon de sa religion. La conversion du conjoint n'est pas, non plus, admise dans les milieux orthodoxes car il est interdit de se convertir par intérêt. Comme nous l'avons vu, dans un couple mixte, les enfants nés de mère juive sont considérés comme Juifs mais, *stricto sensu*, leur mère est considérée comme célibataire.

Esdras (Ezra)

Esdras le Scribe est un personnage très important de l'histoire religieuse juive auquel on reconnaît les mêmes qualités qu'à Moïse. C'est sous la conduite de ce prêtre, qu'en 457 avant l'è.c., des dizaines de milliers de Juifs quittèrent, à pied, l'exil babylonien pour se rendre à Jérusalem. Si le judaïsme d'après l'exil babylonien a beaucoup changé, c'est en partie l'œuvre d'Esdras lequel a énormément œuvré pour l'étude de la Loi, pour les prières dans les synagogues et pour la connaissance de la Torah dont il a fixé le contenu, aidé en cela par Néhémie (voir page 121). Esdras rendit à la Torah, oubliée, la place qu'elle occupait avant la destruction du Premier Temple.

Le cadeau

Un roi, qui n'était pas Juif, ayant beaucoup d'estime pour un rabbin, le flattait souvent et lui offrait aussi de magnifiques cadeaux. Un jour, il lui fit porter une imposante coupe en or. Très touché par ce royal cadeau, le rabbin offrit au roi une mezouzah. Un peu irrité par ce modeste cadeau, le roi convoqua le rabbin au palais pour lui dire son chagrin d'être remercié d'aussi ingrate manière.

- *Sire*, dit le rabbin, *je vous remercie pour votre immense cadeau dont la valeur dépasse de très loin tout ce que je possède ; je le veille maintenant jour et nuit. Mon cadeau est d'une autre nature : ce n'est pas vous qui le garderez mais c'est lui qui prendra soin de vous.*

Des définitions précises : des Hébreux aux Israéliens

L'Éternel avait dit à Abram : « Éloigne-toi de ton pays, de ton lieu natal et de la maison paternelle, et va au pays que je t'indiquerai » (Genèse 12,1). Après avoir traversé l'Euphrate, Abram reçoit le nom d'Abraham (« père d'une multitude de nations », Genèse 17,5) et sa famille celle d'Hébreux (ce qui signifie « de l'autre côté »). Lorsque les **Hébreux** quittent le pays de pharaon, ils deviennent une nation. Sous Saul, cette nation devient un royaume qui, à la mort de Salomon, est partagé en deux royaumes : Israël et Juda. Les **Juifs** ce sont les sujets du Royaume de Juda.

Un **Israélite** est tout simplement un Juif, c'est-à-dire une personne appartenant à la communauté juive. Ce terme était jadis utilisé par euphémisme pour éviter de parler de Juif, ce qui aurait pu avoir une connotation antisémite. Il n'y a, aujourd'hui, aucune raison de préférer ce terme à celui de Juif. Au contraire, actuellement, c'est l'utilisation de ce terme qui pourrait faire croire que le locuteur est antisémite. Un **Israélien** est une personne possédant la nationalité de l'État d'Israël : un Israélien peut donc n'être pas juif mais chrétien ou musulman. La **judéité** est le fait d'être Juif alors que la **judaïté** est le fait d'appartenir au judaïsme. La **judaïcité**, elle, est le fait d'appartenir à une communauté juive locale ou nationale. Enfin, le mot **judaïsme** peut désigner la religion juive, la communauté juive ou l'appartenance à cette dernière et l'Etat d'Israël n'est pas, comme on l'entend parfois, l'État hébreux.

Dans le désert

Lorsque les Hébreux, sous la conduite de Moïse, quittent le pays de pharaon, ils deviennent une nation. La Bible dit que leur pérégrination dans le désert a duré 40 ans.

Langues juives

Au cours des 5000 ans d'histoire du peuple juif, toutes les langues du monde (à quelques exceptions près) ont été utilisées par les Juifs. Il n'est, bien entendu, pas question d'en faire état. Ce qui nous intéresse ici ce sont, d'une part, les langues utilisées pour les textes canoniques (Bible, Talmud, Zohar) et, d'autre part, les langues créées par les communautés juives dans le monde pour leur usage personnel et dont la plupart s'écrivent (ou s'écrivaient) avec l'alphabet hébraïque.

Les langues des textes canoniques

Elles sont au nombre de deux : l'hébreu et l'araméen.
L'hébreu est la langue de la Bible. Très tôt elle a été traduite en araméen (*Targoum*). L'araméen est utilisé également pour le Talmud, certains textes du Midrach et le Zohar. À la synagogue, il était recommandé de lire certains textes dans cette langue et elle reste la langue dans laquelle le rabbin rédige la *Ketoubbah* (contrat de mariage).

Les langues calques et vernaculaires

Elles sont très nombreuses et s'écrivent avec les caractères hébraïques. On peut citer le judéo-araméen, le judéo-arabe (utilisé, entre autres, par Maïmonide), le judéo-berbère, le judéo-persan, le judéo-tadjik, le judéo-tartare, le judéo-grec, le judéo-latin, le judéo-italien (ou *latino*), le judéo-espagnol (*djidyo* ou *ladino*), le judéo-portugais (ou *spagnolich*), le judéo-provençal (ou *chouadit*), le judéo-français, le judéo-tak (lequel est devenu, en 1939, la langue officielle du Daghestan et s'écrit depuis lors en caractères cyrilliques) et le judéo-allemand (ou *yiddish*).

La tour de Babel

« Toute la terre avait une même langue et des paroles semblables. » (Genèse 11, 1). Mais les hommes se dirent : « Bâtissons-nous une ville, et une tour dont le sommet atteigne le ciel » (Genèse 11, 4). Ce qui ne plut pas au Seigneur, lequel descendit sur terre et dit : « Confondons leur langage de manière à ce que l'un n'entende pas le langage de l'autre » (Genèse 11, 7). La tour ne fut jamais construite et les hommes se dispersèrent sur toute la terre.

Judéo-persan

On notera que « le premier livre à être imprimé dans une langue perse le fut à Istanbul en 1594, sans doute à l'intention des Juifs persophones ; il s'agissait d'un Pentateuque en judéo-persan, imprimé en caractères hébraïques ».[18]

Targoum[18a]

Ce terme araméen signifie simplement traduction. Par ce mot, on désigne aujourd'hui la traduction de la Bible en langues araméennes (c'est-à-dire en araméen galiléen et en araméen babylonien). Certaines traductions étaient très fidèles alors que pour d'autres il s'agissait plus d'adaptations avec commentaires (surtout de jurisprudence) que de traductions. Ces commentaires se révèlent aujourd'hui fort intéressants car ils donnent parfois une interprétation différente de celle exprimée par le consensus rabbinique. Il existe des targoums pour l'ensemble des livres bibliques.

Toutes ces langues étaient parlées par les différentes communautés et certaines l'étaient encore très couramment jusqu'à la Seconde Guerre mondiale durant laquelle de nombreuses communautés furent décimées. La plupart possédaient une riche littérature et de nombreux textes canoniques étaient rédigés dans ces langues. Après l'expulsion des Juifs d'Espagne et du Portugal certaines langues (dont le djudezmo) étaient parlées dans les communautés juives de Londres ou d'Amsterdam (le ladino étant la « version » écrite du djudezmo). De très nombreuses *responsa* (réponses écrites des talmudistes concernant des questions d'ordre essentiellement pratique) sont rédigées dans ces langues. De toutes ces langues, le yiddish est certainement la plus connue, d'autant plus qu'elle est encore parlée par de nombreux locuteurs et qu'elle devient actuellement l'objet d'un enseignement universitaire bien que le dernier quotidien en yiddish ait disparu en 2003.

L'hébreu

Dans la littérature talmudique, l'hébreu est désigné comme étant la « langue sacrée ». Selon les spécialistes, l'hébreu de la Bible serait du cananéen enrichi par des apports de la langue parlée par les Juifs avant leur installation à Canaan. Depuis la Bible jusqu'à aujourd'hui, l'hébreu biblique a subi de nombreuses influences. On distingue ainsi l'hébreu biblique ou « langue sacrée » (apparu sous le règne du roi Salomon), l'hébreu de la Michnah ou « langue des sages » (enrichi par l'araméen, langue vernaculaire à Babylone), l'hébreu du Moyen Âge (enrichi par les langues parlées en diaspora) et l'hébreu moderne (dont on doit la re-naissance au linguiste lituanien Eliezer Ben Yehoudah). On considère que l'hébreu n'a jamais été une « langue morte » car il a continué à être enseigné dans les écoles juives et dans certaines familles selon la maxime « Si un père ne parle pas à son fils dans la langue sacrée, c'est comme s'il l'avait enterré » (Tossefta Hagigah, 1,2).

L'araméen

Dans l'Antiquité, cette langue a été, pendant un certain temps, en Palestine et dans les pays limitrophes (jusqu'en Perse), l'idiome le plus utilisé. Née en Mésopotamie, où l'écriture araméenne a progressivement remplacé l'écriture cunéiforme, cette langue est devenue à l'époque du Second Temple ce qu'est l'anglais aujourd'hui : la langue de communication. On la parlait en Palestine, bien sûr, mais aussi en Perse (dont c'était la langue diplomatique) et dans de nombreux pays limitrophes. Langue internationale, langue du commerce et des affaires, on ne s'étonnera pas qu'elle ait été utilisée par les Juifs pour la rédaction des contrats de mariage (*ketoubbah*) et de divorce (*get*). De nombreux manuscrits juifs (Talmud, Zohar, etc.) et chrétiens ont été rédigés en araméen. C'est aussi la langue des manuscrits de la mer Morte et Jésus-Christ parlait araméen. Ainsi que nous l'avons dit ailleurs, aujourd'hui encore, certaines prières sont récitées en araméen à la synagogue (*Kaddish*, *Kol Nidré*).

L'arabe

Il est étrange de faire figurer l'arabe parmi les langues juives mais il faut se rendre compte que de très nombreux travaux juifs de grande envergure ont été écrits en arabe. C'est d'ailleurs la langue dans laquelle Maïmonide a écrit la majeure partie de son œuvre dont le célèbre ouvrage *Le guide des égarés* (*Dalalat el-Haïrin*). Il est intéressant également de noter que de nombreux travaux juifs ont été écrits en arabe mais avec des caractères hébraïques : on croit, à première vue, avoir affaire à un texte en hébreu mais c'est, en réalité, un texte en arabe.

Le yiddish[18b]

Avant la Seconde Guerre mondiale, on comptait dans le monde onze millions de yiddishophones. Il y avait à l'époque (aux USA et en Union soviétique, surtout) de nombreux journaux en yiddish et une très importante littérature, dont le public francophone connaît essentiellement Schalom Aleichem – l'auteur, entre autres, de *Tevié le laitier* – et Isaac Bashevis Singer, prix Nobel de littérature.

Aujourd'hui, cette langue n'est plus parlée que sporadiquement bien qu'elle soit encore la langue la plus courante dans le monde hassidique (voir l'article consacré à ce sujet). On trouve déjà des textes en yiddish aux environs de 1250. La persistance de cette langue est en soi un miracle car « alors que tant de langues "minoritaires" ont été absorbées dans de grands ensembles linguistiques ou ont lentement perdu leur caractère propre, le

Chalom Aleichem (1859-1916)

De son vrai nom Salomon Rabinovitch, Chalom Aleichem, est l'un des principaux conteurs du monde yiddish. Plusieurs de ses ouvrages ont été adaptés pour le théâtre et le cinéma. *Un violon sur le toit*, la comédie musicale qui a tenu 10 ans à Broadway est une adaptation de son œuvre la plus connue *Tevieh le laitier*. On raconte que Mark Twain, rencontrant l'auteur à New York, lui aurait dit : « Je suis le Chalom Aleichem américain ! » Plusieurs de ses ouvrages sont disponibles en langue française.

yiddish a perduré durant près d'un millénaire dans une aire géographique aux dimensions de l'Europe ».[19]

La langue yiddish est un composé de termes allemands, russes, polonais, tchèques, hébreux ou en provenance des langues romanes. Deux théories s'opposent quant à l'origine de cette langue. Pour certains ce serait du bas-allemand auquel se seraient greffés des termes d'autres langues ; pour d'autres linguistes, contestés, le yiddish serait apparenté aux langues slaves et ne se serait « germanisé » qu'au Xe siècle. Il est vrai que la structure de la langue et la grammaire se rapprochent davantage des langues slaves que de l'allemand. La langue yiddish est la langue de la tradition ashkénaze (voir page 60) et c'était également la langue prônée par le Bund (mouvement ouvrier des Juifs de Russie, de Pologne et de Lituanie), lequel rejetait la langue hébraïque. Aujourd'hui, en Israël, le yiddish est la langue parlée dans le *Méa Chéarim*, un quartier ultra-orthodoxe de Jérusalem, car ses pieux habitants (habillés tout de noir et portant bas blancs, perruques et chapeaux à fourrure) refusent d'utiliser la langue sacrée pour un usage profane.

Signalons deux **sites internet** de grand intérêt : *http://www.yiddishweb.com* et *http://yiddish.haifa.ac.il*

Pour en savoir plus

Jean Baumgarten. *Le yiddish, histoire d'une langue errante*. Albin Michel. Présence du Judaïsme n°26. 2002. Cet ouvrage retrace toute l'histoire de la langue yiddish avec de nombreuses incursions dans la littérature.

Miriam Weinstein. *Yiddish mots d'un peuple, peuple de mots*. éd. Autrement. 2003.

La Kabbale

Le mot *Kabbale* vient de l'hébreu *qabbalah* qui signifie réception, tradition. La tradition à laquelle il est fait référence est la tradition ésotérique qui remonterait selon certains à Adam et à Moïse. Ce dernier aurait reçu de Dieu la Loi écrite, la Loi orale et les commentaires ésotériques se rapportant à cette Loi, sachant qu'au-delà de la réalité sensorielle des mots se cache la réalité de Dieu, qu'il convient de découvrir. De manière plus précise, on possède des documents ésotériques juifs datant, déjà, de l'époque du Second Temple. Au sens large, la Kabbale désigne tous les mouvements ésotériques juifs de l'Antiquité aux périodes contemporaines.

Un versant mystique et un versant pratique

La Kabbale est en réalité composée de plusieurs disciplines et phénomènes religieux qui s'enchevêtrent et se fortifient : la mystique, la théosophie, la magie, la cosmologie, l'angéologie, etc.

Pour plus de clarté, on pourrait diviser la Kabbale en un versant mystique et en un versant pratique.

Le **versant mystique** cherche tous les moyens pour communier de manière plus intuitive avec Dieu. Il cherche à dévoiler les mystères de la vie cachée (théosophie) de Dieu et de ses rapports avec l'homme. Toutes les spéculations sont imaginées et d'audacieuses constructions intellectuelles prennent corps. Ces spéculations assimilent également des traditions ésotériques d'origine étrangère. Le versant mystique ne se communique que sous forme de symboles et de métaphores.

Le **versant pratique** comprend les rites d'initiation, la cosmologie, la chiromancie, la guématria (numérologie, manipulation des noms divins, combinaisons magiques de lettres), etc. Le versant pratique ne se communique qu'aux personnes qui peuvent être initiées, c'est-à-dire à une très très petite partie de la population.

Comme on peut déjà s'en apercevoir, l'ésotérisme juif n'est pas un mouvement marginal. Cependant, du fait du secret qu'il était tenu de préserver, il n'a pas eu une grande influence sur la culture juive. Comme nous le verrons par la suite, le mouvement ésotérique-mystique (c'est la meilleure définition qu'on puisse donner de la Kabbale) n'est pas un fait récent dans le judaïsme mais prend ses racines déjà à l'époque du Second Temple. Mouvement très riche, il a pris plusieurs aspects très différents au cours des temps dont la « Rédemption par le péché » des disciples de Sabattaï Tsevi et les danses hassidiques des disciples du Becht ne sont que deux exemples des

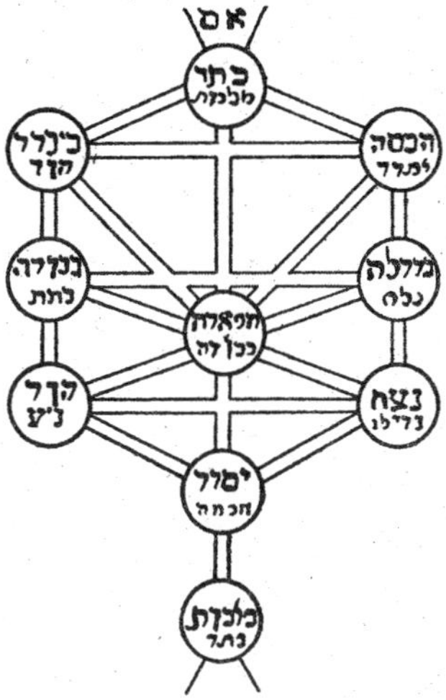

Séfiroth

Pour les kabbalistes, les dix séfiroth sont les dix attributs de Dieu. Bien que ces séfiroth soient le produit d'une émanation unique, elles entretiennent entre elles des rapports complexes. On notera que certaines sont masculines, d'autres féminines. La dernière séfira, Malkhout (« Royauté »), est féminine et sa dissociation des autres séfiroth plonge le monde dans le désordre et la désolation.

formes auxquelles peut conduire un comportement mystique.

Étude de la Kabbale

En principe, la Kabbale ne s'étudie qu'à partir de l'âge de 40 ans. De plus, il faut répondre à des critères très stricts : avoir une éthique irréprochable et des connaissances étendues. La Kabbale ne s'étudie que sous la conduite d'un maître initié qui sélectionne ses élèves en nombre réduit. En effet, l'étude de la Kabbale n'est pas sans danger. Un rabbin faisait remarquer que beaucoup de kabbalistes avaient moins de 40 ans... et son interlocuteur, qui avait le sens de l'humour, de lui répondre : « C'est bien la preuve ». S'il est déconseillé d'apprendre la Kabbale avant un âge avancé, c'est qu'il faut d'abord bien assimiler le contenu exotérique (apparent, simple, valable pour tous) de la Révélation avant de se lancer dans le contenu ésotérique (caché, complexe, valable uniquement pour les initiés formés). Faute de quoi, le novice pourrait, dans sa quête du sens caché de la relation de Dieu à l'Univers, tenter de recourir à des procédés magiques dangereux... et peut-être pas tout à fait « orthodoxes ».

Les sources de l'ésotérisme

Les spécialistes distinguent cinq grandes périodes dans les sources de l'ésotérisme juif. Ou, en d'autres mots, cinq grandes périodes kabbalistiques. Ce sont :

1. Le mysticisme juif ancien talmudique

Nous l'avons vu, d'après la tradition, Moïse aurait reçu en même temps que la

Les Séfiroth et le En-Sof

Pour les kabbalistes, le Dieu caché, celui qui n'est pas concevable par l'esprit humain, porte le nom de En-Sof (= infini). Il y a très peu de discussions à son sujet dans la Kabbale puisque n'étant pas concevable par l'esprit humain, il n'y a rien à en dire. Par contre, Dieu se manifeste par des émanations, lesquelles représentent sa divinité : ce sont les Séfiroth. Chacune des Séfiroth est désignée par un nom et occupe une place dans l'arbre des Séfiroth. Les unes sont disposées à gauche, les autres à droite, les unes sont féminines et les autres masculines. Il s'agit d'un système anthropomorphique extrêmement complexe qui a été très critiqué car, bien qu'il prêche un monothéisme pur, son système des dix Séfiroth pourrait donner à penser le contraire (exactement comme la Trinité du christianisme n'est pas comprise comme un monothéisme par les Juifs et les musulmans... et même par certains mouvements chrétiens aujourd'hui presque disparus, comme, par exemple, les Unitariens).

loi orale, des commentaires ésotériques. Au moment où les rabbins décidèrent de coucher sur papier la Loi orale (c'est-à-dire le Talmud : voir l'article consacré aux Livres canoniques du judaïsme), il est naturel qu'ils y laissèrent transparaître quelques éléments ésotériques.

2. Les écoles mystiques juives dans l'Europe des XIIe et XIIIe siècles.

Les premiers textes kabbalistiques apparaissent au XIIe siècle. Ce sont le *Sefer ha-Bahir* et les écrits de R. Isaac l'Aveugle. C'est la période d'émergence de la Kabbale, laquelle se systématise au XIIIe siècle dans le Zohar.

3. La Kabbale espagnole

Développée principalement en Espagne, elle s'étend en Provence et en Allemagne. La période espagnole dure du XIIIe siècle jusqu'à l'expulsion des Juifs, en 1492. C'est à cette époque qu'apparaît le principal ouvrage de la Kabbale, l'œuvre maîtresse, le **Zohar** *(Sefer ha-Zohar, Le Livre de la Splendeur).*

4. La Kabbale de Safed et la Kabbale de Louria

Les Juifs expulsés d'Espagne (1492) et du Portugal (1497) établissent un important centre à Safed (en Palestine). C'est à cette époque que le Zohar est intégré au canon des livres saints du judaïsme. C'est à **Safed** qu'un rabbin visionnaire, R. Isaac Louria, développe les éléments du Zohar et imagine une nouvelle explication de l'exil (voir, plus loin, l'article consacré au *Tsimtsoum*). Cette nouvelle Kabbale est à l'origine de divers mouvements messianiques, dont celui de Sabbataï Tsevi (voir page 186) lesquels se manifestent encore dans la secte crypto-juive des Dunmeh, en Turquie.

5. Le hassidisme

Ce courant religieux populaire et mystique, né au XVIIIe siècle, en Podolie (dans les Carpates) sous la direction du rabbin Israël Baal Chem Tov, s'inspire de la Kabbale et est basé sur la joie du cœur de louer Dieu et l'obéissance à un sage (le *tsaddiq*). Nous avons consacré un article distinct à ce sujet.

Adam kadmon

Une autre manière de représenter les séfiroth est d'utiliser l'homme primordial (Adam kadmon, l'homme créé à l'image de Dieu, Genèse 1, 27, opposé à l'homme créé d'argile, Genèse 2, 7). Les différentes séfiroth étant liées par trois aux diverses parties du corps humain.

Hassidim

Dans l'histoire juive, le terme hassidim (« pieux ») a été utilisé dans plusieurs occasions (dans la littérature rabbinique pour désigner les juifs pieux qui soutinrent la révolte des Maccabées — les *hassidim rishonim* — et aussi pour désigner les piétistes allemands du XIIIe siècle). Ces deux mouvements n'ont rien de commun avec le hassidisme du Baal Shem Tov. Actuellement, lorsqu'on utilise ce terme c'est toujours en référence à ce mouvement kaballo-mystique.

La secte crypto-juive des Dunmeh

Les Dunmeh sont les héritiers du mouvement messianique et kabbalistique fondé par Sabbatai Tsevi. Le nom Dunmeh, c'est-à-dire « convertis » leur fut donné par les Turcs lorsqu'ils se convertirent collectivement à l'islam. On sait aujourd'hui que « leurs érudits continuèrent d'étudier les ouvrages anciens et dans leurs controverses ils s'appuyaient sur le Talmud. Ils s'abstinrent pendant plus de deux cents ans de recourir aux tribunaux turcs ».[20] Alors que les Dunmeh gardaient le secret absolu sur leurs prières, on a eu la surprise de constater, en 1942, grâce à la découverte d'un livre de prière, que leurs prières étaient les prières juives authentiques mais avec quelques modifications mineures.

Moïse

La tradition dit que Moïse aurait reçu de Dieu, en même temps, la loi écrite, la loi orale et les commentaires ésotériques se rapportant à cette loi. Conséquence d'une erreur de traduction sur deux mots voisins, Moïse est représenté avec deux cornes. Celles-ci ne possèdent donc aucune signification.

Le Zohar

C'est le texte majeur de la mystique juive et le livre de base de la Kabbale. Considéré comme un livre canonique, il trouve sa place à côté de la Bible et du Talmud. De nombreux passages de ce livre ont été introduits dans la liturgie de la synagogue. Cet ouvrage n'a commencé à circuler qu'au XIIIe siècle. Il s'agit, selon les spécialistes, soit de l'œuvre de Moïse ben Chem Tov de Léon (dit Moïse de Léon), un mystique du XIIIe siècle, soit de l'œuvre de Rabbi Siméon bar Yohaï, célèbre Maître du IIe siècle de notre ère ayant vécu en Galilée, un des auteurs de la Michnah (voir page 119). La réponse à « Qui est l'auteur du Zohar ? » n'est pas claire bien qu'aujourd'hui la plupart des spécialistes plaident plutôt pour une compilation au XIIIe siècle à partir d'éléments de sources diverses (le Zohar serait donc un corpus littéraire réuni sous un titre).

Le livre relate principalement des discussions entre Bar Yohaï et ses disciples. Ces discussions sont des commentaires du Pentateuque, du Cantique des Cantiques, du livre de Ruth et du livre des Lamentations. Les thèmes sont principalement la connaissance de Dieu ainsi que la compréhension des dix principaux attributs de Dieu : les *séfiroth*.

Le Zohar opère selon deux grands principes : la Torah parle des choses d'en bas, mais se réfère en réalité aux choses d'en haut. Outre le sens patent du texte, chaque mot possède un sens caché qu'il s'agit de scruter et de dévoiler.

Golem

La légende du Golem serait attachée au Maharal de Prague, un rabbin du XVIIe siècle qui aurait construit une sorte de monstre mécanique auquel il aurait insufflé la vie en lui inscrivant sur le front le tétragramme du nom divin. Le Golem qui obéissait aux ordres de son maître et effectuait toutes les tâches demandées redevenait inerte dès qu'on lui ôtait le tétragramme sacré. Un jour, cependant, alors que le rabbin avait oublié d'effacer le nom divin, le Golem s'est rebellé contre son maître.

On notera, à titre anecdotique, qu'au XVIIe siècle, un rabbin d'Amsterdam s'interrogeait très sérieusement sur la validité d'un golem dans un quorum religieux (*minyan*).

Pour en savoir plus

Le grand spécialiste de l'ésotérisme et de la mystique juive est Gershom Scholem, un mathématicien allemand qui s'est installé en Israël et a consacré toute sa vie à cette discipline. Le double mérite de Gershom Scholem est d'avoir rendu à cette discipline, complètement abandonnée par le judaïsme contemporain, tout l'éclat qu'elle devait avoir il y a plusieurs siècles et d'exposer des sujets difficiles dans une langue claire. Grâce à Scholem, chaque événement prend sa place comme dans une construction mathématique et annonce, presque sans surprise, l'événement suivant. La plupart des ouvrages importants de G. Scholem sont disponibles dans des collections de poche. Signalons *La Kabbale* (Folio Essais n° 426, 2003) — cet ouvrage rassemble toutes les contributions de G. Scholem consacrées à la Kabbale et publiées dans *l'Encyclopédia judaïca* — et *Le messianisme juif*, essai sur la spiritualité du judaïsme (Pocket, Agora, n° 115. 1992). Cet ouvrage, remarquable, est composé d'une vingtaine d'articles sur divers sujets ayant trait au messianisme juif. Certains reprochent cependant à Gershom Scholem de s'intéresser de trop près à l'aspect « pratique » de la Kabbale.[21]

Les livres canoniques du judaïsme

Les livres canoniques du judaïsme comprennent les ouvrages de la loi écrite et ceux de la loi orale. C'est-à-dire, en gros, la Bible[22a] et le Talmud auxquels on a ajouté, assez tardivement, le Zohar (voir l'article consacré à la Kabbale). Tout le monde connaît la Bible qui est partagée par de nombreuses autres religions : les religions chrétiennes (catholiques, protestants, orthodoxes) mais aussi d'autres religions monothéistes (de nombreux personnages bibliques — à commencer par Abraham — interviennent, par exemple, dans le Coran). Le Talmud, par contre, est moins bien connu.

Loi écrite et loi orale

Concernant les **Talmud** (il y en a eu deux : le Talmud de Babylone et le Talmud de Jérusalem), qui constituent la loi orale, il est intéressant de noter, dès maintenant, l'importance en volume « papier » de cette loi orale. Ce paradoxe mérite d'être expliqué. La loi orale est restée fort longtemps uniquement orale. En effet, il était interdit de lui donner une forme écrite pour deux raisons : d'abord pour ne pas la figer dans le texte et d'autre part pour qu'elle ne soit pas « spoliée » par d'autres religions, comme ce fut le cas pour la Bible. Il faut savoir que d'une certaine manière les Juifs n'appréciaient pas particulièrement que leur héritage soit repris par d'autres religions. C'est la raison pour laquelle ils ont multiplié les textes de commentaire au sujet de ce texte. Ce n'est qu'au moment où les Juifs — en diaspora — se sont rendu compte qu'ils risquaient de perdre définitivement cette « mémoire religieuse » qu'il a été décidé de lui donner une forme écrite. La loi orale n'a donc pris la forme d'un écrit qu'assez tard dans un ouvrage nommé Talmud. Malgré cette forme écrite, on continue à parler de la loi orale car, dans ce cas, l'écriture n'est qu'un épiphénomène.

La loi écrite : Bible ou Tanakh

La Bible (du grec « biblion » : le livre) est le nom usuel utilisé dans les pays francophones pour désigner le « livre saint ». Les chrétiens utilisent également ce terme pour désigner leur livre saint qui comprend la Bible hébraïque (Ancien Testament) et le livre des Apôtres (Nouveau Testament). En hébreu, pour désigner la Bible hébraïque, on utilise d'autres termes, dont *Miqra* (qui signifie lecture) — c'est ainsi qu'on étudiait la Bible : en la lisant à haute voix — et plus souvent encore **Tanakh**. Les Juifs aiment beaucoup les acronymes et les notarikon (voir l'article consacré aux noms) et c'est ainsi que le nom courant pour la Bible est l'acronyme des trois subdivisions de cet ouvrage : *Torah* (Pentateuque), *Neviim* (Prophètes) et *Ketouvim* (Hagiographies) : **TNK** qui, vocalisé, a donné *Tanakh*.

Berechit

C'est le premier mot de la Bible. Il est traduit habituellement par « au commencement ». Selon certains auteurs[22], il devrait plus exactement être traduit par « à un commencement », ce qui est tout à fait différent. Alors, si déjà le premier mot de la Bible pose problème...

Tseno Ureno (« Sors et Vois ! »)

Il s'agit d'une traduction commentée de la Bible en langue yiddish parue en 1622 sous la plume du Juif polonais Jacob Ben Isaac Ashkenazi. Leo Rosten, un spécialiste du monde yiddish, écrit que « Destiné aux lectrices juives, l'ouvrage devient vite une sorte de Bible destinée aux femmes. Les mères juives se sont transmis, de génération en génération, le savoir et la philosophie du Tseno Ureno. (...) Aucun autre ouvrage en yiddish n'a eu autant d'influence sur la vie juive ».[23]

Septante

Vers le troisième siècle avant l'ère commune, d'après la tradition, les Juifs résidant à Alexandrie (Égypte) souhaitent disposer d'une Bible rédigée dans leur langue, le grec. Soixante-douze savants se mettent à la tâche et rédigent cette Bible qui porte le nom de *Septante* (de son nom latin). Cette Bible contient des textes qui n'ont depuis été intégrés ni dans la Bible hébraïque (fixée, au second siècle par l'académie de Yavneh), ni dans la Bible chrétienne (fixée au Concile de Trente). Le texte de cette Bible est disponible dans la collection de poche Folio Essais (n° 419) sous le titre *Le Pentateuque – La Bible d'Alexandrie.*

1. Le Pentateuque ou Torah

La tradition attribue à Moïse l'intégralité de ces cinq livres. La Torah débute avec la création du monde et se termine avec la mort de Moïse.

La Torah, comme l'indique son nom grec, est composée de cinq parties. En réalité, elle a été divisée, un peu après l'exil à Babylone (vers -500 è.c.), en cinq rouleaux distincts, en cinq livres, qui sont :

- La Genèse.
- L'Exode.
- Le Lévitique.
- Les Nombres.
- Le Deutéronome.

Lecteur de Torah

Puisqu'il est interdit d'apprendre la Torah par cœur et qu'il est interdit de toucher les rouleaux sacrés de son doigt, les artistes ont imaginé quantité d'instruments facilitant la lecture.
Le pointeur représenté ci-contre est d'un modèle courant ; il est généralement en argent.

En français, les cinq livres tirent leur nom de leur contenu. En hébreu, les noms des cinq livres sont les premiers termes significatifs de chacun. Ainsi, la Genèse porte en hébreu le nom de *Berechit*.

Le mot Torah est souvent traduit par « Loi ». En réalité, il signifie plus exactement « enseignement » et ainsi la Torah écrite (le Pentateuque) ne peut se comprendre et devenir Loi sans son complément indispensable qui est la loi orale (devenue le Talmud). L'un ne se conçoit pas sans l'autre et c'est la raison pour laquelle certains parlent de Torah écrite (le Pentateuque) et de Torah orale (le Talmud).

2. Les Prophètes ou Neviim

D'après la tradition, ces livres ont été composés essentiellement par les prophètes et, de plus, dans chacun d'eux, il est question de la vie des prophètes, petits ou grands. Ce nom est donc totalement justifié. Ce livre est divisé en deux parties : les « Premiers Prophètes » et les « Prophètes postérieurs ».

A. Les Premiers Prophètes

- Le livre de Josué.
- Les Juges.
- Les deux livres de Samuel.
- Les deux livres des Rois.

B. Les Prophètes postérieurs

- Le livre d'Isaïe.
- Le livre de Jérémie.
- Le livre d'Ézéchiel.
- Les 12 « Petits Prophètes ».

> **Livres canoniques**
>
> On désigne ainsi les livres qui appartiennent à un canon ; c'est-à-dire un ensemble de livres admis comme faisant autorité. À ce canon biblique, les catholiques et les protestants ajoutent d'autres livres, appelés chez les premiers Deutérocanoniques, chez les seconds Apocryphes. [23a]

Ces livres racontent l'histoire du peuple juif depuis la conquête de Canaan jusqu'à la chute de Jérusalem (et la destruction du Premier Temple), en l'an -586 è.c. Les 12 « Petits Prophètes » racontent l'exil à Babylone et les débuts de la construction du Second Temple.

3. Les Écrits (ou Hagiographes) ou Ketouvim

Ici, il ne s'agit plus de l'histoire du peuple juif mais d'écrits divers qui mêlent tous les genres : de la poésie aux prophéties eschatologiques. C'est dans les Écrits que figure le très célèbre *Cantique des Cantiques*. Plusieurs de ces livres (les « Cinq rouleaux » ou *megilloth*) sont lus à la synagogue à l'occasion des fêtes (nous indiquons ces fêtes entre parenthèses ; pour en savoir plus reportez-vous à l'article consacré aux fêtes juives). L'ordre des livres peut varier selon les ouvrages.

- Les Psaumes.
- Les Proverbes.
- Le Livre de Job.
- Les « Cinq Rouleaux » :

  Les **Lamentations** (elles sont récitées à *Tichah be Av*).

  L'**Ecclésiaste** (il est récité à *Souccoth*).

  Le **Livre de Ruth** (récité à *Chavouoth*).

  Le **Livre d'Esther** (récité à *Pourim*).

  Le **Cantique des Cantiques** (il est récité à *Pessah*).
- Le **Livre de Daniel.**
- Le **Livre d'Ezra** (connu, en français, comme Esdras).
- Le **Livre de Néhémie.**
- Les deux livres des **Chroniques**.

La loi orale

C'est la loi rabbinique. Elle consiste essentiellement en l'interprétation (et les commentaires) de la Torah (la première partie de la loi écrite). Pour bien comprendre l'importance que le judaïsme accorde à la loi orale, il est impératif de retenir que pour les Juifs **la loi orale fut transmise à Moïse en même temps que la loi écrite**. Ensuite, elle fut transmise de bouche à oreille, de maître à disciple. Ce

Loi orale

Elle a pour but de formuler les règles nécessaires pour une vie juive sainte et communautaire. Outre les règles religieuses directement issues de la Torah (règles mosaïques), elle comprend également des règles concernant les fêtes religieuses (règles rabbiniques), la vie en société (*taqqanah*), les coutumes (*minhag*), la protection de la religion (décret ou *gézérah*). Ainsi, certains décrets (*gézéroth)* avaient pour but « d'élever une barrière autour de la Torah » en empêchant les rencontres sexuelles entre Juifs et non-Juifs.

que nous connaissons de la Loi orale, nous le tenons donc de la bouche même de Moïse, qui la tenait de Dieu. Pour arriver à cette conclusion, les docteurs de la loi se fondent sur le texte suivant : « Le Seigneur dit à Moïse, monte vers moi sur la montagne et je te donnerai des tables de pierre et la Torah et les Commandements que j'ai inscrits afin de les instruire » (Exode 24,12).

Les commandements (le Décalogue et les 613 commandements de la Torah : voir l'article consacré aux commandements) sont trop concis pour pouvoir être érigés en règle de vie. Pour obtenir la règle de vie (*halakhah*) — variable en fonction des circonstances et de ce fait évolutive — il était nécessaire que des commentaires soient fournis. C'est le rôle de la loi orale. On notera, au passage, que contrairement aux musulmans pour lesquels l'interprétation du Coran est définitivement close (la porte de l'ijtihâd a été fermée au XIIe siècle), pour les Juifs l'interprétation est non seulement ouverte mais conseillée. Ce qui explique la différence entre la charia (fermée à toute modification) et la halakhah (ouverte à tout changement). Les livres canoniques de la loi orale sont au nombre de trois :

- Le Midrash.
- Le Talmud.
- Le Zohar.

On notera que dans la plupart des cas il s'agit de commentaires de commentaires de commentaires. Ainsi, la Michnah explicite la Midrash qui explicite la Torah.

1. Le Midrash (interprétation)

Elle contient plusieurs recueils de textes exégétiques concernant le Tanakh. Il s'agit de l'exégèse biblique des scribes, docteurs, prêtres et rabbins « experts dans la Torah ». Dans le texte de la Torah, les scribes découvraient des règles (*halakhoth*) adaptées aux nouvelles situations ; on appelait ces règles : « déclaration des scribes » et elles avaient le statut de lois bibliques. Il s'agit, en effet, de

Menorah

Chandelier à sept branches. Ce chandelier est aujourd'hui l'emblème officiel de l'État d'Israël. Le premier candélabre a été construit selon les instructions de Dieu. Il symbolise les sept jours de la semaine. Il ne faut pas confondre la Menorah avec la Hanoukah qui est un chandelier à neuf branches.

règles découlant directement de textes bibliques. La littérature midrashique s'étend de l'année 330 avant l'ère commune au début du XVe siècle, c'est-à-dire entre deux dates « clôtures » : l'institution du Canon biblique et celle de la constitution des anthologies aggadiques. **Tout commentaire, exégèse ou interprétation rabbinique d'un texte biblique est appelé Midrash**. Le Midrash représente donc une œuvre excessivement vaste, des milliers de documents. On comprendra que cette désignation est davantage utilisée pour évoquer un « style » qu'une œuvre.

2. Le Talmud

Sa constitution est assez volumineuse, complexe et s'étend sur plusieurs siècles. Il mérite qu'on s'y attarde quelque peu.

De l'époque d'Esdras (-Ve siècle è.c.) jusqu'au IIIe siècle è.c., les prêtres, scribes, rabbins, sages, docteurs de la loi scrutent les textes sacrés et y apportent de très nombreux commentaires... à tel point que plus personne ne peut s'y retrouver dans la masse des documents. C'est alors, au IIIe siècle è.c., qu'un rabbin, Yehouda ha-Nassi, décide de réunir tous ces textes et de les classer en six thèmes différents. Ce fut l'origine de la **Michnah** : le texte de base de la loi orale. Par la suite, les disciples de Yehouda ha-Nassi s'intéressèrent aux textes non inclus dans la *Michnah* (essentiellement les commentaires tannaïtiques) et les groupèrent dans une collections appelée **Tossefta** dont le volume est six fois plus important que la *Michnah* mais pour une classification identique. Ces textes ont donné lieu, par la suite, à de nombreuses discussions au sein des amoraïm (voir page suivante). Ensuite, vers le VIe siècle è.c., ces divers éléments ont été regroupés au sein d'ouvrages plus importants : les Talmuds. Enfin, ces Talmuds sont eux-mêmes devenus l'objet de discussion et de textes explicatifs.[23b]

Les Tanaïm et les Amoraïm

On désigne sous ces appellations les maîtres de la loi orale, les sages, les docteurs de la loi, les rabbins qui, en quelque sorte, sauvèrent le judaïsme (qui risquait de disparaître suite à la destruction du Temple puis du centre de Yavneh) **en fixant par écrit les commentaires de la Loi** et en intervenant, lorsque cela était nécessaire auprès des autorités romaines. La désignation de ces maîtres varie en fonction de l'époque de leur activité ; les deux époques étant séparées par la publication de la Michnah du rabbin Yehoudah ha-Nassi.

L'époque des **Tanaïm** (qui comprend cinq générations) — les « Maîtres » — s'étend de l'an 20 à l'an 200 de l'è.c. On doit aux Tanaïm la rédaction de la Michnah, de la Tossefta, du Midrash Halakhah et des baraïtoth. Plus de 120 Tanaïm sont cités dans la Michnah.

L'époque des **Amoraïm** (les rabbins talmudiques), plus tardive, s'étend de l'an 200 (c'est-à-dire de l'époque de la fin de la rédaction de la Michnah) jusqu'en l'an 500 (c'est-à-dire la fin de la rédaction du Talmud de Babylone). La fonction des Amoraïm était, en raisonnant sur la Michnah et en l'analysant méticuleusement, d'en fournir des commentaires et des explications (ce qu'on désigne, dans le Talmud, sous le nom de **Guemara**). Il y eut plusieurs générations d'Amoraïm (8 à Babylone et 5 à Jérusalem) et alors qu'on ne connaît avec précision qu'une bonne centaine de Tanaïm, on a identifié plus de 2000 Amoraïm.

Lampe à huile

• Composition du Talmud

Le Talmud est composé de deux parties : la **Michnah** (ce qui signifie la « répétition ») et la **Guemara** (ce qui signifie « la finition »). Les rabbins de la Michnah sont appelés les Tanaïm alors que les rabbins de la Guemara sont appelés les Amoraïm. La Michnah a été codifiée vers l'an 200 de notre ère tandis que la Guemara s'étend sur une plus longue période ; elle contient les discussions des rabbins au sujet de cette Michnah. Discussions qui se sont prolongées durant deux siècles en Israël et pendant trois siècles à Babylone. Alors que la Michnah est une nomenclature sèche de préceptes (une sorte d'anthologie), la Guemara est plus diversifée car elle conserve toutes les étapes des discussions des rabbins. En outre, elle ne se contente pas de l'aspect législatif (*Halakhah*) mais contient également des commentaires bibliques (*Midrash*), moraux, coutumiers et même folkloriques (*Aggadah*). Pour être précis, **il n'y a eu qu'une seule Michnah mais deux Guemara** : la Guemara des rabbins de Palestine et la Guemara des rabbins de Babylone. On distingue ainsi deux Talmud : le Talmud des Occidentaux (dit **Talmud de Jérusalem** bien qu'il n'ait pas été rédigé dans cette ville) et le **Talmud de Babylone**. Ce dernier est le plus important tant numériquement (deux millions et demi de mots) que pour son influence au niveau religieux.

• Fixation des livres canoniques

Par crainte de dérives schismatiques, chaque religion fixe à un certain moment le contenu de ses livres saints. Le contenu de la Torah a été fixé par Esdras (Ezra) et Néhémie. Esdras est le grand prêtre qui ramena un groupe d'exilés Juifs de Babylone vers Jérusalem (en -485 è.c.). Il restaura le Second Temple et rendit à la Torah la place qu'elle occupait avant l'Exil. C'est pour cette raison que la tradition rabbinique le tient en très grande estime, à l'égal de Moïse. Il fut aidé dans cette tâche par Néhémie, gouverneur de Judée nommé par le souverain perse. Néhémie ordonna la reconstruction du Temple, les ouvriers « faisant leur besogne d'une main et tenant l'épée de l'autre » (Néhémie 4, 11) et seconda Esdras dans la reconstruction de la communauté juive.

> Au IIIe siècle è.c., le rabbin Yehouda ha-Nassi, décide de réunir tous les textes de la loi orale et de les classer en six thèmes différents. Ce fut l'origine de la Michnah : le texte de base de la loi orale.

• Commentaires du Talmud

Le Talmud a, lui aussi, donné lieu à des explications et commentaires. Les commentaires le plus utilisé sont ceux de Rachi de Troyes (XIe siècle, France). Même s'ils ne s'adressent pas à un débutant, les commentaires de Rachi sont devenus indispensables et sans lui beaucoup de passages du Talmud resteraient obscurs. Signalons que lorsque Rachi ne trouvait pas la traduction en hébreu d'un mot araméen, il en donnait l'équivalent en français.

Le dernier commentaire du Talmud a été rédigé en Union soviétique par R. Isaac Krasilchikof. Sorti clandestinement d'URSS, il a été publié en Israël en 1980.

Baraïtoth

On désigne sous ce terme tous les exposés rabbiniques anciens (de l'époque des Tanaïm et des Amoraïm), ayant pour objet la Bible (lois et exégèse), qui ne figurent pas dans la Michnah et ont de ce fait moins de valeur que les opinions y figurant (surtout s'ils sont contradictoires). Par contre, lorsqu'un sujet n'est pas développé dans la Michnah, le Talmud (c'est-à-dire la Guemara, les commentaires de la Michnah) accepte les décisions de la baraïta. Certains de ces exposés sont réunis dans un ouvrage nommé **Tossefta** (publié, dans sa version définitive, en 1521). La Tossefta est un ouvrage six fois plus développé que la Michnah. Il semblerait, par ailleurs, que les rédacteurs de la Michnah ne connaissaient pas le contenu de la Tossefta. Un exemple de baraïta : « On ne se met pas debout pour prier alors qu'on a rendu un jugement ou approfondi une question en vue d'en légiférer – de peur qu'on y réfléchisse pendant la prière. Mais on prononcera la Amidah après avoir étudié une *halakhah* déjà arrêtée, et sur laquelle il n'y a pas lieu de revenir. »[24]

Tyku

On rencontre parfois dans le Talmud cet acronyme hébreu qui signifie que malgré les discussions aucune explication n'a été trouvée. C'est le prophète Élie qui résoudra le problème lorsqu'il viendra annoncer le Messie.

• Archéologie du Talmud

Étant donné la lutte livrée par l'Église catholique contre le Talmud et les nombreux autodafés, il n'existe aujourd'hui que très peu d'éditions anciennes et que de rares éditions datant du XVIe siècle. La version utilisée aujourd'hui a été imprimée au début du vingtième siècle à Vilnius.[24a]

3. Le Zohar

C'est le dernier livre à avoir valeur canonique. Il s'agit de commentaires ésotériques et mystiques sur la Torah. C'est le texte fondamental de la Kabbale (voir l'article consacré à ce sujet).

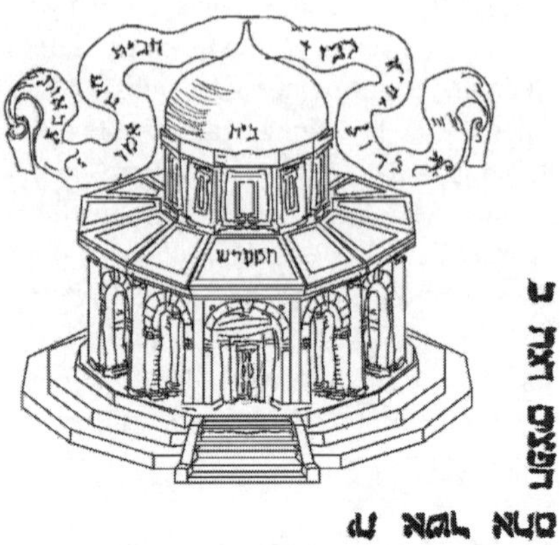

Le Temple

Représentation du Temple d'après une ancienne gravure extraite du Michné Torah de Maïmonide, imprimée à Venise en 1624.

Polémique

Tous les courants religieux juifs n'acceptent pas la loi orale. Ainsi les samaritains refusaient tous les textes de la loi orale (Talmud) pour s'en tenir uniquement au Pentateuque (Torah). Les caraïtes, eux aussi, n'acceptaient que la loi écrite (Torah). Les sadducéens et les esséniens refusaient également les textes de la tradition rabbinique majoritaire (c'est-à-dire les pharisiens) car ils possédaient leurs propres textes. Ces différents courants ont aujourd'hui disparu (le judaïsme actuel est l'héritier du judaïsme pharisien) mais l'unanimité n'en est pas pour autant acquise. Ainsi, la position du judaïsme réformé est encore ambivalente : la loi orale est-elle obligatoire ?

Pour en savoir plus

On ne lit pas le Talmud comme un roman et très rares seront nos lecteurs qui se précipiteront dans une librairie pour acheter les dix ou quinze volumes du Talmud. Néanmoins, par curiosité intellectuelle, pour prendre contact avec le « vrai texte », il est intéressant de découvrir quelques pages du Talmud. Aujourd'hui, l'édition de poche met de véritables trésors à la portée de toutes les bourses. Ainsi, dans le domaine qui nous intéresse, il est loisible de se procurer, dans la collection de poche *Pocket*, une traduction « assistée » du premier livre du Talmud (*Berakhot*). Cette édition est dite assistée car le texte talmudique est en caractères gras, et les commentaires sont en caractères maigres ; les deux textes sont mêlés pour une lecture suivie. On découvre ainsi, dans cet ouvrage, toutes les discussions concernant la prière... Avant d'en aborder la lecture, il est cependant nécessaire de comprendre l'architecture du Talmud. Chaque chapitre s'ouvre sur une *Michnah* dont le texte ne dépasse que rarement une page. On trouve ensuite le texte de la *Guemara* qui lui s'étend sur plusieurs pages. Il est découpé en unités thématiques (*sougya*) et comprend souvent des notes et des explications. L'ordre habituel des *sougyoth* est le suivant : analyse littéraire de la Michnah, questions-réponses, versets bibliques en rapport avec la Michnah, comparaison de textes, etc. Le chapitre suivant s'ouvre également sur une Michnah et est suivi d'une Guemara (*Le Talmud. Berakhot I*. Édition établie et commentée par Adin Steinsaltz. Pocket n° 11242. 2001). En poche, également, le *Traité Pessahim*, l'un des plus importants du Talmud (Folio essais, n° 421. 2003).

Les lieux saints

Contrairement à certaines religions où pour chaque éternuement d'un personnage saint on crée une stèle et on sanctifie le lieu, la religion juive n'a jamais eu un grand respect pour les lieux et certainement pas au point de les sanctifier (ce qui pose d'ailleurs des problèmes lorsqu'on découvre aujourd'hui certains discours concernant la ville de Jérusalem). Pour s'en convaincre, il suffit de constater que ni la mer Rouge, ni le mont Sinaï (où Moïse, recevant les Tables de la Loi, a conclu l'Alliance de son peuple avec Dieu) ne sont considérés comme des lieux saints.

En réalité, il n'existe qu'une seule ville sainte : Jérusalem, et un seul lieu réellement saint : le Temple. Néanmoins, les hommes étant ce qu'ils sont, ils ont sanctifié, assez tard, à partir du XVIIe siècle, certaines villes et certaines tombes. Ces lieux devenant des motifs de pèlerinage ; on y lit des prières, on y allume des bougies, on y laisse de petits morceaux de papier avec des vœux, on y organise des cérémonies. Signalons, au passage, que Maïmonide (auquel on doit les 13 articles de foi de la religion juive, voir page 68) recommandait de ne pas élever de pierres tombales pour les justes car leurs paroles et leurs actions suffisent à perpétuer leur souvenir.

Quatre villes saintes

Les quatre villes « saintes » du judaïsme sont toutes situées en Israël (car c'est uniquement en Israël que l'on peut accomplir certains commandements). Ce sont : Jérusalem, Hébron, Safed et Tibériade.

Jérusalem est la ville où se dressait le Temple. C'était aussi la ville dans laquelle il était indispensable de se rendre pour les pèlerinages à l'occasion des trois grandes fêtes (Pessah, Chavouoth et Souccoth). Aujourd'hui encore, le Mur des Lamentions (mur de soutènement du mont du Temple) est le principal lieu de pèlerinage des Juifs du monde entier. Jérusalem est également ville sainte pour les musulmans et les chrétiens.

Hébron, à 30 km de Jérusalem, est la ville où sont enterrés – dans la grotte de Makhpélah – les Patriarches (Abraham, Isaac et Jacob) avec leurs épouses. Comme Jérusalem, il s'agit d'une ville sainte commune aux trois religions monothéistes.

Safed, non loin de Jérusalem, est devenu un centre juif très important après la déportation des Juifs d'Espagne et du Portugal. Ce fut également un haut lieu de la Kabbale et c'est à cet endroit qu'est enterré Isaac Louria, un des maîtres de la Kabbale.

Zélotes

Ce sont, au premier siècle, les partisans d'une résistance armée à Rome. Résistance voulue implaccable, quel qu'en soit le prix, y compris la mort. Le mouvement zélote, extrêmement pieux et messianique, estimait que toute acceptation d'un pouvoir païen relevait de l'apostasie. Ne pouvant plus résister à l'occupant romain, mais décidés à aller jusqu'au bout de leurs convictions religieuses, les derniers partisans de ce mouvement se sont suicidés en 74 è.c., dans la forteresse de Massada (près de la mer Morte), bien que le suicide soit interdit par la religion juive.

Aujourd'hui, la forteresse de Massada est un haut lieu de la mémoire nationale israélienne (au même titre que la forteresse de Bethar, près de Jérusalem, où s'achève, en 135, une autre révolte contre les Romains, celle de Bar Kokhba).

Tibériade fut également un centre juif très important au XVIIIe siècle. C'est dans cette ville qu'est enterré l'un des plus grands penseurs du judaïsme, Maïmonide.

Autres lieux saints

Méron, près de Safed, est la ville où fut enterré Siméon bar-Yohaï (un rabbin du IIe siècle ; certains lui attribuent l'écriture du Zohar, le livre de base de la Kabbale ; voir l'article consacré à ce sujet). Le jour de la fête de *Lag Baomer*, des dizaines de milliers de pèlerins se rendent sur sa tombe pour chanter des cantiques, allumer des bougies, lire le Zohar... et couper pour la première fois les cheveux des petits garçons âgés de trois ans.

À **Safed**, nous l'avons dit, est enterré l'un des maîtres du Zohar, Isaac Louria. C'est également un lieu de pèlerinage, d'autant plus que les kabbalistes suggèrent que la fréquentation des tombes aide au rapprochement de l'homme — lequel imite les grands maîtres — avec son Dieu.

Il semble que c'est sous l'influence de l'islam mystique que les Juifs se sont mis à visiter les sépultures.

La synagogue

Toutes les synagogues, même désaffectées, sont des lieux saints. C'est la raison pour laquelle il est, en principe, interdit de vendre un local ayant été utilisé comme synagogue sans respecter des prescriptions légales très complexes. Une légende ne raconte-t-elle pas qu'à la fin des temps, toutes les synagogues en Diaspora seront transportées miraculeusement en Israël. C'est aussi le moment de rappeler que beaucoup de synagogues contiennent une pièce (la *genizah*) réservée aux objets du culte hors d'usage car objets du culte et livres saints ne peuvent être détruits.

Les lois alimentaires

Chaque acte important de la vie du Juif est un acte religieux. La nourriture n'échappe donc pas aux prescrits de la Loi. On trouve de nombreuses interdictions alimentaires dans la Bible. Plus tard, les rabbins ont encore multiplié les interdictions dans le but « d'ériger une barrière autour de la Torah ».

Certains interdits alimentaires s'expliquent pour des raisons d'hygiène (on pourrait ainsi imaginer que l'interdiction de consommer du porc provient du réel danger d'une viande mal cuite : la viande de porc héberge des vers hautement pathogènes pour l'homme) ; d'autres pour des raisons compréhensibles portant sur la sécurité (comme, par exemple, l'interdiction de consommer un animal mort de mort naturelle) ; d'autres encore pour des raisons historiques (l'animal « interdit » était utilisé dans les sacrifices des cultes païens) ou pour des raisons éthiques (arracher les pattes des grenouilles vivantes est un acte barbare). Néanmoins, **la plupart des interdits ne s'expliquent pas, ce sont des règles sans explication (*hoq*), qui doivent s'appliquer simplement parce qu'il s'agit d'un commandement (*mitzva*) de Dieu.**

On pourrait écrire des centaines de pages sur les lois alimentaires juives et les comparer aux lois alimentaires des autres religions (islam, monde chrétien). La place nous manque pour ce faire mais le lecteur intéressé trouvera dans l'encadré ci-après quelques ouvrages consacrés à ce sujet. Les lois alimentaires sont basées sur quatre règles :

- interdiction de certains aliments ;
- abattage rituel ;
- interdiction du mélange viande et lait ;
- casherisation.

A. Les aliments autorisés et interdits

Cette petite liste peut vous servir si vous invitez des amis juifs (pas trop orthodoxes) à déjeuner...

Aliments autorisés

Fruits et légumes

La consommation de tous les fruits et légumes est autorisée sans restrictions.

Viandes

Est autorisée « toute bête qui a le pied onglé, l'ongle fendu en deux, et qui fait partie des ruminants ». Est également autorisé tout animal nommément repris comme tel dans la Bible. Celle-ci (Deutéronome 14, 4-5) énumère dix animaux autorisés : bœuf, mouton, chèvre, cerf, gazelle, daim, bouquetin, antilope, buffle, chevreuil.

Vocabulaire

Quelques termes sont spécifiques aux lois alimentaires ; il convient de les connaître.

Ce qui est pur, et donc apte à la consommation se dit *tahor* ou *casher*. Ce qui est impur, et ne peut donc être consommé sans transgression de la Loi, est dit *tamé* ou *tref*.

L'ensemble des lois réglementant ce qui est autorisé et ce qui est interdit porte le nom de *cashrouth*. Ce qui est neutre (c'est-à-dire peut être consommé avec de la viande ou du lait) est dit *parvé* ou *stami*. L'abattage rituel porte le nom de *chehitah* et celui qui le pratique est le *chohet*.

Le repas

La religion juive est particulièrement stricte concernant les aliments dont la consommation est autorisée. Les règles s'étendent même au service de table et aux ustensiles de cuisine.

Poissons

Est autorisé tout animal aquatique qui a au moins une nageoire et des écailles qui s'ôtent facilement.

Aliments interdits

- Est interdite la consommation d'un animal tant qu'il est encore en vie (Genèse 9,4).
- Est interdite la consommation de sang (Genèse 9,4).
- Est interdit, tout ce qui n'est pas autorisé (ainsi, le porc qui a bien le sabot fendu mais ne rumine pas...) et aussi tout ce qui est repris dans les nombreuses listes créées par les docteurs de la Loi.
- Sont interdits vingt-quatre oiseaux repris dans une liste compilée par les rabbins d'après les interdits de la Bible.
- Sont interdits, les animaux aquatiques ci-après qui ne répondent pas aux cri-

tères de la pureté : crabe, homard, huîtres, moules, palourdes, écrevisses, etc.

- Sont interdits tous les insectes (sauf quatre genres autorisés par la Bible) ; les rabbins interdisent tous les insectes.

- Sont interdits tous les produits provenant d'un animal interdit ; ainsi, le lait des animaux interdits est interdit à la consommation ainsi d'ailleurs que les œufs des poissons et des oiseaux interdits. La seule exception est le miel (autorisé) alors que la consommation de l'animal est interdite.

- Sont également interdits : la consommation du nerf sciatique (lequel doit être enlevé avant qu'on ne prélève la viande) – en souvenir d'une bataille du Patriarche Jacob avec un Ange (Genèse 32, 33) – ; les graisses attachées à l'estomac et aux intestins des mammifères.

B. L'abattage rituel (chehitah)

Il consiste à tuer l'animal en le faisant souffrir le moins possible. La pratique juive consiste à lui sectionner la trachée et l'œsophage au moyen d'un couteau parfaitement aiguisé. Lorsque l'animal est mort, on le suspend la tête en bas de manière à le vider du maximum de son sang. Le préposé à l'abattage (*chohet*) vérifie alors si l'animal ne présente aucun signe de maladie. On notera, au passage, que le mode d'abattage juif est quasi identique à celui des musulmans. Si ces derniers ne trouvent pas de boucherie musulmane, la loi religieuse des sunnites les autorise à consommer de la viande provenant d'une boucherie juive.

C. Séparation du lait et de la viande

« Tu ne feras pas cuire un chevreau dans le lait de sa mère. » Cette interdiction qui apparaît trois fois dans le Pentateuque (Torah) est à la base d'une séparation stricte de la consommation de la viande (et des volailles) et du lait. On ne mélange pas ces deux aliments au cours d'un même repas et on ne mélange pas, non plus, les ustensiles de cuisine servant à la préparation des deux aliments (il faut donc deux batteries de cuisine complètes). Si on a mangé de la viande à un repas, on ne pourra consommer du lait à un autre repas que s'il y a un laps de temps suffisant entre ces deux repas (entre une et trois heures selon les communautés mais on prendra de toute façon la précaution de manger du pain entre les deux repas).

D. La casherisation

Elle consiste à ôter le maximum de sang de l'animal mort par salaison rapide ou rôtissage à flamme ouverte. La casherisation à flamme ouverte est également utilisée pour casheriser une cuisine, comme cela est nécessaire avant l'arrivée de la fête de Pâque (Pessah, voir page 38).

On notera que le sang de poisson est, lui, autorisé.

Goy

Bien qu'étymologiquement inexact (dans la Bible, ce terme désigne n'importe quelle nation — y compris Israël), ce terme désigne aujourd'hui toute personne non juive (un « gentil »). Historiquement, les Juifs se méfient des non-Juifs tant pour préserver leur intégrité physique que pour la pureté de leur vie spirituelle. Déjà, le Deutéronome, invitait les Juifs à éviter les non-Juifs « afin qu'ils ne vous apprennent pas à imiter toutes les abominations commises par eux en l'honneur de leurs dieux, et à devenir coupable envers l'Éternel, votre Dieu » (Deutéronome 20, 18). Le terme Goy, jadis péjoratif, est cependant aujourd'hui utilisé avec un certain humour.

Polémique

De moins de moins de Juifs se conforment encore aux règles de la *cachrouth* même s'ils fréquentent parfois (pour Pessah) les boucheries casher. La plupart ne savent même pas qu'il est interdit de manger du homard et découvrent, parfois pour la première fois, lors d'un voyage en Israël, l'interdit « de la viande dans le lait ».

Le judaïsme américain réformé a rejeté, il y a plus d'un siècle déjà, à la conférence de Pittsburgh (1885) toutes les règles de la *cashrouth* en notant que ces règles sont aujourd'hui un obstacle à la sainteté et à l'élévation spirituelle. Néanmoins, il faut se rendre compte que la stricte observation de ces règles a été pour le peuple juif un extraordinaire moyen de cohésion, une différenciation du mode de vie des goy, une protection contre l'assimilation et, osons ce sens, une protection de la Torah. En 1990, le dalaï-lama avait invité quelques rabbins pour comprendre comment le peuple juif avait pu résister à l'exil et à la destruction de son Temple (les bouddhistes tibétains vivant un problème identique). L'une des réponses au dalaï-lama devait certainement porter sur le respect des lois alimentaires.

La cashrout

À propos de la cashrout, un rabbin disait : « J'ai un problème. Lorsque je suis invité chez des Juifs non religieux j'ai des problèmes pour manger, mais par contre, la conversation avec eux peut s'établir sans difficulté ; en revanche, chez les Juifs ultraorthodoxes, aucun problème pour manger mais sur le plan de la compréhension, c'est beaucoup plus difficile ». (*Colloque des intellectuels juifs. Pluralité des judaïsmes. Unité du peuple juif ?* Éditions du Cosmogone. 2003. Page 76).

Le Messie

Le mot Messie est l'un des rares mots en français[25] en provenance de l'hébreu. En hébreu, *machiah*, signifie celui qui est « oint », investi d'une mission divine. Tous les rois d'Israël étaient donc des messies. Dans la religion juive, ce mot a changé de sens au cours des âges.

À l'époque du Premier Temple, le judaïsme n'était pas une religion messianique et le messie désignait toute personne investie d'une mission divine (un prêtre, un prophète, un roi, etc.).

Ce n'est qu'après le retour de captivité de Babylone et la reconstruction du Second Temple que le judaïsme s'intéressa à la « fin des temps » et que le mot messie prit son sens actuel. Le Messie est celui qui rendra à la maison de David son trône sur terre, ramènera tous les Juifs en Israël, ouvrira une ère de paix où seul Yahveh sera honoré et, en fin de compte, préparera le monde aux fins dernières et au Jugement dernier (avec la résurrection des morts, la rétribution des mérites, etc.). La croyance messianique a joué un rôle très important dans la religion juive d'autant plus qu'elle remettait en question certains comportements (l'histoire du « faux » messie Sabattaï Tsevi — et sa conversion à l'islam — est à ce point de vue édifiante).

Pour les Juifs orthodoxes, la venue du Messie s'accompagnera de la reconstruction du Troisième Temple et de la reprise des sacrifices. Cette position n'est plus celle des autres mouvements juifs pour lesquels la venue du Messie restaurera la paix sur terre sans pour cela qu'il y ait reprise des sacrifices et reconstruction du Troisième Temple. Les Juifs réformés vont encore plus loin en rejetant tout simplement l'idée d'un messie humain.

L'arrivée du Messie

Selon la tradition juive, l'arrivée du Messie, qui est un homme tout à fait « normal », sera précédée d'une période nommée « les douleurs de l'enfantement du Messie » mais aucun texte biblique ou rabbinique ne précise exactement quand viendra le Messie et comment les événements se dérouleront. La seule précision que l'on trouve dans le Talmud, c'est que le Messie viendra quand le monde sera totalement bon ou totalement mauvais (d'où le désir de certains de précipiter l'arrivée du Messie en pratiquant le mal).

La tradition juive dit cependant que le Messie sera précédé par une figure pré-messianique (certains parlent plutôt de deux messies) qui sera un descendant de Joseph (le fils du patriarche Jacob). Sa défaite contre les forces du mal sera le prélude à l'installation du vrai Messie, issu, lui, de la maison du roi David. Pour certains penseurs juifs, l'arrivée du Messie sera accompagnée de l'apocalypse

Apocalypse

Outre les informations qu'elle donne sur le monde transcendant, la littérature apocalyptique fournit essentiellement des informations sur la fin du monde et la lutte finale entre le Bien et le Mal. Dans la littérature juive, on trouve des récits apocalyptiques déjà vers le IIIe siècle avant l'è.c. mais c'est surtout à partir de l'époque du Second Temple que ces écrits se sont multipliés.

Le terme Apocalypse (« révélation », « apparition », en grec) est utilisé comme tel, pour la première fois, dans l'Évangile de saint Jean.

alors que d'autres (comme, par exemple, Maïmonide) envisagent un Messie restaurant la maison de David mais sans fond apocalyptique. Pour d'autres encore, le Messie, après sa restauration de l'ordre sur terre (retour en Israël de tous les Juifs, restauration du pouvoir politique, etc.), sera le fondateur d'une nouvelle dynastie.

La foi messianique

L'un des 13 articles de foi de Maïmonide (voir page 68) est consacré à l'arrivée du Messie : *« Je crois en la venue du Messie... »* D'autre part, la prière quotidienne de l'Amidah (voir page 139) contient cinq bénédictions en rapport avec la venue du Messie. En principe, donc, le Juif « orthodoxe » croit en la venue du Messie.

Les « faux » messies

Chaque fois que la condition des Juifs s'aggravait — qu'ils étaient persécutés, massacrés, expulsés —, les spéculations concernant la venue d'un messie enflaient et l'on assistait (c'est humainement logique) à l'apparition d'une importante littérature apocalyptique. La religion juive a ainsi connu de nombreux messies locaux mais certains se sont révélés très importants par l'ampleur de l'adhésion des foules de différents pays. Citons les principaux noms en regard des événements :

- Retour de captitivité de Babylone (-Ve s.)
  Messie : *Zorobabel*
- Révolte contre les Romains (132-135)
  Messie : *Siméon Bar Kokhba*
- Expulsion des Juifs d'Espagne (1492)
  Messie : *David Réouveni*
- Massacres de B. Chmielnicki en Pologne (1648-49)
  Messies : *Sabattaï Tsevi, Jacob Franck*

On notera que pour certains kabbalistes, l'âme du Messie est celle de l'Adam Qadmon (« l'homme primordial » du symbolisme du Zohar). D'abord réincarnée dans le roi David, cette âme sera, à nouveau, réincarnée dans le Messie.

Eschatologie

L'eschatologie, comme son nom l'indique, est l'étude de la chose dernière (*eschaton*). Il s'agit essentiellement d'une littérature religieuse dont le thème principal s'articule autour des « fins dernières ». Contrairement à d'autres religions monothéistes, chez les Juifs, l'eschatologie s'occupe assez peu des fins dernières de l'homme (peu de choses sont dites sur le paradis et l'enfer — voir l'article consacré à ce sujet, page 188) pour s'intéresser surtout au destin final du peuple juif. D'ailleurs c'est surtout durant les périodes troubles (où le destin du peuple juif est préoccupant) que des prophètes annoncent les fins dernières et l'arrivée imminente du Messie (pour les Juifs deux Messies doivent se succéder : le premier Messie, de la maison de Joseph, sera vaincu laissant la place au Messie issu de la maison de David, lequel présidera aux bouleversements annonciateurs des fins dernières préparant le jour du Jugement de Dieu). La description de l'Apocalypse — surtout présente dans le livre de Daniel (voir le chapitre consacré aux livres canoniques) — a donné naissance à de nombreux textes interprétatifs). C'est dans les périodes précédant puis succédant à la destruction du Second Temple, que de nombreuses sectes prêchaient la fin des temps. L'une des plus connues est celle des esséniens dont on connaît bien le fonctionnement grâce à des manuscrits découverts (en 1947) dans des grottes autour de la mer Morte. Ces écrits apportent de nombreux éclaircissements sur la réalité du judaïsme à la fin de l'époque du Second Temple. Ils éclairent également sur les débuts du christianisme en fournissant des informations sur la vie monastique de la secte et sur ses conceptions religieuses qui s'écartent sensiblement des conceptions du judaïsme (comme, par exemple, la culpabilité innée de l'homme — le péché originel — tout à fait étrangère à la religion juive).

Messianisme

À l'origine, la religion juive n'était pas une religion messianique car, en fin de compte, elle s'occupait assez peu de la vie éternelle. Ce n'est qu'à partir de l'époque du Second Temple (et surtout dans les années autour de sa destruction) que l'idée des fins dernières fut associée à l'arrivée d'un Messie. Durant cette période, de nombreuses sectes messianiques sont apparues dont on découvre seulement aujourd'hui l'existence. La plus célèbre est la secte des esséniens que l'on connaît grâce aux manuscrits de la mer Morte. Les Juifs ont glorifié de nombreux Messies — qui se sont tous révélés de « faux Messies » — mais à chaque fois ils conservaient l'espoir car leur déception ne pouvait, selon les rabbins, que provenir de leur inaptitude à recevoir le Messie à cause de leurs péchés. Même si les prières annoncent la venue d'un Messie et si Maïmonide en fait un des « actes de foi » de la religion juive, les docteurs de la Loi sont peu portés sur le messianisme. Ne dit-on pas dans le Talmud, « si on t'annonce l'arrivée du Messie, termine d'abord ton travail et va voir le Messie plus tard ».

Aujourd'hui, le messianisme a été quelque peu sécularisé et certains mouvements juifs ont même supprimé toute référence au messie dans leurs livres de prière.

David Réouveni

Se prétendant frère du roi Joseph et fils du roi Salomon — des tribus perdues de Ruben, Gad et Manassé dans la province arabique de Kaybar (connue pour le massacre des Juifs sous Mahomet) —, David Réouverni voulait récupérer Jérusalem alors aux mains des musulmans. Réouveni parvint à convaincre Juifs, non-Juifs et marranes, y compris le pape Clément, de son rôle messianique. Il mourut en prison (vers 1535).

Le sionisme : première étape ou substitut du messianisme ?

Le sionisme prend naissance, en 1896, avec l'œuvre du journaliste juif autrichien Theodor Herzl : *L'État des Juifs. Une tentative de solution moderne à la question juive.* Dans cet ouvrage, il analyse les causes de l'antisémitisme et propose comme solution la création d'un État Juif. En 1897, il organise à Bâle un premier congrès qui réunit près de 200 délégués. Entre-temps, il était parvenu à se disputer avec certains membres du congrès en acceptant l'Ouganda comme terre d'accueil pour les Juifs.

C'est Chaïm Weizmann qui, utilisant son réseau de relations (ses découvertes militaires étaient très appréciées en Grande-Bretagne), parvient à intéresser le secrétaire d'État britannique aux Affaires étrangères, Lord Balfour, à la question juive. Ce dernier écrit que la Grande-Bretagne « est favorable à l'établissement d'un foyer national juif en Palestine ».

En 1922, la Société des Nations confie à la Grande-Bretagne un mandat sur la Palestine mais quelques années plus tard, ne parvenant pas à organiser la région et en butte à l'hostilité des Arabes et des Juifs, elle remet son mandat à l'ONU. En 1947, l'ONU vote le partage de la Palestine entre deux États : l'un juif, l'autre arabe.

Le 14 mai 1948, l'État d'Israël est proclamé. Si sa création constitue, selon l'analyse de T. Herzl, une réponse positive à l'antisémitisme, il n'est pas — comme on veut parfois le faire croire — une réponse au judaïsme. Aujourd'hui, il contredit l'analyse de Herzl car il ne constitue plus une réponse à l'antisémitisme.

La création de l'État d'Israël, avec le regroupement de millions de Juifs du monde entier dans ce petit pays et le pouvoir donné à la religion dans de nombreux domaines, a parfois été présentée comme le substitut au messianisme juif (bien que certains rabbins présentent cette création comme la première étape de l'ère messianique). On comprend, dès lors, que des Juifs ultraorthodoxes s'opposent, avec une violence verbale, à cet État.

Maïmonide

Maïmonide (connu également sous le nom de Rambam, un acrostiche obtenu à partir de son nom complet) est l'une des grandes figures de la pensée juive, un encyclopédiste (médecin, philosophe, « théologien », juriste, épistolier), dont l'influence s'est également manifestée, jusqu'à nos jours, dans le monde musulman et dans le monde chrétien.

Maïmonide, de son vrai nom Moïse Ben Maïmon, est né en 1135, à Cordoue (en Andalousie) et est mort en 1204, à Fostat (vieux-Caire). Durant les soixante-dix ans de son existence, il a beaucoup voyagé (Espagne, Provence, Maroc, Palestine, Égypte). Chassé d'Andalousie, en 1148, par les Almohades, il s'installe, dix ans plus tard, à Fez, le bastion des Almohades. Il est vrai qu'entre-temps, il s'était converti à l'islam. Mais cette conversion n'était que de façade et Maïmonide continuait à pratiquer le judaïsme et à s'instruire dans la religion juive.

La plus grande autorité rabbinique

Maïmonide, l'une des principales sources autorisées de la religion juive, est considéré comme la plus grande autorité rabbinique post-talmudique bien que, durant une certaine époque, son œuvre fut excommuniée (*hérém*) par les rabbins qui en interdisaient la lecture ou l'étude. Aujourd'hui, encore, certains milieux juifs préfèrent ignorer son œuvre philosophique pour ne retenir que son œuvre purement religieuse (*Michné Torah*). Au niveau de la religion, son champ d'activité fut très vaste : il s'opposa au pouvoir sclérosé des géonim (exilarques)[26], aux prétentions des caraïtes, etc. On lui doit plusieurs ouvrages importants tous rédigés en arabe (à l'exception du *Michné Torah*) qu'il écrivait (comme beaucoup d'intellectuels juifs) avec des caractères hébreux : *Épître sur la persécution*, *Épître aux Juifs du Yémen*, *Michné Torah* (Répétition de la Loi), *Guide des Égarés*, etc.

Le Michné Torah

Le *Michné Torah* – code du comportement du Juif religieux à partir des commentaires de la Michnah, c'est-à-dire la première partie du Talmud – place Maïmonide parmi les plus grands talmudistes et comme le maître du droit rabbinique (*halakhah*). Cet ouvrage, d'une grande rigueur et dépouillé de toutes les sources qui en rendraient la lecture impossible, est aujourd'hui encore considéré comme l'un des fondements du judaïsme et est la seule œuvre de Maïmonide rédigée en langue hébraïque. Excellent talmudiste, brillant médecin, Maïmonide est également un grand philosophe comme l'atteste son chef-d'œuvre le *Guide des Égarés* (ou, plus exactement, le *Guide des Perplexes*).

Du libre arbitre

« Le libre arbitre constitue un principe capital et il est le pilier qui soutient la Loi et les Commandements. L'écriture déclare en effet : " Vois ! J'ai mis aujourd'hui devant toi la vie et le bien, la mort et le mal " (Deutéronome 30,15). Nous y lisons également : " Vois ! Je place aujourd'hui devant toi bénédiction et malédiction. "(ibid. 11,26). Autrement dit : vous jouissez du libre arbitre et toute action d'entre les actions humaines que l'homme voudra accomplir il en aura le pouvoir, qu'il s'agisse d'œuvres louables ou de méfaits. Et c'est au fait du libre arbitre humain qu'il faut demander l'explication de versets tels que celui-ci : " Qui donnera qu'ils aient toujours le même cœur... " (Deutéronome 5, 29). Ce qui signifie que le créateur ne contraint pas les êtres humains et ne les prédestine pas à accomplir soit le bien soit le mal : toute décision leur a été remise. » (Moïse Maïmonide. *Le livre de la connaissance*. Quadrige. PUF. 1990. Page 391.)

Un Juif progressiste

Maïmonide est régulièrement cité dans notre ouvrage car son influence sur le monde juif est énorme. N'est-il pas lu à la synagogue ? N'a-t-il pas systématisé les dogmes de la religion juive (voir page 68) ? N'est-il pas l'ultime référence de la jurisprudence juive (*halakhah*) ? Outre cela Maïmonide, historien, s'est également intéressé aux particularités des lois juives : c'est le premier à avoir énoncé que certaines règles peuvent avoir été édictées par opposition à ce qui se pratiquait dans les cultes idolâtres. Il en est ainsi pour l'interdiction alimentaire lait/viande (voir page 126) ou pour l'interdiction de porter des vêtements composés d'un mélange de lin et de laine.

Alors qu'il était particulièrement rigoriste pour ce qui concerne la législation rabbinique (*halakhah*), Maïmonide est resté un modèle pour de nombreux Juifs progressistes que ce soit pour les Juifs des Lumières (le mouvement de la *Haskalah*) ou pour les mouvements des Juifs réformés. Comme médecin, ne s'autorisait-il pas à conseiller des aliments interdits par la religion ?

Maïmonide

Maïmonide est sans conteste l'une des principales personnalités de la religion juive. Médecin, philosophe, juriste, sa pensée est partout présente dans le monde juif.
On lui doit de très nombreux ouvrages dont les plus utilisés sont le *Guide des Egarés* et le *Michné Torah* dont le premier livre est appelé *Le Livre de la Connaissance* car il « embrasse tous les commandements qui se trouvent à la base de la loi religieuse de Moïse notre Maître, sur lequel soit la paix, et que l'homme doit nécessairement connaître avant tous les autres. » (préface au Michné Torah). On doit également à Maïmonide la synthèse des « dogmes juifs » sous la forme des Treize principes de la Foi (voir page 68).

Moïse

La vie de Moïse est racontée dans deux livres de la Bible : l'Exode et le Deutéronome. Vers 1300 av. J.-C., le Pharaon d'Égypte ordonne de jeter dans le Nil tous les garçons nouveau-nés. Moïse, comme d'autres enfants, est abandonné dans un panier voguant sur le fleuve mais est sauvé par la fille de Pharaon. Il est ensuite élevé à la cour de Pharaon et reçoit une instruction égyptienne.

Devenu adulte, Moïse, dit la Bible, est « un très grand personnage au pays d'Égypte, jouissant de la faveur des courtisans de Pharaon et de son peuple ». La Bible raconte qu'un jour Moïse surprend un Égyptien maltraitant des Hébreux ; dans la rixe qui s'ensuit, il le tue et fuit dans le désert. Là, au mont Sinaï, il reçoit l'ordre de Dieu de libérer son peuple. Il retourne en Égypte et adresse sa demande au Pharaon, qui refuse. Dix plaies s'abattent alors sur l'Égypte mais le Pharaon refuse toujours de libérer les Juifs. Sous la conduite de Moïse, les Hébreux s'enfuient précipitamment d'Égypte et, par un miracle, traversent les eaux de la mer qui s'entrouvrent à leur passage mais se referment sur les troupes du Pharaon, lesquelles sont noyées. C'est ensuite la pérégrination dans le désert pendant 40 ans. Durant cette période, Dieu s'adresse plusieurs fois à Moïse et lui donne, sur le mont Sinaï, les Dix Commandements (Décalogue).

Après avoir ramené plusieurs fois les siens à l'adoration du Dieu unique en les écartant des pratiques idolâtres (le Veau d'Or, par exemple), Moïse conduit son peuple à l'entrée du pays de Canaan, la Terre Promise.

Dieu ne lui permettra cependant pas d'y entrer et il meurt peu de temps avant l'entrée des Juifs dans la Terre Promise, sous la conduite de Josué.

La vie de Moïse en quelques faits

- Moïse est sauvé des eaux et adopté par la fille de pharaon.
- Il tue un soldat Égyptien et se sauve dans le désert.
- Au cours de l'épisode du *Buisson ardent*, Dieu apprend à Moïse le but de sa mission : délivrer le peuple Juif du joug de pharaon.
- Moïse et le peuple juif traversent miraculeusement la mer Rouge.
- Dieu fait alliance avec le peuple juif et remet à Moïse les Tables de la Loi.
- Dieu montre à Moïse la Terre promise mais lui interdit d'y pénétrer.
- À la veille de sa mort, Moïse nomme Josué, un chef militaire, comme successeur.

La punition de Moïse

« Moïse n'a pas été autorisé à entrer en Israël, car en chemin il avait commis une erreur qui ne pouvait être rachetée. On a beaucoup essayé de comprendre quel avait été son péché. La réponse donnée par mon plus grand maître, Nakhman de Bratslav, est que Moïse avait atteint un niveau où il avait la connaissance de Dieu vingt-quatre heures sur vingt-quatre, un niveau de méditation fusionnelle avec Dieu. Mais il devait servir son peuple. En bas, le peuple avait besoin de ses conseils en matière de frontières, de lois, de plein de choses. Et Moïse est redescendu mais, dit le rabbin Nakhman, son péché a été que pendant un instant il a éprouvé du ressentiment. Il a regretté de devoir troubler sa communion avec Dieu, et à cause de cela il n'a pu aller en Terre Promise... »[27].

Le buisson ardent

Moïse « remarqua que le buisson était en feu et cependant ne se consumait point » (Exode 3, 2). Il s'en approcha. C'est durant cet épisode que Dieu se révèle à lui pour la première fois et lui fait part de sa mission : « Fais que mon peuple, les enfants d'Israël, sortent de l'Égypte ». (Exode 3, 10)

La prière

Avant la destruction du Temple, la prière était individuelle et la Bible atteste de nombreuses circonstances où des hommes adressent individuellement des suppliques, des demandes ou des prières à Dieu. Pour adresser une prière à Dieu, il n'était nul besoin d'un lieu particulier, ni Temple, ni synagogue.

Par contre, les rites publics, eux, se pratiquaient au Temple ; il s'agissait essentiellement des sacrifices (pour l'expiation des péchés) et des offrandes pour les remerciements mais accompagnées souvent d'invocations. Le Temple ayant disparu (le Second Temple a été détruit en l'an 70, par Titus), certains des rites qui s'y pratiquaient ont été transférés à la synagogue (voir l'article consacré à ce sujet) mais pas tous. Ainsi, les sacrifices ont été remplacés par les prières publiques dites à la synagogue ; ces prières devenant l'essentiel du service divin. La prière publique s'effectuant toujours dans la direction de Jérusalem. Dans la liturgie, on distingue les jours ordinaires, le chabbat et les fêtes. Trois offices sont célébrés les jours ordinaires.

Offices des jours ordinaires

Les offices des jours ordinaires remplacent les trois sacrifices quotidiens du Temple. Il s'agit de :

- la **prière du matin** ou *chaharit*, qui aurait été instituée par le patriarche Abraham ;
- la **prière de l'après-midi** ou *minha*, qui aurait été instituée par le patriarche Isaac ;
- la **prière du soir** (après la tombée de la nuit) ou *maariv*, qui aurait été instituée par le patriarche Jacob.

Ces offices sont toujours célébrés durant des plages horaires définies en fonction de la position du soleil. Dans les premiers temps, chacun décidait à sa guise des textes utilisés pour les prières. On doit au rabbin Gamaliel II (qui a vécu après la destruction du Second Temple), le texte de la principale prière, l'**Amidah**, laquelle est dite (c'est d'ailleurs ce que signifie son nom) en position debout et de manière silencieuse. Les prières publiques ne peuvent être dites que si un minimum de 10 hommes adultes sont réunis (*minyan*).

Une autre prière importante est le **Chema**, qui est considéré comme la profession du foi du Juif. D'autres prières (dont des psaumes) occupent également une place importante dans la liturgie juive.

Outre les prières, les offices comprennent également la **lecture de passages de la Torah** et des Prophètes car, pour les Juifs, l'étude est considérée au même titre que la prière.

Le siddour

Le siddour (ordre) est le livre des prières qui contient l'ordre et les textes des prières réglementaires (on parle aussi de « mahzor ») que l'on récite, en famille, chez soi ou à la synagogue. Juifs ashkénazes, séfarades ou hassidim utilisent des livres de prières légèrement différents, il en est de même d'ailleurs pour les divers mouvements religieux (judaïsme réformé, etc.). Les livres les plus récents contiennent de nouvelles prières pour commémorer les victimes de la Shoah et la naissance de l'État d'Israël.

Amidah

Comme son nom l'indique, c'est « la prière debout », élément central de tous les offices. Selon la tradition, cette prière remplace les offrandes au Temple, devenues impossibles. C'est la raison pour laquelle cette prière — c'est une exception — doit être récitée qu'il y ait ou non un *minyan* (le quorum de 10 adultes mâles). Au départ, la prière complète comportait 18 bénédictions (aujourd'hui, elle en comporte 19). Durant les fêtes (dont le chabbat), on ne récite qu'une partie des bénédictions (selon un ordre précis, dont la nomenclature n'intéresse que le Juif pratiquant). Les dix-huit bénédictions de l'Amidah correspondent soit aux 18 mentions du nom divin que David a insérées dans le Psaume 29, soit aux « 18 vertèbres de l'échine » selon l'enseignement des Psaumes (35, 10) : « Tous mes os parleront et s'associeront à ma prière. »[28] Cette explication ne tient pas vraiment la route car dans la traduction de la Bible réalisée par le rabbinat français, on lit « Tous mes membres diront... ».

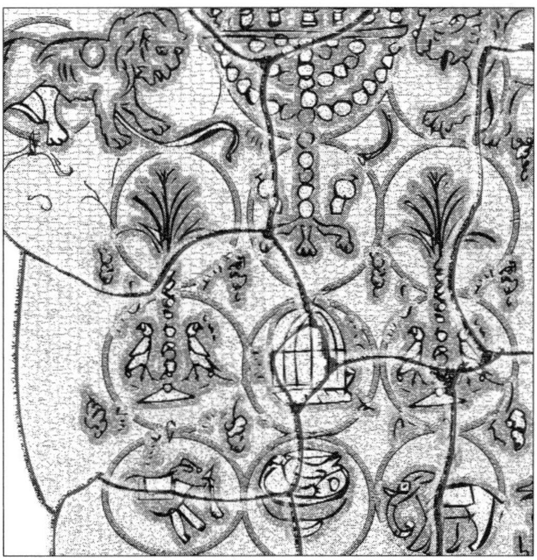

Menorah

Ce mot signifie candélabre. Dans les motifs anciens, il était classique de représenter des animaux (lion, oiseaux, etc.) ainsi qu'une menorah (ou candélabre à 7 branches) dont Dieu a ordonné la fabrication selon des directives précises : « Tu feras aussi un candélabre d'or pur. Ce candélabre, c'est-à-dire son pied et sa tige, sera fait tout d'une pièce ; ses calices, ses boutons et ses fleurs feront corps avec lui. Six branches sortiront de ses côtés : trois branches du candélabre d'un côté, et trois branches du candélabre de l'autre... » (Exode 25, 31-32).

Actuellement, le culte à la synagogue comprend bien entendu des prières en hébreu (ou en araméen) mais également des éléments en langue vernaculaire (comme, par exemple, un sermon ou des lectures). On fait également appel à la musique (orgue) et certaines prières sont mises en chanson. Sans qu'un « Vatican II » rabbinique soit passé par là, le texte de nombreuses prières a été modifié en fonction du respect humain (ainsi, le Juif ne remercie plus Dieu « de ne pas l'avoir fait femme » et se contente de le remercier de l'avoir fait « à son image »).

Chema Israël

« Écoute, Israël, l'Éternel est notre Dieu, l'Éternel est Un. Béni soit à jamais le nom de son règne glorieux. » Voici les premières phrases de la prière *Chema Israël* qui est la profession de foi de tous les Juifs et le noyau central des offices du matin et du soir car, conformément au verset biblique (Deutéronome 4, 7), cette profession de foi sera proclamée « en te couchant et en te levant ». Comme le *Chema* ne contient que 245 mots et que la Torah contient 248 commandements positifs, trois mots ont été rajoutés à cette prière pour faire le lien symbolique avec les commandements (dans la communauté ashkénaze, on ajoute les trois mots : « Dieu, roi fidèle »).

Siddour

Le siddour ou livre de prières est souvent recouvert d'une reliure métallisée et rehaussée de pierres semi-précieuses (lapis-lazuli). Sur le modèle ci-dessus on découvre également le Décalogue (chacun des commandements est symbolisé par sa première lettre) ainsi qu'une couronne qui symbolise la Torah.

Yizkor

C'est un office commémoratif (« que Dieu se rappelle... ») à la mémoire des parents, des martyrs de la première croisade (1096 è.c), des victimes de la shoah. Cet office est célébré à Yom Kippour et selon les traditions à d'autres dates de l'année (le 4e jour de Pessah, le 8e jour de Souccoth, etc.). Il est de tradition qu'en ces jours de commémoration beaucoup de Juifs ferment leur magasin et s'abstiennent d'activités professionnelles. À la synagogue, au moment du Yizkor, les Juifs ayant encore leurs deux parents quittent l'office.

Les animaux dans la Bible

Malgré l'interdit de la représentation d'êtres animés, de nombreux animaux sont utilisés dans l'art décoratif juif dont les lions (symboles de la tribu de Juda et de la lignée davidique) et les bernaches. Lors des migrations, ces petites oies se posent sur terre par centaines, à tel point que le Zohar affirme qu'un rabbin les a vues pousser en un instant sur un arbre. C'est ainsi que le Talmud discute de l'opportunité de les classer parmi les oiseaux ou les fruits.

Le bestiaire de la Bible comprend des dizaines de bêtes dont des animaux fantastiques comme le Léviathan (monstre marin), le Béhémoth (boeuf sauvage) et le Ziz (oiseau) desquels les Justes se régaleront lors du banquet messianique de la fin des temps.

Textes bibliques et talmudiques

« Il avait, dans sa chambre supérieure, des fenêtres ouvertes dans la direction de Jérusalem, et trois fois par jour, il se mettait à genoux, priant et louant Dieu. » (Daniel 6,11)

« L'Éternel se révéla à lui, cette même nuit, en disant : "Je suis le Dieu d'Abraham ton père ; sois sans crainte, car je suis avec toi, je te bénirai et je te multiplierai ta race, pour l'amour d'Abraham mon serviteur." Il érigea en ce lieu un autel, et proclama le nom de l'Éternel. Il y dressa sa tente, et ses serviteurs y creusèrent un puits. » (Genèse 26, 24-25)

« Qui se déplace sur un âne doit mettre pied à terre pour prier. Si c'est impossible, il lui suffira de tourner son visage en direction de Jérusalem. Si ce n'est pas davantage possible, il se contentera de penser au Saint des Saints. » (Talmud Barakhot I, quatrième chapitre)

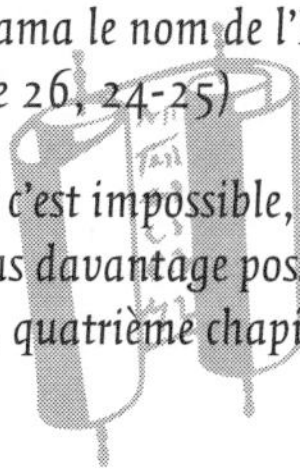

Le Rabbin

Ce titre signifie, en hébreu, « mon maître ». Il est octroyé à une personne faisant autorité en matière religieuse et, dès lors, apte à prendre des décisions en matière de loi religieuse juive (*halakhah*). Avant la destruction du Temple, cette fonction était dévolue aux prêtres ; ce n'est qu'après la destruction du Second Temple (avec la disparition de la prêtrise) que le rabbin occupera un rôle important dans la communauté juive. Le rabbinat est donc une sorte de doctorat universitaire mais en aucune sorte un sacrement.

Fonction du rabbin

Rappelons que le rabbin n'est pas un prêtre ; d'ailleurs il est généralement marié et père de famille. Sa fonction a beaucoup varié au cours des âges :

- **Période de la constitution de la Torah** : c'est un sage versé dans les écritures.
- **Période jusqu'au Second Temple** : c'est l'interprète autorisé de la loi religieuse (avec une réelle autorité juridique).
- **Période jusqu'à l'émancipation des Juifs** : c'est l'interprète autorisé de la loi religieuse (avec une autorité juridique limitée mais possédant un réel pouvoir sur les jugements civils, le règlement des litiges commerciaux, les nominations, etc.).
- **Période actuelle** (en **Diaspora**) : c'est un « sage » de la communauté.
- **Période actuelle** (en **Israël**) : c'est un interprète autorisé de la loi religieuse (avec une réelle autorité juridique).

Son titre ne lui confère aucun privilège au niveau du rituel à la synagogue, si ce n'est le droit de prononcer des discours lors d'événements importants. Il occupe diverses fonctions religieuses, sociales, pédagogiques et surtout communautaires comme, par exemple, prononcer des sermons aux grandes occasions, diriger l'enseignement religieux, contrôler l'abattage rituel, donner des conseils, assurer la médiation des litiges civils, etc. Sa fonction l'occupant de plus en plus, le rabbin est aujourd'hui salarié par la communauté (laquelle peut donc donner son préavis à un rabbin qui ne lui convient plus à condition, toutefois, de respecter les règles du contrat). Une « charge » de rabbin cela se négocie aussi… parfois par le mariage, comme le rapporte le rabbin Emden dans sa biographie : « On commença d'abord par négocier le troc du rabbinat contre autre chose. Le riche notable avait une fille tellement laide… ». [29]

Jusqu'à une époque récente, ce n'était pas le cas ; les rabbins avaient toujours un métier car, selon l'avis des « sages », la Torah ne pouvait être un gagne-pain.

Le rabbin peut-il être une femme ?

Aujourd'hui, plus de 400 femmes rabbins officient en toute légalité dans le monde. Pauline Bebe, la première (et unique) femme rabbin française, écrit qu'on lui posait souvent la question : Comment cela vous est-il venu à l'esprit d'être « femme rabbin » ? Elle répondait alors : « Cela ne m'est pas venu à l'esprit d'être femme ; je suis née femme, je suis devenue rabbin. »[30]. L'histoire des « femmes rabbins » commence bien avant 1991, date de l'ordination de la première femme rabbin en France. En 1890, Ray Franck, celle qu'on surnommait « la jeune fille rabbin de l'Ouest », avait organisé une petite communauté juive dans l'Etat de Washington. Elle en dirigeait les offices des grandes fêtes mais n'avait pas reçu l'ordination bien qu'ayant suivi les cours au séminaire rabbinique américain. En Grande-Bretagne, c'est la figure de Lily Montagu (1873-1963), magistrate de formation, qui nous intéresse : fondatrice du mouvement libéral, elle enseignait, prononçait des discours mais n'avait pas, non plus, été ordonnée. La première femme à avoir reçu l'ordination est l'Allemande Régine Jonas. Elle reçut son ordination en 1935, à la demande de l'Union des rabbins libéraux d'Allemagne. Aux États-Unis, c'est Sally Priesland, étudiante au *Hebrew Union College*, qui fut ordonnée rabbin à Cincinnati.

Aujourd'hui, après de nombreuses discussions halakhiques (c'est-à-dire juridiques), la plupart des mouvements juifs (mais pas tous...) acceptent que la femme ait les mêmes responsabilités que l'homme dans le judaïsme. D'ailleurs, de nouvelles cérémonies sont créées de manière à faire le pendant des cérémonies masculines (Bat Mitzvah, cérémonie de naissance, etc.). En outre, dans de nombreuses communautés, les femmes montent à la Torah (pour la lecture du texte sacré), portent le *tallit* et les *teffilin* (voir page 209).

Cassolette à aromates

Lors de la cérémonie de la *havdala* (voir page 44) qui termine le chabbat, les convives hument des aromates pour se consoler du départ de l'âme supplémentaire qui accompagne chaque Juif durant la journée du chabbat.

Contrairement aux ministres des cultes des autres religions, le rabbin n'est pas rattaché à une hiérarchie mais, tout au plus, à un mouvement religieux (orthodoxe, réformé, hassidique, etc.) ou culturel. Dans l'État d'Israël, où le statut personnel est toujours sous le contrôle de la religion (mariage, divorce, conversion, etc.), il existe un grand rabbin séfarade et un grand rabbin ashkénaze.

Séminaires rabbiniques

Dans de nombreux pays, dont la France, on trouve des écoles pour la préparation des rabbins. Seuls les rabbins diplômés par ces écoles (qui attestent donc des connaissances religieuses acquises par leurs diplômés) peuvent exercer comme rabbins appointés. En France, le Séminaire rabbinique, d'abord à Metz, a été transféré à Paris. Du fait de la loi de séparation de l'Église et de l'État (1905), permettant la création d'associations cultuelles, tous les rabbins n'appartiennent pas au Consistoire[31], lequel reste cependant le porte-parole officiel du judaïsme français.

Dans l'État d'Israël, les rabbins des mouvements religieux non orthodoxes ne sont pas reconnus.

Vêtements

Homme « ordinaire », le rabbin n'est pas habillé de manière particulière. Cependant, lorsqu'il officie dans une synagogue, il revêt le châle de prière (*tallit*) et une toque.

Terminologie

Les termes rabbin et rabbi sont équivalents. Historiquement, les rabbins étaient des membres ordonnés du Sanhédrin mais comme l'ordination ne pouvait s'effectuer qu'à Jérusalem, les « sages de Babylone », n'étant pas ordonnés, portaient le titre de « rav » mais exerçaient une fonction identique (avant l'émancipation des Juifs, la fonction du rabbin était surtout juridique, c'est-à-dire qu'elle consistait en l'interprétation de la loi juive).

Le terme « rebbe » désigne un « sage » hassidique, un *tsaddiq* (voir à ce sujet l'article consacré au hassidisme).

Juif pieux et son fils

L'homme et l'enfant portent un chapeau par respect pour la présence divine. Le père porte le châle de prière (tallit), lequel n'est pas porté avant l'âge de treize ans et dans certaines communautés, pas avant le mariage.

Tallit

Châle rectangulaire comportant des franges. Seuls les hommes doivent porter le tallit durant certaines prières car le commandement de le porter est une action temporaire (dans le judaïsme, les femmes ne sont astreintes qu'aux commandements qui ne sont pas limités dans la durée). Aujourd'hui, certaines femmes revendiquent le droit de porter également le tallit. La matière du tallit, les conditions du port du tallit, la durée du port, etc. sont réglementées par la loi juive et assez complexes, il n'en sera donc pas question ici.

Le tallit se porte sur la tête ou sur les épaules en fonction du moment de la liturgie.

Pour en savoir plus

Pour connaître un peu mieux la vie d'un rabbin « classique », c'est-à-dire avant le siècle des Lumières, on peut lire avec fruit les Mémoires du rabbin Jacob Emden (XVII/XVIIIe siècle) traduits de l'hébreu en français par Maurice Ruben Hayoun (Éditions du Cerf). Jacob Emden n'y occulte rien de sa vie, de ses difficultés pécuniaires, des problèmes avec son entourage, de ses ennemis, de sa famille, de sa vie sexuelle, etc. On y découvre ainsi les raisons qui font que des rabbins se fâchent (parfois pour la vie) ; le plus souvent, il s'agit de simples questions de susceptibilités. On y apprend aussi comment les rabbins se vengent... Ainsi, Emden avait glissé dans le livre de prières dont il est l'auteur une petite phrase assassine. Dans un passage connu de la Michnah, il est recommandé de ne pas enseigner certains métiers à ses fils. Le rabbin Emden avait complété la liste par la remarque suivante : « On peut y ajouter les cambistes de notre temps. » Dans la communauté du rabbin, cette phrase n'est pas passée inaperçue... mais cela est une autre histoire. Pour approcher d'un peu plus près la vie d'un rabbin américain « moderne », on lira avec plaisir l'un ou l'autre roman de la série policière « Les enquêtes du rabbin Small », de Harry Kemelman. Une dizaine de romans policiers sont parus aux éditions 10/18.

Les sacrifices

Au départ, la religion juive était une religion sacrificielle. Plusieurs fois par jour, les Juifs se rendaient au Temple pour faire des sacrifices perpétuant en cela les « sacrifices historiques » de Caïn et d'Abel, de Noé, des Patriarches, etc. Aujourd'hui, depuis la disparition du Temple, il n'y a plus de sacrifices dans la religion juive mais, aux heures prévues pour les sacrifices, des prières publiques sont dites dans les synagogues. L'absence des sacrifices est responsable d'un état permanent d'impureté rituelle ; la pureté rituelle ne pouvant revenir qu'après la reconstruction du Temple (voir l'article consacré au Temple).

Lieu du sacrifice

Le sacrifice est présent depuis les commencements de la religion juive, c'est-à-dire depuis l'édification du premieu lieu central de culte. Dans l'histoire du judaïsme, il y eut quatre lieux centraux de culte : le Sanctuaire dans le désert (lorsqu'il était dressé les sacrifices commençaient, chaque tribu sacrifiant à tour de rôle), le premier Sanctuaire permanent à Silo, le Premier Temple à Jérusalem puis le Second Temple, dans la même ville.

Rôle du sacrifice

Le sacrifice a toujours existé dans les religions païennes. Le sacrifice juif remplit ainsi, en fonction du motif du sacrifice, l'un de ces quatre buts : rapprocher l'homme de Dieu (sacrifice cultuel), faire comprendre à l'homme l'énormité de sa faute (c'est l'homme coupable qui aurait dû se trouver en lieu et place de l'animal sacrifié), sanctifier l'animal que l'on va manger (l'acte profane mais nécessaire de tuer pour manger est ainsi transformé en culte), éviter que le peuple ne sacrifie à des idôles.

Le sacrifice

Que ce soit pour se soumettre à Dieu ou pour expier une faute, l'offrande du sacrifice consistait en grains, en animaux ou en fruits. Les animaux sacrifiés devaient être en parfaite santé et ne souffrir d'aucune tare. On sacrifiait des taureaux, des vaches, des moutons, des chèvres mais aussi des pigeons et des tourterelles.

Il y avait, bien entendu, une véritable nomenclature des sacrifices et pour certains d'entre eux, les animaux devaient avoir un âge et un sexe déterminés... mais n'entrons pas dans les détails.

Le sacrifice s'effectuait selon un rituel complexe (avec imposition des mains, sang aspergé, etc.) et l'animal sacrifié devait être consommé dans un délai limité au maximum à quelques jours ;

Origine des sacrifices

Les sacrifices ont toujours été pratiqués dans la religion juive. Que l'on se souvienne de Caïn et d'Abel, de Noé ou d'Abraham. Comme il a déjà été dit, à la disparition du Second Temple, les sacrifices ont été remplacés par les prières rendant ainsi la religion juive plus spirituelle (c'est à ce moment également qu'elle est devenue la religion du livre, de l'étude). Aujourd'hui, seuls les Juifs ultraorthodoxes pensent encore qu'il y aura un rétablissement des sacrifices lors de la reconstruction du Temple. Ceci dit, on peut se poser la question de l'origine de ces sacrifices : qu'est-ce qui pouvait bien plaire à Dieu dans ces pratiques ? Pour Maïmonide, il faut chercher cette origine uniquement dans la volonté qu'avaient les anciens de transférer sur le culte de Yahvé les pratiques idolâtres, et ainsi de détacher les Juifs des agissements de leurs voisins.

une partie de l'animal revenait toujours au prêtre (souvent la peau).

Le sacrifice de l'animal était souvent accompagné d'une libation de vin et d'une offrande végétale (farine ou galettes préparées avec de la farine, de l'huile et de l'encens).

Une liste des divers sacrifices et des moments appropriés figure dans le Pentateuque (Nombres 28 et 29).

On notera que le sacrifie humain était interdit chez les Juifs contrairement à ce qui se pratiquait chez les païens. C'est vraisemblablement pour marquer cette différence — et non pour tester la fidélité du Patriarche — que Dieu a demandé à Abraham de sacrifier son fils unique Isaac, et a arrêté sa main au dernier moment.

Polémique

Pour le judaïsme orthodoxe, le remplacement des sacrifices par les prières est temporaire et le culte sacrificiel reprendra à la restauration du Temple (c'est ce qui est repris dans la prière de l'Amidah, voir page 139).

Pour les judaïsmes réformé et conservateur, il n'y a plus lieu de restaurer le culte sacrificiel (pas plus d'ailleurs que la reconstruction du Troisième Temple). La prière de l'Amidah a donc été modifiée en ce sens.

Le Sanhédrin

Quiconque dispose d'un rien de culture religieuse se souvient que Jésus-Christ a été convoqué devant le Grand Sahédrin avec les conséquences que l'on sait. Quiconque s'intéresse à l'histoire française sait que Napoléon Ier réunit également, à Paris, un Sanhédrin. Qu'en est-il exactement de cette instance qui semble avoir survécu aux siècles ?

Les sanhédrins

Ce mot, en araméen, signifie simplement *assemblée*. Pour les Juifs, il s'agissait d'une cour de justice soit locale, soit générale (Grand Sanhédrin). Son origine remonte aux soixante-dix sages élus par Moïse. Ce n'est cependant qu'à l'époque du Premier et du Second Temple que le Grand Sanhédrin, véritable cour suprême, siégeant dans l'enceinte du Temple, à Jérusalem, prend toute sa puissance (il compte alors 71 membres).

Le pouvoir du Grand Sanhédrin

Son pouvoir était énorme tant du point de vue religieux (nomination du grand prêtre, solution des litiges, fixation du calendrier, fixation des règles de la *halakhah*, etc.) que politique (nomination du roi, décision de guerre, etc.) ou judiciaire (litiges, peine de mort, etc.). La charge de président (*nassi*) était héréditaire et revenait de droit aux héritiers de Hillel (voir encadré).

Le Grand Sanhédrin survécut à la destruction du Second Temple. Il fut simplement transféré à Yavneh (avec des pouvoirs réduits). Ce n'est qu'au Ve siècle, que Rome supprima définitivement la fonction de *nassi* et par là même le Grand Sanhédrin.

Napoléon Ier et la question juive

D'une certaine manière Napoléon peut être considéré comme un bienfaiteur du peuple juif même s'il ne s'écria jamais « je suis Juif », comme il le fit avec l'islam. En 1791, tous les Juifs de France acquièrent la nationalité française (voir l'article consacré à l'émancipation des Juifs). En 1806, Napoléon réunit une Assemblée de 111 notables, lesquels doivent répondre à une série de douze questions dont le but est de déterminer si les lois juives sont compatibles avec le droit français. L'assemblée répondit que la loi talmudique ordonne aux Juifs « de regarder comme loi suprême la loi du prince en matière civile et politique ».

Cette réponse donne à Napoléon l'idée de réunir un Grand Sanhédrin « à l'ancienne », composé de 71 membres dont les deux tiers seraient des rabbins. La particularité de ce Sanhédrin était d'être limité dans le temps. Une première séance s'ouvrit le 9 février 1807, sous la

Hillel

Hillel, un des maîtres de la loi juive, vivait à l'époque du Second Temple (-70/-10 è.c.). C'est l'un des premiers sages à avoir systématisé l'interprétation de la loi Biblique et cela dans un sens plutôt libéral. Malgré son origine modeste, il fut nommé Président du Sanhédrin (*nassi*) et cette fonction demeura héréditaire pendant plusieurs siècles. Dans ses discussions sur l'interprétation de la loi juive, Hillel s'opposait toujours à Chammaï, lequel prônait une grande rigueur. In fine, ce fut presque toujours l'opinion de Hillel qui fut acceptée car il avait le génie de toujours trouver un exemple pratique qui ne pouvait qu'entraîner l'adhésion.

Le chofar

Il s'agit d'un des plus anciens instruments de musique à vent. On l'utilise à l'occasion de certaines fêtes (Rosh Hashana, Yom Kippour) pour écarter les forces du mal et apaiser le courroux divin. Faible en harmoniques, le son du chofar s'entend de très loin.

présidence d'un rabbin promu *nassi*. Les séances se multiplièrent jusqu'au 9 mars et le Grand Sanhédrin remit ses conclusions à l'Assemblée des notables qui continua ses travaux encore pendant un mois. Une année plus tard, Napoléon promulgua ses lois. On retiendra un décret positif : la création de Consistoires juifs composés de rabbins et de laïques et un « décret infâme » (imposant aux commerçants juifs une patente particulière). Ce « faux pas » de Napoléon fut supprimé à la chute du régime (en 1814).

État d'Israël

Malgré la proposition d'un ministre des affaires religieuses, la création d'un Sanhédrin dans le nouvel État juif ne fut pas accueillie avec grand intérêt par les rabbins orthodoxes. Elle ne donna donc pas lieu à la création d'un nouveau Sanhédrin ayant comme l'ancien un pouvoir étendu sur les Juifs d'Israël et de la Diaspora.

Consistoire juif

Le Consistoire central créé en 1808 par Napoléon existe toujours et rassemble, à l'heure actuelle, 232 centres cultuels. Bien entendu, ce Consistoire n'exerce son influence que sur les Juifs pratiquants. Comme le fait remarquer le couple Ajchenbaum « la bataille fait rage en son sein pour le contrôle de l'institution entre les partisans d'un judaïsme modéré et ceux qui souhaitent revenir à une pratique orthodoxe stricte »[32].

Outre le Consistoire, le réseau associatif des Juifs de France comprend également le CRIF (*Conseil représentatif des israélites de France*) qui se veut le porte-parole politique des Juifs de France (mission, bien entendu, impossible), le FSJU (*Fonds Social Juif Unifié*) qui fédère pour la France des activités sociales, culturelles ou éducatives et l'AUI (*Alliance Israélite Universelle*) qui exporte, dans la limite de ses moyens, le modèle français dans le monde entier.

Jean-Yves Camus et Annie-Paule Derczansky font remarquer que « entre 600 000 et 700 000 personnes sont représentées par des leaders qu'ils ne connaissent pas et qu'ils n'ont pas élus »[33].

David Sintzheim

Cet érudit fut le premier grand rabbin du Consistoire central.

Les Juifs de France

La Première Croisade (1096) donne le coup d'envoi de l'antisémitisme en France. En 1171, les habitants de la ville de Blois brûlent tous leurs Juifs. En 1182, Philippe Auguste expulse les Juifs de France. En 1215, le concile de Latran marginalise les Juifs et ceux de France doivent porter la rouelle (une petite pièce de tissu de forme arrondie) comme signe distinctif. En 1307, Charles le Bel expulse tous les Juifs de France. Grâce à divers traités et annexions (Cateau-Cambrésis en 1559, Westphalie en 1648, etc.) de nombreux Juifs reviennent vivre en France même s'ils ne sont pas toujours considérés comme Français.

En 1791, tous les Juifs de France acquièrent la nationalité française et Napoléon (voir plus haut) aplanit la « question juive ».

En 1896-99, la « question juive » ressurgit avec l'affaire du capitaine Dreyfus, accusé à tort d'avoir vendu des secrets militaires à l'Allemagne : la France est divisée entre dreyfusards et antidreyfusards.

En 1940-41, le gouvernement de Vichy décide de mesures discriminatoires à l'égard des Juifs et les 16 et 17 juillet 1942, la police française du gouvernement de Vichy, en collaboration avec les SS, effectue, à Paris, une rafle massive des Juifs (connue sous le nom de *rafle du Vel' d'Hiv*).

Godefroy de Bouillon

Godefroy de Bouillon (ici couronné des instruments de la Passion) est l'un des principaux chefs de la Première Croisade (vers 1096).
Élu souverain du nouveau royaume latin de Jérusalem, il décline le titre et prend celui d'« avoué du Saint-Sépulcre ».
On estime que c'est cette croisade qui est à l'origine de l'antisémitisme occidental.
L'office commémoratif Yizkor (« Que Dieu se souvienne de l'âme de… ») est toujours en mémoire des martyrs de la Première Croisade. Gravure du XVe siècle.

La sexualité

Les Juifs ne sont guère différents des autres humains. On y dénombre des hétérosexuels, des homosexuels, des bi, des frigides, des impuissants, etc. Ce qui est différent chez les Juifs orthodoxes, c'est la mainmise de la religion sur leur vie sexuelle.

Même dans ses rapports intimes, le Juif n'est jamais laissé seul à lui-même : il doit respecter certains commandements et les directives de la *halakhah*, c'est-à-dire la jurisprudence rabbinique. Or, en plusieurs milliers d'années, les rabbins ne se sont pas privés de légiférer dans ce domaine. Nous ne nous intéresserons pas ici aux nombreuses décisions halakhiques mais uniquement aux grandes directives religieuses qui imposent au Juif un certain comportement sexuel sachant que l'acte sexuel est un droit pour la femme et un devoir pour le mari. Le Talmud précise d'ailleurs qu'« au moment où l'homme est uni à sa femme en sainteté, la Présence divine [Chekhinah, voir page 184] réside auprès d'eux » (Ketoubbot 62b). L'union sexuelle est d'ailleurs un commandement divin (*mitzva*), le seul – il faut être réaliste – pour lequel il n'existe pas de bénédiction prononcée avant l'acte.

Hors du mariage point de salut

Le mariage est une obligation pour l'homme : il n'est pas normal qu'il reste célibataire et s'il ne parvient pas lui-même à trouver l'âme sœur, sa famille, ses amis ou un marieur professionnel s'en occuperont. La sexualité n'est admise que dans le mariage ou le concubinage, appelé cohabitation (*biah*). Le mariage est une *mitzva* (c'est-à-dire à la fois un commandement et une bonne action). L'acte sexuel est lui aussi une *mitzva* ; il est recommandé de le pratiquer le jour le plus saint de la semaine : le chabbat. L'homme a le devoir d'accomplir cet acte à intervalles réguliers, même ces intervalles sont précisés par la *halakhah* en fonction des circonstances. Le mariage ne peut se concevoir que s'il y a des relations sexuelles régulières. Pour la loi juive, un mariage platonique serait immédiatement invalidé car il lui manquerait le second volet du commandement, qui est de procréer. Il est donc clair que pour le Juif orthodoxe la fréquentation des prostituées est interdite (même s'il s'agit d'une femme non juive) ainsi que les relations sexuelles avant le mariage et, bien entendu, la masturbation et le *coïtus interruptus*. Bien entendu, ces normes ne sont plus guère respectées que par les Juifs orthodoxes d'autant plus que le concubinage n'est pas illégal dans la tradition juive.

Ketoubbot

C'est un traité du Talmud. En réalité, c'est le second traité du troisième ordre (*Nachim*) de la *Michnah* (la première partie du Talmud). Ce traité discourt du mariage et énumère toutes les obligations du mari envers son épouse ; il traite également de la dot de la femme, du contenu du contrat de mariage (*ketoubbah*), de la cérémonie de mariage, du déplacement des époux, etc.

Ce qui est autorisé par la loi juive et ce qui ne l'est pas

Bien entendu, ce tableau ne reflète que la position des Juifs orthodoxes. Les autres mouvements religieux sont plus tolérants et envisagent la sexualité dans le cadre d'un respect des particularités individuelles. On notera que pour les religieux le divorce n'existe pas (étant remplacé par la répudiation) mais, par facilité, nous le reprenons dans la liste.

Divorce civil	oui
Fécondation In Vitro (FIV)	oui (au sein du couple)
Masturbation	en principe, non
Pilule contraceptive	oui
Polygamie	oui
Préservatif masculin	non
Préservatif féminin	oui
Répudiation	oui
Sexe oral (dans les préliminaires)	oui
Adultère	non (puni par la loi)
Fornication	non (punie par loi)
Homosexualité	non (l'abomination des abominations)
IVG	non
Sodomie	non

Procréer : la première mitzva

Puisque la procréation est le premier devoir du couple, il va sans dire que le judaïsme orthodoxe n'admet en aucune manière les couples homosexuels (« Ne cohabite point avec un mâle d'une cohabitation sexuelle : c'est une abomination », Lévitique 18, 22) et que différentes *halakhoth* traitent des couples stériles, des difficultés de procréation, etc. On notera, au passage, que le couple lesbien échappe à la sagacité de la Bible mais non à celle des rabbins législateurs (chez qui il est condamné mais pas puni et cela pour deux raisons : l'obligation de procréer est une obligation masculine, ici il n'y a pas de « gaspillage » de sperme).

Puisque le but premier est la procréation, il va sans dire que l'acte sexuel est réglementé de manière à ce qu'il soit le plus fécondant possible. Ainsi, dans un couple marié (seul cas envisagé !), les rapports sexuels sont interdits pendant la période d'écoulement menstruel, période à laquelle il a été ajouté sept jours « purs » (*niddah*). Il est cependant prévu que le mari s'intéresse au plaisir de son épouse... car, selon d'anciennes conceptions, l'orgasme est un des facteurs de la fécondation.

La niddah

Ce mot désigne l'« impureté » de la femme pendant la période « élargie » des menstrues. Durant cette période, elle ne peut avoir de relations sexuelles avec son mari et est exlue de tous les actes et objets nécessitant la pureté rituelle. Cette exclusion de la femme est complète (on perd sa pureté rituelle en lui donnant la main, en mangeant à la même table qu'elle ou même en touchant la chaise sur laquelle elle a été assise...) et très complexe (nous ne nous étendrons donc pas sur ce sujet mais sachez que les rabbins ont analysé toutes les pathologies de la femme : un vrai manuel de gynécologie religieuse !). Signalons cependant que cette impureté peut également concerner l'homme qui serait atteint d'une maladie avec écoulement urétral, comme c'est le cas pour la gonorrhée (chaude-pisse, en langage populaire). La période d'impureté de la femme concerne toute la durée de l'écoulement

Adam et Ève

Comme on le sait, il existe deux récits de la création. Dans le premier, Adam et Ève furent créés en même temps. Dans le second, Ève fut créé plus tard à partir d'un côte d'Adam. On sait aussi qu'Ève ne fut pas la première femme d'Adam.
De tout ceci, on peut conclure qu'Adam et sa première femme (Lilith) furent créés en même temps et que, plus tard, Ève fut crée à partir d'une côte d'Adam.

Le bain rituel

Un traité complet du Talmud (le *Miqvaot*) est consacré au bain rituel ou *miqveh*. Cela est compréhensible lorsqu'on admet que le bain rituel est une des institutions de la vie juive, au même titre que la synagogue (pour construire un bain rituel il est même autorisé de vendre une synagogue). Ainsi, avant de s'installer dans une ville, un Juif pieux s'informe d'abord de l'existence d'une synagogue, d'une maison d'étude et, surtout, d'un bain rituel.

Le bain rituel — bain répondant à certaines caractéristiques précises énumérées dans le Talmud — est fréquenté aussi bien par les femmes que par les hommes. S'immerger dans un bain rituel rend à l'individu sa pureté rituelle. Il est clair que l'immersion dans un bain rituel nécessite une propreté absolue du corps, la propreté sprirituelle est acquise après le bain. Le *miqveh* est donc fréquenté régulièrement par les femmes (après la période des règles et avant le mariage) et par les hommes (avant le chabbat ou avant certaines fêtes religieuses). Les ustensiles de cuisine en métal ou en verre qui ne sont pas fabriqués par un Juif doivent également être immergés dans un bain rituel avant de pouvoir être utilisés par un Juif orthodoxe. La conversion également oblige le converti à s'immerger dans le bain rituel. Nous n'entrerons pas dans les détails complexes concernant la qualité de l'eau du bain et la manière de le remplir (des livres entiers existent sur ce sujet « très complexe ») pour qui veut respecter toute la Loi ; ce qui explique que les bains rituels sont toujours supervisés par un rabbin très au courant de la jurisprudence juive ou *halakhah*. À titre anecdotique, signalons que la capacité d'un bain rituel est d'environ 700 litres (le minimum étant 332 litres), soit plus ou moins celle d'un petit spa ou d'un grand jacuzzi.

menstruel, à laquelle on ajoute, nous l'avons déjà dit, sept jours supplémentaires. Si cette loi est appliquée avec une grande dureté c'est en punition du crime d'Ève qui a causé la mort d'Adam... Pour les talmudistes, cette longue période d'abstinence est bénéfique car « le mari devient trop familier avec sa femme, il se lasse d'elle, aussi la Torah lui a-t-elle interdit sa femme de sorte qu'elle reste aimée de lui comme au jour de leurs noces » (Talmud /Mich-nah/Niddah, 31b).

Homosexualité

La réprobation de l'homosexualité masculine se fonde sur trois passages de la Torah (Lévitique 18, 22 & 20, 13 et Deutéronome 23, 18). Elle est passible de mort par lapidation (ce crime est considéré comme aussi grave que l'idôlatrie et l'homicide) mais elle est surtout un vice des Cananéens et des Égyptiens et, disent les sages, affecte peu les Juifs. La réprobation de l'homosexualité résulte surtout du fait qu'elle viole le commandement de la procréation. Bien entendu, seul le passage à l'acte est punisable et non la structure de la personnalité.[33bis]

Famille

La famille juive orthodoxe se base sur l'idéal biblique : le patriarche, la matriarche et les enfants entièrement soumis au père. La famille est l'idéal de la vie juive et le mariage est un devoir pour l'homme. Il est dit dans le Talmud (Houllin 84b) que « l'homme doit dépenser au-dessous de ses moyens pour la nourriture, comme ses moyens le lui permettent pour ses vêtements mais au-dessus de ses moyens pour honorer femme et enfants car ils dépendent de lui ».[33c] Le but de la famille est d'honorer le commandement divin de la procréation. Tout a été prévu dans ce sens : l'homme peut divorcer (répudiation) si sa femme est stérile et cette dernière peut avoir recours au service d'une autre femme pour avoir des enfants (le concept de mère porteuse est donc biblique).

Adultère

L'adultère est considéré comme un péché envers Dieu (il est d'ailleurs repris dans les Dix commandements). Bien entendu, il n'y a adultère que lorsque la relation sexuelle s'établit entre une femme mariée (ou fiancée) et un autre homme que son mari : c'est la femme qui est adultère puisque, selon la Bible, elle appartient à son mari mais la réciproque n'est pas vraie. Néanmoins, dans l'adultère l'homme et la femme sont, en principe, punis de mort. L'adultère est aussi un des commandements des lois noachides et c'est l'un des rares commandements (avec l'idolâtrie et le meurtre) pour lequel le Juif doit préférer le martyre à la faute. Remarquons que la condamnation n'était que rarement appliquée car pour prouver l'aldultère il faut respecter (comme en islam) des règles très strictes (dont, par exemple, la présence de deux témoins, ce qui pour ce type de « délit » est rarement le cas).

Lilith

Contrairement à une opinion communément admise, Ève ne fut pas la première femme d'Adam. Dans la Bible, il y a deux récits de la Création (comme il existe également deux textes différents pour le Décalogue, voir page 56).

Première version : « Dieu créa l'homme à son image ; c'est à l'image de Dieu qu'il le créa. Mâle et femelle furent créés à la fois. » (Genèse 1, 27).

Deuxième version : « L'Éternel-Dieu fit peser une torpeur sur l'homme, qui s'endormit ; il prit une de ses côtes, et forma un tissu de chair à sa place. L'Éternel-Dieu organisa en une femme la côte qu'il avait prise à l'homme, et il la présenta à l'homme. » (Genèse 2, 21-22).

La première femme d'Adam est nommée Lilith mais très vite elle voulut l'égalité avec Adam, y compris l'égalité sexuelle en refusant la position dite « du missionnaire » : « Soudain, ils se mirent à se disputer l'un avec l'autre. Elle dit : « Je ne m'allongerais pas en dessous, et il dit : « Je ne m'allongerais pas en dessous mais plutôt au-dessus, car tu as été désignée pour être en dessous et moi au-dessus. » Elle lui dit : « Nous sommes égaux tous les deux car nous avons tous les deux été créés à partir de la terre (...).[34] La suite de l'histoire, trop longue à raconter ici, est qu'Adam s'en est plaint à Dieu et qu'à la suite de cela Lilith a été transformée en démon. Depuis, elle hante, dit-on, les nuits des célibataires... alors qu'Ève a pris sa succession dans le cœur d'Adam et dans la légende des hommes qui voient en elle la « première femme ».

Les lois noachides

Ce sont les sept lois imposées par Dieu à Noé. À l'opposé des 613 commandements de la Torah qui ne sont imposés qu'aux Juifs, les 7 lois noachides sont imposées à toute l'humanité. Tout homme juste qui respecterait ces 7 lois pourrait participer « au monde à venir » (voir l'article consacré à la vie éternelle). Ces 7 lois noachides sont : l'obligation d'établir une justice civile, l'interdiction du blasphème, le rejet de l'idolâtrie, l'interdiction des délits sexuels (inceste, adultère, etc.), l'interdiction du meurtre, l'interdiction du vol et l'interdiction de la cruauté envers les animaux).

Polémique

Seuls les Juifs ultraorthodoxes observent encore l'ensemble de ces lois. Aujourd'hui, la plupart des Juifs font de l'éclectisme commode et choisissent les lois qui leur conviennent ou se contentent de certaines pratiques auxquelles ils confèrent un statut « culturel » (comme, par exemple, le bain rituel avant le mariage). On ne s'étonnera pas que le judaïsme réformé ait rejeté toutes les pratiques. Bien que rarissime, le rabbin qui affiche son homosexualité n'est plus un cas d'école pas plus que la famille juive qui fréquente les camps naturistes (malgré les *mitzvoth* qui interdisent de découvrir la nudité de sa mère ou de son père).

Pour en savoir plus

Vous pouvez, bien entendu, lire le *Choulhane Aroukh* (« La table dressée »), un des principaux codes de la loi juive (écrit, au XVIe siècle, par Joseph Caro) mais, plus raisonnablement, je vous conseille le livre de Pauline Bebe, la première femme rabbin française. Elle a consacré un ouvrage, sous forme de dictionnaire, à la place de la femme dans le judaïsme (*Isha. Dictionnaire des femmes et du judaïsme*. Calmann-Lévy. 2001). De nombreux articles, très accessibles, sont consacrés à la sexualité de la femme juive (*nidda*, *mikvé*, bien sûr, mais aussi *puberté*, *prostitution*, *lesbianisme*, *divorce*, *procréation* et *contraception*, *avortement*, etc.).

Caro (Joseph Ben Ephraïm) et le Choulhane Aroukh

Né en 1488 et décédé en 1575, Joseph Caro est un des principaux codificateurs de la Loi juive et aussi un important kabbaliste (voir page 108).

Comme Maïmonide (expulsé d'Andalousie par les Almohades) et de nombreuses autres personnalités juives, Joseph Caro est chassé, en 1492, par le Décret d'expulsion des Juifs, de sa ville natale, Tolède. Il se réfugie au Portugal mais un nouveau décret d'expulsion en chasse tous les Juifs quatre ans plus tard. Après un séjour en Turquie, il s'installe en Palestine et, plus précisément, dans la ville de Safed dont il devient une éminente personnalité (directeur du Tribunal rabbinique et de l'Académie talmudique).

Il y rédige (de 1522 à 1554, soit pendant trente ans), un ouvrage qui met en lumière la source talmudique de chaque loi (*Bet Yoseph* ou « La Maison de Joseph »). Il rédige, ensuite, un résumé de ce travail connu sous le nom de *Choulhane Aroukh* (ou « La Table dressée »), ouvrage où sont consignées toutes les règles qui régissent la vie du Juif du matin de sa naissance à sa dernière heure. Pour chaque loi, J. Caro a consulté les travaux de trois de ses éminents prédécesseurs (Maïmonide, Haroche et Harif). La règle à observer était déterminée en fonction de l'avis majoritaire de ces trois halakhistes. D'origine séfarade, J. Caro était de ce fait particulièrement réceptif aux traditions orientales. Pour contrer cela, quelques années plus tard, un autre talmudiste mais ashkénaze, rabbin à Cracovie, Mosès Isserlès (connu sous l'acronyme de Rema), compléta cet ouvrage en y ajoutant les traditions polonaises (son complément porte le nom de *Mappah* ou « La Nappe »).

Le *Choulhane Aroukh* est un ouvrage toujours utilisé par les Juifs orthodoxes qui y cherchent la « bonne conduite » de vie. Pour illustrer son importance, il suffit de signaler que les autorités juridiques antérieures à cet ouvrage portent le nom de *Richonim* alors que les autorités juridiques qui lui sont postérieures portent le nom de *Aharonim* : l'ouvrage étant considéré comme une référence absolue. Pour ceux qui ne s'intéressent qu'au « savoir-vivre juif », il existe, en langue française, des éditions réduites du *Choulhane Aroukh*, le texte ayant été abrégé par des rabbins orthodoxes. Concernant ce livre, Simon Schwarzfuchs écrit : « Le judaïsme, religion normative par excellence, ne peut se passer d'instances de décision. Tout point de la loi, tout problème de la vie courante contraint le fidèle à s'interroger et à consulter sur la conduite à tenir. Depuis le XVIe siècle, il dispose du *Choulhane Aroukh*, « La Table dressée », qui réunit et classe les lois relatives à la vie quotidienne et a recueilli l'assentiment des différentes écoles de juristes juifs qu'ils soient de tradition séfarade ou ashkénaze ».[35]

Le statut de la femme juive

La femme, nous en avons déjà parlé, n'est pas soumise aux commandements « cycliques », liés au temps. Elle n'est pas, non plus, soumise au port des teffilin, du talith et n'est, en principe, pas appelée à la lecture de la Torah. Enfin, son témoignage en matières civiles et pénales n'était pas valide. Malgré cela, ces limitations n'ont pas empêché certaines femmes d'atteindre des positions élevées dans la civilisation juive ; ainsi la dynastie hasmonéenne eut une femme pour dernière dirigeante, Salomé Alexandra.

Pour commenter la place de la femme dans la religion juive, un ouvrage de grande ampleur serait nécessaire. Nous nous contenterons, ici, de donner quelques informations sur la sexualité de la femme, placées sous l'angle de la religion. Rappelons simplement que les commandements de se marier, de procréer et d'accomplir le devoir conjugal sont des obligations de l'homme. Elles ne s'adressent pas aux femmes, lesquelles doivent simplement respecter les lois liées à la menstruation.

Les relations sexuelles

Pour le judaïsme, le but des relations sexuelles n'est pas uniquement la procréation mais aussi le plaisir (selon la théorie qu'un acte sexuel agréable est aussi plus fécondant et que, si Dieu s'occupe de la fécondation, l'homme peut s'occuper du plaisir). L'homme doit donner du plaisir à la femme, laquelle a droit à des relations sexuelles régulières (lois de l'*ona*) lesquelles sont toutefois limitées par les lois du *nidda* (voir page 154). En outre, il ne lui appartient pas d'initier les relations sexuelles bien que cela ne soit pas défendu,. Pour celles qui ont ce « courage », on trouve dans le Talmud (Erouvin 100b) la prédiction suivante : « Elles auront des enfants tels qu'il n'y en eut pas, même dans la génération de Moïse ».

On sait que pour les mystiques juifs une relation sexuelle réussie possède une composante spirituelle où la présence de Dieu n'est jamais loin (l'acte sexuel entre un homme et une femme est l'union entre la sagesse et la raison : il crée la connaissance nécessaire au divin). D'ailleurs les rabbins recommandent de pratiquer l'acte sexuel le jour du chabbat, le jour le plus saint de la semaine. Enfin, notons aussi, que le *Cantique des cantiques* (texte érotique où une femme exprime sa sexualité sans médiation), bien qu'il ne contienne aucune référence à Dieu, est considéré par le rabbin Aqiva (voir page 196, note 18a) comme le « plus saint de tous les livres saints ».

L'information sexuelle

Le judaïsme n'a aucune réticence à parler de la sexualité et, s'il impose un comportement réservé en public, toutes les pratiques sont autorisées en privé. Notons, au passage, que les longs préliminaires sont recommandés dans de nombreux textes du Talmud où il est même spécifié que les deux partenaires doivent être nus (si cette condition n'est pas respectée, le divorce peut-être obtenu). Ainsi que nous l'avons déjà dit, plusieurs traités du Talmud sont dédiés aux règles de la sexualité et la Bible, non plus, n'est pas avare en règles et conseils (voir, par exemple, les recommandations prodiguées dans *Nombre* (5, 11-31) concernant la femme *sota* (« déviante »), c'est-à-dire suspectée d'infidélité conjugale.

La Shoah

Six millions d'individus exterminés par les nazis et leurs affidés — méticuleusement, minutieusement, bureaucratiquement, un à un — pour l'unique raison qu'ils étaient Juifs selon les lois allemandes. C'est cela la Shoah.

Pour l'exterminé, les raisons idéologiques de sa condamnation à la mort importent peu ; pour l'historien, par contre, les causes et conditions d'un massacre sont importantes. Ce sont elles qui font dire que la Shoah est unique. D'autres peuples ont été exterminés ; il y a eu d'autres crimes, d'autres génocides, d'autres tueries mais jamais encore la mort d'hommes n'a eu pour seul critère l'appartenance à une communauté. Jamais encore la seule appartenance à une communauté n'excluait systématiquement et irrévocablement un individu de la communauté des hommes, ce qui autorisait (et demandait) sa mort, sans état d'âme, mécaniquement, antiseptiquement. Qu'une nation entre de plain-pied dans ce délire est déjà surprenant ; que d'autres nations, des religions aussi, participent — même de manière silencieuse — à ce délire voici qui dépasse l'entendement. C'est cela aussi la Shoah : la mise en œuvre méthodique, aux dimensions de l'Europe, d'une idéologie qui dépasse l'entendement humain.

Que Dieu ait « abandonné » son Alliance avec Israël alors qu'historiquement il a combattu au côté des Juifs pour les libérer du joug égyptien puis les a aidés à entrer dans la Terre Promise et conquérir ses villes ; que Dieu ait apparemment abandonné son peuple : c'est cela aussi la Shoah.

Sans avoir les clés de la réponse à cette triple question : « Pourquoi les Juifs ? », « Pourquoi cette folie des hommes ? », « Pourquoi cet abandon de Dieu ? », nous nous proposons, en quelques pages, de fournir au lecteur les éléments essentiels historiques et religieux concernant cette tragédie unique et incompréhensible.

Les faits

Six millions de Juifs ont été assassinés par les nazis et leurs affidés pendant la Seconde Guerre mondiale. Ainsi, la communauté juive a perdu en quelques années un tiers de sa population mondiale (2/3 de la population européenne) et la plupart de ses académies, écoles, synagogues.

Les sources de l'antisémltisme allemand

Le parti nazi est convaincu de la responsabilité des Juifs dans la défaite de l'Allemagne lors de la Première Guerre mondiale. Pour éviter que cela ne se reproduise, il estime qu'il faut écarter les Juifs de tous les postes à responsabilité et les empêcher sexuellement de « pol-

Shoah ou Holocauste

Pour désigner l'extermination massive des Juifs par les nazis quatre termes sont utilisés : catastrophe, shoah, hourban et holocauste. Le terme shoah est la traduction, en hébreu, du mot catastrophe. C'est le mot le plus utilisé. Depuis son introduction par Elie Wiesel (écrivain, prix Nobel de la Paix), les Anglo-Saxons et les Israéliens utilisent le mot holocauste. Pour quantité de raisons (philologiques et religieuses), ce mot ne devrait pas être utilisé car il introduit dans cette extermination des éléments religieux et sacrés qui n'y ont pas leur place. Assimiler le peuple juif à une victime offerte en sacrifice à Dieu est un non-sens et une contre vérité. Les Juifs traditionalistes proposent le terme de *hourban* (catastrophe voulue par Dieu dans un dessein que l'homme ne peut comprendre).

À tous ces termes, de plus en plus d'auteurs préfèrent celui de judéocide. Vladimir Grigorieff a tout à fait raison lorsqu'il écrit : « Ce terme de judéocide a une signification infalsifiable et non manipulable, il dit exactement ce qu'il veut dire. »[35a]

Entrée du camp de concentration d'Auschwitz

À l'entrée du camp la devise *Arbeit macht frei.* (« Le travail rend libre »). Auschwitz est situé à 60 km au nord de Cracovie (Pologne). S'étendant sur 40 km², Auschwitz a été à la fois un camp de concentration et le plus grand des six centres de mise à mort.

luer » la race allemande. Dès 1920, le parti nazi propose l'éloignement des Juifs (perte de la nationalité allemande et expulsion). Pour les partisans de l'école intentionnaliste, le parti nazi avait dès sa création comme but l'extermination des Juifs. Ce n'est cependant pas l'avis de tous les historiens dont certains (école fonctionnaliste) estiment que la destruction totale n'était pas programmée au départ et que l'escalade de la violence a été dictée par les événements[36]. Le

Antisémitisme

Ce terme, créé, en 1879, par W. Marr, incorrect au départ (les Juifs ne sont pas tous sémites, et les sémites ne sont pas tous Juifs), a rencontré un grand succès linguistique : il désigne la haine des Juifs. On notera que les Juifs, en refusant les contacts sociaux conviviaux, du fait de leurs pratiques alimentaires, de l'interdiction des mariages mixtes, etc., ont nourri d'une certaine manière un antisémitisme primaire. Bien entendu, en marquant les Juifs du sceau de l'infamie, fixée à leur statut de « déicides », les chrétiens ont alimenté cet antisémitisme. Il est difficile de fixer une date précise pour le début de l'antisémitisme occidental mais on peut, sans trop se tromper, le faire remonter aux premières croisades (1096). En 1215, le concile de Latran codifie d'une certaine manière l'antisémitisme en interdisant aux Juifs l'accès à certaines professions, la libre circulation dans les villes, des restrictions sociales et l'obligation de porter des vêtements distinctifs.

23 mars 1933, le Reichstag vote les pleins pouvoirs à Hitler. Quelques jours plus tard (le 7 avril), tous les fonctionnaires juifs sont chassés et les Juifs invités à quitter le pays. Deux ans plus tard (septembre 1935), les lois de Nuremberg définissent qui est Juif et créent une véritable séparation physique entre Juifs et Allemands (tous les Juifs perdent la nationalité allemande, tous les mariages entre Juif et Allemand sont dissous et les relations sexuelles Juif-Allemand sont interdites). Les Juifs sont invités à quitter le pays mais la proximité des Jeux Olympiques oblige cependant les Allemands à une certaine modération. Ceci a pour conséquence que peu de Juifs prennent peur et quittent le pays.

En 1938, l'*Anschluss* marque véritablement la fin du *statu quo* pour les Juifs : ils sont spoliés, humiliés et A. Eichmann organise l'expulsion des Juifs d'Autriche. C'est l'année également où les Juifs sont obligés de porter officiellement les prénoms d'Israël et de Sarah (décret Globke). La fin de l'année 1938 est également catastrophique pour les Juifs. En novembre, le conseiller d'ambassade von Rath est assassiné à Paris par un Juif polonais. En représailles, Hitler et Goebbels organisent un vaste pogrom (la « Nuit de Cristal »). Des milliers de Juifs sont arrêtés et déportés à Dachau, des milliers de commerces sont détruits, 200 synagogues sont saccagées. La folie meurtrière commence... sous le regard indifférent des Allemands (qui dans l'immense majorité ont accepté et approuvé les lois raciales de Nuremberg) et des gouvernements des pays limitrophes. L'Église catholique, même, reste très discrète alors qu'elle avait manifesté avec force sa désapprobation lorsque le gouvernement nazi décida d'éliminer les malades mentaux.

Auschwitz :
l'entrée du camp

Auschwitz symbolise la Shoah parce que ce camp de concentration fut aussi le centre de mise à mort qui fonctionna le plus longtemps et eut le plus grand nombre de victimes gazées. Contrairement aux autres centres de mise à mort qui furent rasés par les nazis, Auschwitz présente encore des décombres qui permettent d'imaginer la barbarie.

Les moyens d'extermination

Ce n'est vraisemblablement qu'au moment du conflit germano-soviétique que le gouvernement nazi envisage la destruction massive et méthodique des Juifs (auparavant d'autres hypothèses avaient été envisagées comme, par exemple, l'irréalisable déportation à Madagascar). À partir du moment où la destruction des Juifs est décidée et planifiée, tous les moyens bureaucratiques et matériels sont mis à la disposition des SS pour industrialiser cette extermination : trains, camps de concentration, centres de mise à mort, chambres à gaz, fours crématoires... De nombreux historiens datent de 1942 (conférence de Wannsee, 20 janvier 1942) la décision d'organiser la « solution finale ». Le but de cette conférence étant de trouver des solutions techniques aux problèmes posés par la déportation des Juifs vers les camps de concentration ou leur transport vers les six centres de mise à mort

Les acteurs

La « solution finale » (*Endlösung*) a été imaginée par le gouvernement allemand nazi mais de très nombreux autres gouvernements des pays « occupés » ou « libres » se sont associés à cette extermination, dépassant parfois les exigences nazies. La place nous manque ici pour décrire, un à un, le comportement des divers États vis-à-vis des Juifs. Il suffit cependant de noter que le Danemark est l'un des rares pays qui refusèrent d'édicter des lois antisémites. En France, on le sait, le gouvernement de Vichy édicta en 1940, puis en 1941, un « statut des Juifs » qui organise l'exclusion des Juifs de nombreux emplois. L'extermination des Juifs continue à poser de nombreux problèmes que nous nous contentons simplement de relever : Qu'en est-il de la collaboration des Juifs avec les nazis ? Les fondateurs d'Israël ont-ils privilégié la création de l'État juif par rapport à l'aide aux victimes des nazis ? Pourquoi l'Église catholique s'est-elle tue ? Pourquoi les camps d'extermination et les voies ferrées n'ont-ils jamais été bombardés ?

Spécificité de la Shoah

Les Juifs prétendent que la Shoah est un événement unique dans l'histoire du monde dont l'horreur dépasse tous les autres. Faut-il leur donner raison ? Pour les victimes, nous l'avons dit, l'horreur est toujours complète à 100 %. Pour l'historien, la question mérite d'être soulevée. Sans apporter de réponse à cette question, rappelons simplement que, dans le cas de l'extermination des Juifs, le judéocide, il n'y a pas seulement génocide mais il y a aussi, dans l'esprit des assassins, le sentiment que le Juif, du fait de sa naissance, est exclu de l'espèce humaine : **un déni de l'humain**. Le génocide des Juifs ne répondait pas à des raisons économiques, politiques ou commerciales mais à une philosophie de l'humain, où le Juif est tout simplement considéré comme « non-humain ». S'il y a eu d'autres génocides dans le monde (dont celui des Indiens par les Conquistadors et celui des Arméniens) jamais encore les quatre facteurs d'extermination (systématisation des victimes, planification bureaucratique de la destruction, industrialisation du massacre, déshumanisation des victimes) n'avaient été réunis dans la même barbarie. C'est cela qui donne à la Shoah sa spécificité dans l'horreur de l'inimaginable. Il est cependant à noter que tous les historiens ne sont pas d'accord avec cette thèse et, sans réduire en rien l'horreur de la Shoah, ils lui refusent toute spécificité car ce serait accorder aux victimes de la Shoah un statut de victime supérieur à celui de toute autre victime, humainement ce n'est certainement pas souhaitable même si collectivement cela peut se comprendre. Les Juifs ne sont pas les seules victimes de l'Histoire. Rien qu'au vingtième siècle, ils sont avec les Arméniens et les Tutsis les trois peuples victimes d'un génocide, chaque fois particulier.

La Shoah dans la pensée juive

Une catastrophe d'une telle importance ne pouvait rester sans réponse de la part des penseurs juifs, hommes de religion ou philosophes.

Yad Vachem

C'est, à Jérusalem, sur le mont du Souvenir, le mémorial de la Shoah. Ce mémorial a pour but de perpétuer le souvenir des victimes, de rassembler le témoignage des survivants, d'illustrer des épisodes héroïques, de rendre hommage aux « Justes des nations », etc.

Le nom Yad Vachem est tiré du verset d'Isaïe : « J'accorderai, dans ma maison et dans mes murs, un monument, un titre (...) ; je leur accorderai un nom éternel, qui ne périra point .» (Isaïe, 56,5)

Pour les Juifs traditionalistes, cette catastrophe est le troisième *hourban*. Comme les deux premiers *hourban* (la destruction du Premier puis du Second Temple), il s'agit d'une volonté mystérieuse de Dieu que l'homme ne peut comprendre. Pour certains rabbins, le monde juif étant dans le péché, cette punition divine n'était pas inutile et le peuple juif, serviteur de Dieu, allait permettre de remodeler le monde (un raisonnement identique a été utilisé pour expliquer les autres catastrophes dont le peuple juif n'a jamais été épargné : « à cause de nos péchés, nous souffrons l'exil et la mort »). En effectuant un raccourci, que nos lecteurs nous pardonneront, on peut dire que la naissance d'Israël, l'État juif est une conséquence de la Shoah. Pour d'autres penseurs juifs, Dieu s'est retiré du monde... ou s'est caché. D'autres encore disent que Dieu est mort ou qu'une nouvelle alliance s'est créée dans laquelle l'homme est un nouveau partenaire plus actif, etc.

Ce qu'il faut retenir, c'est que depuis la Shoah, deux faits importants conditionnent les rapports des Juifs avec le monde extérieur : la naissance de l'État d'Israël et le sentiment de culpabilité des chrétiens. Depuis la Shoah, les Juifs ne sont plus déicides...[36b] Un nouveau rapport s'est établi avec les chrétiens qui se sentent quelque peu responsables de ce qui est arrivé (« tout chrétien vivant après Auschwirtz doit fondamentalement transformer sa foi »[37]). Depuis la Shoah, un 614e commandement s'est ajouté aux 613 *mitzvoth* : « Les Juifs doivent survivre » (E. Fackenheim) et le « non » à Auschwitz conditionne un « oui » à Israël car « Israël est, collectivement, ce que chaque survivant représente à titre personnel »[38].

Auschwitz : fours crématoires et chambres à gaz

Dès leur arrivée, ceux qui ne sont pas aptes au travail sont immédiatement gazés dans des chambres à gaz déguisées en salles de douche. Plusieurs milliers de personnes seront gazées chaque jour. Les corps seront brûlés dans les fours crématoires. Sur cette photo, ce qu'il reste des installations.

Génocide

Ce terme est un néologisme récent. Il a été créé, en 1944, par Raphaël Lemkin, un juriste polonais, spécialiste de droit international, dans son ouvrage *Axis Rule in Occupied Europe*. Ce terme, parfois galvaudé (mais repris par l'ONU qui en fait un crime d'ordre international), possède un sens très étroit : c'est l'extermination systématique d'une communauté sur des critères précis en utilisant une organisation technique et matérielle importante et en s'aidant de l'appareil bureaucratique de l'État. Le massacre des Juifs correspond à ces critères :

- extermination systématique ;
- importante organisation matérielle de destruction ;
- utilisation de l'appareil bureaucratique de l'État nazi.

La destruction des Juifs n'est pas l'unique génocide de l'histoire. Signalons simplement le génocide des Indiens par les Conquistadors espagnols et portugais. Notons, au passage, qu'une encyclique romaine a été nécessaire pour que les États reconnaissent le caractère humain des Indiens.

Auschwitz : four crématoire

Aujourd'hui, il ne subsiste que les fours crématoires de petite dimension. En 1944, devant l'arrivée des troupes soviétiques, Himmler fait dynamiter les chambres à gaz et les fours crématoires.

Pour en savoir plus

Les lectures concernant la Shoah, le Troisième Reich, le génocide, le nazisme, etc., sont très nombreuses. Le lecteur intéressé trouvera une bibliographie thématique dans l'ouvrage de Vladimir Grigorieff, cité ci-après.

Pour le lecteur qui souhaite compléter rapidement ses connaissances, je conseille l'ouvrage de Gilles Martinez, *La Shoah* (Mémo Histoire. Seuil. 1999) qui fait rapidement et intelligemment un tour de la question.

Pour le lecteur qui souhaite davantage réfléchir sur la problématique de la Shoah, l'ouvrage de Vladimir Grigorieff. *Le Judéocide* (Éditions ouvrières, 1994), sera un solide fil conducteur même s'il n'est pas de lecture aisée. Enfin, il est peu connu que l'« Holocauste » occupe une place de plus en plus importante dans la société américaine, à tel point que des cours obligatoires sont dispensés dans les écoles publiques. Une étude très complète de la place de l'Holocauste dans la société américaine est fournie dans l'ouvrage de Peter Novick (*L'Holocauste dans la vie américaine*, NRF, 2001).

Signalons également *Shoah*, le film de Claude Lanzmann basé sur de nombreux témoignages de victimes et de bourreaux (dix heures, sans aucune image d'archives).

Le négationnisme

Il s'agit d'un courant politico-historique, dangereux et inexact, présentant une approche particulière de l'extermination des Juifs par les nazis. Le négationnisme, très présent en France, en Belgique et en Suisse, nie l'existence des chambres à gaz et des fours crématoires, c'est-à-dire qu'il nie l'une des spécificités de l'industrie de mort des nazis et présente ainsi l'Allemagne nazie comme une « barbarie ordinaire », guère différente de la barbarie communiste. Pour nier l'existence de ces instruments industriels d'assassinat, les négationnistes prétextent qu'il ne subsiste ni chambre à gaz, ni four crématoire, que les témoignages sont sujet à caution et qu'ils sont truffés d'erreurs matérielles. Il est facile de réfuter ces arguments en notant simplement le nombre extrêmement élevé de témoignages (qui ne peuvent être tous faux) et surtout les particularités d'un bilan présentant d'une part le nombre de convois arrivant aux camps et d'autre part le faible ravitaillement desdits camps, le nombre réduit de munitions utilisées (lesquelles ne permettent pas d'envisager une exécution individuelle), et, enfin, le petit nombre de cadavres retrouvés. Seule l'utilisation systématique, à grande échelle, des fours crématoires permet d'expliquer ces contradictions. Le révisionnisme est un courant politique «classique » qui propose de revoir certaines données historiques. Le révisionnisme de la Shoah veut recalculer les chiffres officiels. Il serait donc préférable de ne pas associer les révisionnistes (mouvement qui a existé de tout temps) aux négationnistes. On notera que depuis 1990, la loi Gayssot punit « ceux qui auront contesté l'existence d'un ou plusieurs crimes contre l'humanité ».

La Synagogue

C'est l'institution religieuse centrale du judaïsme contemporain. La synagogue n'est pas seulement le lieu pour la prière publique et la lecture rituelle de la Torah, elle est également « le lieu de rassemblement » pour de nombreuses autres activités religieuses ou communautaires : réunions, mariages, enseignement, etc.

La synagogue est apparue à l'époque de l'exil de Babylone (vers -586), c'est-à-dire après la destruction du Premier Temple. Cependant, ce n'est qu'au premier siècle de notre ère, c'est-à-dire après la destruction du Second Temple, qu'elle devient une véritable institution de la vie juive. À cette époque, on comptait près de 500 synagogues à Jérusalem et sans doute plus encore en Diaspora (on le sait grâce à saint Paul qui prêchait la « Bonne nouvelle » d'abord dans les synagogues...).

Fonction de la synagogue

Comme on vient de le dire, l'apparition et le développement des synagogues suit la destruction de chacun des temples. Le Temple n'existant plus, la synagogue devient l'institution centrale du judaïsme. Néanmoins, pour les Juifs, il y a toujours une distinction très nette entre le Temple et la synagogue. Si certains des rites du Temple furent transférés à la synagogue, d'autres furent expressément interdits pour que la distinction entre l'un et l'autre restât nette.

Liturgie de la synagogue

Hors les jours de fête, elle est assez simple et constituée de trois prières : la prière de l'aube, la prière du midi et la prière du crépuscule (voir l'article

Synagogue de Tolède

Il existe des synagogues de tous styles. La présence de quelques marches descendantes à l'entrée est particulière à certaines synagogues. Cela permettait d'obtenir une certaine hauteur intérieure sans pour autant que l'édifice ne soit trop haut et ne dépasse le clocher ou le minaret (ce qui était interdit).L'intérieur de la synagogue représenté ci-contre utilise la technique hypostyle (soutien du plafond par des colonnes) ; d'origine égyptienne ce type de construction a été très utilisé pour la construction des mosquées car il permet, en cas de nécessité, d'agrandir facilement l'édifice.

Salle de prière

Pour la prière en groupe, il n'est nul besoin d'une synagogue. N'importe quel local peut faire l'affaire pour autant que l'on dispose des cinq rouleaux de la Torah et qu'il soit possible de constituer le quorum de 10 membres adultes (*minyan*).

Bouclier de David

Le Bouclier (ou Étoile) de David ou *Maguen David* est une étoile à six branches constituée de deux triangles renversés. Cette étoile est d'apparition assez tardive et n'a rien à voir avec le roi David. Durant la Seconde Guerre mondiale, les nazis ont imposé le port de cette étoile aux Juifs. Par défi, le Parlement israélien décida d'intégrer cette étoile sur le drapeau israélien. Depuis, elle est le symbole de l'appartenance au peuple juif.

Hazane

C'est le chanteur professionnel qui assiste le rabbin durant la cérémonie religieuse. En réalité, il fait beaucoup mieux : c'est lui qui, en commençant et en terminant les prières conduit la cérémonie religieuse. Longtemps objet de dérision, le hazane est pourtant l'un des piliers de la synagogue. S'il existe aujourd'hui des femmes rabbin, il est impensable que la fonction du hazane (en contact régulier avec les fidèles) puisse être occupée par une femme, laquelle, pour la religion, on l'a vu, connaît des jours d'impureté.

consacré à la prière). À l'exception de l'Amidah (voir l'article consacré à la prière), qui est silencieuse, les prières sont dites à haute voix. Les prières remplacent les sacrifices communautaires du Temple. Le prêtre, inexistant, a été remplacé par un quorum de dix hommes (*minyan*) et tout homme juif instruit peut diriger la prière. La lecture publique de la Loi a lieu le samedi matin, le samedi après-midi, le lundi matin et le jeudi matin. Au début, il n'y avait pas de lieu réservé aux femmes. Au XIIIe siècle, un espace (généralement un balcon) leur fut attribué (la séparation des hommes et des femmes porte le nom de *mehitsa* et trouve sa source dans le Temple où un espace était octroyé aux femmes) : la « cour des femmes » (*erzat nashim*). Aujourd'hui, dans beaucoup de synagogues, hommes et femmes sont mélangés.

Mobilier

Certaines synagogues sont très riches, d'autres beaucoup plus modestes. Le mobilier indispensable n'est composé que d'une armoire (arche de synagogue) où sont placés les cinq rouleaux manuscrits de la Loi (cette arche, souvent artistiquement travaillée, est parfois encastrée dans le mur et généralement protégée par un rideau brodé), d'une estrade-tribune (*bimah*) pour le lecteur (cette tribune possède un plan de lecture pour dérouler les rouleaux facilitant la lecture de la Torah) et d'une lampe qui brûle en permanence. L'arche est toujours dirigée vers Jérusalem et l'estrade est soit au centre de la synagogue (ce qui ne manquait pas de poser des problèmes) soit près de l'arche de synagogue dans les édifices les plus récents.

Particularité architecturale des synagogues

Il existe des synagogues de tous les types architecturaux (même Art Nouveau). Cependant, comme durant de longs siècles la synagogue ne pouvait dépasser en hauteur l'Église (comme le clocher de l'Église, sous domination musulmane, ne pouvait dépasser la hauteur du minaret), les architectes ont imaginé de construire les synagogues en dessous du niveau de la rue : ainsi ils pouvaient gagner en hauteur intérieure. Pour ce qui est du décor, il est généralement constitué d'étoiles à cinq (Étoile de Salomon) ou six (Bouclier de David) branches. Malgré l'interdiction biblique de la représentation d'êtres humains, certaines synagogues étaient décorées avec des représentations humaines et même parfois, très étonnamment, avec des statues.

Synagogues en France

Le document le plus ancien signalant l'existence d'une synagogue en France date du 14 mai 576. Il relate la destruction de la synagogue de Clermont-Ferrand par une foule chrétienne conduite par l'évêque Avit qui propose aux Juifs la conversion ou l'exil. Malgré l'interdiction de la loi romaine, quelques synagogues sont construites mais les papes interviennent régulièrement pour demander que l'interdiction soit respectée. Aux XIIe et XIIIe siècles des synagogues sont bâties puis souvent détruites. A partir du XIVe siècle toutes les constructions sont interdites (en 1394, Charles VI expulse définitivement tous les Juifs du Royaume de France). Dans les États Pontificaux, les Juifs furent, paradoxalement, autorisés à construire des synagogues. Louis XVI autorise, en 1784, l'édification d'une synagogue et en 1812 la première synagogue consistoriale (voir l'article consacré au Sanhédrin) fut érigée à Bordeaux. C'est le début d'une longue série de constructions dont, à Paris, la synagogue Art Nouveau (rue Pavée).

Le Minyan

Toute prière communautaire exige au moins la présence de dix hommes ayant atteint leur majorité religieuse. Si ce quorum n'est pas atteint, certaines prières ne peuvent être dites. Une des explications de ce chiffre réside dans l'ultime tentative d'Abraham pour sauver les habitants de Sodome : « Peut-être s'en trouvera-t-il dix ? Il répondit : “Je renoncerai à détruire, en faveur de ces dix” ». (Genèse 18, 32)

Rappelons que ni rabbin, ni synagogue ne sont nécessaires pour que la prière collective soit valable : il suffit d'un *minyan*. Les femmes peuvent également former un *minyan* à condition qu'il ne comprenne pas d'homme. Dans le judaïsme réformé, les femmes sont valides dans le compte d'un *minyan*.

Pour former un *mynian*, il faut donc qu'au moins dix familles juives vivent dans le proche voisinage. On comprend, dès lors, que cette règle maintienne la vie communautaire en exil et en diaspora : il n'est religieusement pas possible pour un Juif de vivre dans une ville où ne vivent pas au moins dix familles juives.

La genizah

Dans de nombreuses synagogues, il existe un local consacré aux objets pieux « hors d'usage » : c'est la *genizah*. En effet, les objets rituels et les livres saints endommagés ne peuvent être détruits. La coutume était donc de les ensevelir dans des cimetières ou de les placer dans des *genizah*. C'est grâce à l'existence de ces lieux hors du temps qu'on a pu découvrir dans d'anciennes synagogues de véritables trésors (des documents inconnus et des versions originales de documents dont on ne possédait plus que des traductions) entreposés dans ces genizah.

La synagoga

En latin, le terme *synagoga* désigne à la fois l'édifice et le peuple juif. À partir du XIIe siècle, la tradition chrétienne représente la *synagoga*, c'est-à-dire le peuple juif, sous la forme d'un personnage féminin ayant les attributs de la déchéance : les yeux sont bandés, la couronne a glissé de la tête, les Tables de la loi glissent de ses mains. On peut voir de telles représentations dans de nombreuses cathédrales (dont celle de Strasbourg).

La bimah

C'est l'estrade sur laquelle les fidèles montent pour lire la Torah et les orateurs pour faire leur sermon. Elle porte aussi le nom d'« **almémar** » (de l'arabe *al-minbar*) ou de *tévah*. Au cours des siècles beaucoup d'attention a été portée à cette estrade qui est normalement placée au centre de la synagogue (au XIXe siècle, cent rabbins orthodoxes signèrent une déclaration interdisant à leurs fidèles de fréquenter les synagogues où la *bimah* ne serait pas située au centre de l'édifice). Lorsqu'on déroule les rouleaux de la Torah, on fait attention à ce que la partie postérieure des rouleaux soit en face de l'arche et les deux pans de l'étui face au public.

Remarques

- Dans le judaïsme réformé, la synagogue porte le nom de temple.
- Les rites varient en fonction des synagogues mais, sur l'essentiel, les textes utilisés sont identiques.
- Avant la destruction du Temple, les synagogues étaient dirigées en direction du soleil levant.

Texte talmudique

« Si dix hommes prient ensemble, la Chekhinah (la présence divine) plane au-dessus d'eux. » (Avot 3,6)

Le Talmud (enseignement) — ou plus exactement le Talmud Torah (enseignement de la Torah) — a adopté une disposition des textes qui n'a plus varié depuis près de 500 ans. En effet, la disposition des textes et la typographie sont à peu de chose près celles de l'édition Bomberg, publiée à Venise (vers 1520). Néanmoins, comme chaque édition du Talmud se veut la plus complète possible, les versions apparues depuis l'édition Bomberg contiennent souvent de nouveaux commentaires. Cependant, la base des Talmud récents est dans la plupart des cas celle de l'édition de Vilnius, parue en 1886.

Une mise en page élaborée

Pour quiconque n'a jamais eu de Talmud entre les mains, le schéma ci-après (page 173) montre la disposition habituelle des textes.

En haut, à gauche, le **numéro du feuillet** (pour ce faire, les éditeurs utilisent toujours les caractères hébraïques : chaque caractère ayant la valeur d'un chiffre). Les chiffres arabes sont également utilisés mais seulement au verso de la page, en haut à droite. Le caractère hébraïque indique donc le feuillet (recto et verso) tandis que le caractère arabe indique la page. Comme l'indication d'un texte fait toujours référence à la numérotation hébraïque, il faut donc indiquer en plus du caractère s'il s'agit du recto (*alef* ou a) ou du verso (*beth* ou b) du feuillet. Une indication de page sera donc du type *Meguila 21b* (c'est-à-dire verso du feuillet 21). Ceci n'est cependant exact que pour le Talmud de Babylone (le plus utilisé). Concernant le Talmud de Jérusalem (imprimé sur deux colonnes), on indiquera en outre la colonne de référence (le recto étant signalé par les lettres a ou b, et le verso par les lettres c ou d).

Le **titre courant** comprend trois parties : nom du chapitre, numéro du chapitre et nom du traité.

Au centre de la page figure le **texte du Talmud** (c'est-à-dire la *Michnah* puis la *Guemara*). Pour ce texte, on utilise toujours une typographie « carrée ». Le texte du Talmud est encadré par les textes des commentaires dont les deux plus importants sont les commentaires de Rachi de Troyes (à droite de la page, dans la reliure intérieure) et ceux des Tossafistes, c'est-à-dire les héritiers de Rachi de Troyes (ce texte est toujours disposé à gauche). Pour ces commentaires, on utilise une écriture spécifique (laquelle est la version imprimée de l'écriture cursive séfarade), dite de Rachi (bien que Rachi ne l'utilisât pas).

Sur la plupart des pages des Talmud, outre ces deux commentaires, indispensables, figurent encore (en caractères plus petits et disposés aux deux extrémi-

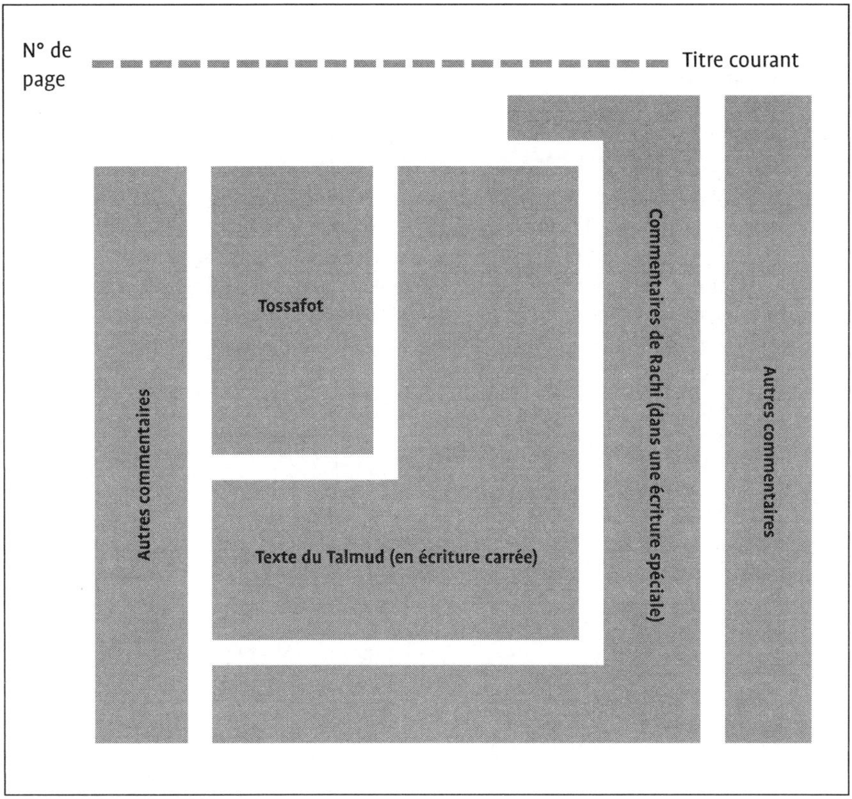

Organisation du Talmud

Ce schéma montre l'organisation d'une page du Talmud. Au centre, le texte du Talmud et la Tossafot. Les commentaires de Rachi entourent le texte du Talmud. En bordures (droite et gauche) de la page, des commentaires de savants talmudistes.
La plupart des Talmud sont inspirés du Talmud de Vilnius de l'édition Bomberg.

tés de la page) d'autres gloses de sources diverses. Ces gloses ou ces remarques proviennent généralement des notes écrites dans les marges des exemplaires personnels de grands talmudistes comme, par exemple, ceux du Gaon de Vilna ou du Rabbin [38a] Yoel Sirkes. Elles renvoient aussi parfois aux passages bibliques ou à des ouvrages prestigieux dont le *Michné Torah* (de Maïmonide) et le *Choulhane Aroukh* (de Joseph Caro). Deux ouvrages dont nous précisons ailleurs (voir pages 134 et 158) l'importance pour le judaïsme.

Signalons que le Talmud a subi de nombreuses censures (modifications ou omissions) imposées par le pouvoir de l'Église catholique mais aussi des autocensures décidées par les autorités juives. Dès lors, comme le signale A. Steinsaltz, « on a des raisons de craindre que tout passage lié de près ou de loin aux non Juifs a subi des altérations » [38b].

De quoi parle le Talmud ?

Aucun sujet n'échappe au Talmud car aucun sujet n'est en dehors des lois religieuses, lesquelles règlent, du moment de sa naissance au jour de sa mort, tous les instants de la vie d'un Juif pratiquant. En expliquant et en proposant des règles strictes, le Talmud « élève une clôture autour de la Torah » et maintient vivante la conscience juive, sa culture éthique et culturelle. Cette clôture a pour but essentiel d'empêcher toute infraction non intentionnelle de la Loi, mais qu'on ne s'y trompe pas le rôle du Talmud n'est pas de fixer la Loi (ce qui « eût été contraire à l'esprit qui animait les rabbins et au principe fondamental de la Torah orale »[38c]) mais d'en faciliter l'étude. Rappelons encore que le Talmud est un texte vivant, un instantané s'étendant sur plusieurs siècles, qui reflète non seulement les discussions sérieuses des rabbins mais aussi tous les intermèdes, les moments de pause, les explications anecdotiques, les récits folkloriques, les divergences, etc. C'est la raison pour laquelle on distingue deux catégories dans le contenu du Talmud : la partie juridique (*halakhah*, ce qui signifie « marche » et indique le chemin à suivre dans la voie de la Torah ; pour plus d'explications voir l'article consacré à ce sujet) et la partie narrative (la *aggadah*). Comme l'écrit très justement le rabbin A. Cohen, la *halakhah* « livre la réponse décisive à quiconque se demande comment une minorité a pu maintenir aussi longtemps ses caractères spécifiques sans jamais se laisser absorber par la majorité ambiante. (...) À la *aggadah* incombait la haute mission morale de consoler, édifier, exhorter, instruire une nation livrée aux pires souffrances, menacée de stagnation spirituelle dans l'exil ; à elle de proclamer que les gloires du passé préfigurent un avenir non moins éclatant et que la misère même du temps présent prend sa place dans le plan divin qu'a tracé la Bible »[38d].

Le banquet

Comme, par peur de l'idolâtrie, il est traditionnellement interdit de représenter des humains, de nombreux illustrateurs ont opté pour la représentation des têtes humaines par des têtes animales. D'après le banquet messianique de la Bible de l'Ambrosiana (XIIIe siècle).

Structure du Talmud

Le Talmud est composé de six sections (les *sedarim* ou ordres) et de quelques petits traités complémentaires. Chaque ensemble est divisé en traités (*massèkhtoth*) : ceux-ci sont au nombre de 63. Les six ensembles sont :

- Les Semences (*zeraïm*).
- Les Saisons ou, plus exactement, le « Temps fixé »(*moéd*).
- Les Femmes (*nachim*).
- Les Infractions ou les Dommages (*nezikin*).
- Les Choses sacrées (*kodachim*).
- Les Choses pures (*teharoth*).

À titre d'exemple, regardons de plus près ce que contient l'ensemble consacré aux femmes (*nachim*).

Il est composé de sept parties :

- Les belles-sœurs (*yebamoth*) : on y discute de la loi du lévirat et de la *halitsa* (voir page 211), des interdits sexuels, des conditions de remariage, etc.
- Les contrats de mariage (*ketoubboth*) : on y discute de la Ketoubbah (voir pages 153 et 206), de la dot, des devoirs entre époux, du viol, etc.
- Les vœux (*nedarim*) : tout ce qui concerne les conditions de validité ou d'annulation d'un vœu y est discuté.
- Le Naziréat (*nazir*) : cette partie concerne le Temple, elle n'a donc plus d'effet aujourd'hui.
- La femme suspectée d'infidélité (*sota*) : par association d'idées, il y est également discuté d'autres sujets comme les guerres, etc.
- Les actes de répudiation (*gettin*) : tout ce qui concerne la rédaction de l'acte de divorce et sa remise à la femme.
- La sanctification (*kidouchin*) : les mariages autorisés et interdits, les obligations de l'homme et celles de la femme, etc.

Le Temple

Aujourd'hui encore, alors que le dernier Temple a été détruit il y a près de deux mille ans, celui-ci joue un rôle important dans la vie juive. En effet, rien ne l'a remplacé : depuis sa destruction il est interdit aux Juifs d'effectuer des sacrifices (voir l'article consacré à ce sujet) et si certains éléments liturgiques ont été transférés vers la synagogue celle-ci ne remplace en aucune manière le Temple. Du fait de la disparition du Temple, les Juifs ne peuvent plus obéir à certains des commandements (*mitzvoth*), ni les mettre en pratique.

Le Sanctuaire

Avant que les rois d'Israël n'envisagent la construction du Temple, le peuple hébreu a toujours réservé un espace sacré, un sanctuaire, pour Dieu. Dans le désert, ce fut la tente transportable construite par Moïse selon les directives divines ; elle fut remplacée, lorsque la tribu se fixa, par le sanctuaire de Silo, détruit, vers -1050 è.c. par les Philistins. Cette tente, puis ce sanctuaire et, plus tard, le Temple contenaient divers objets cultuels mais surtout l'**Arche d'Alliance**.

Les deux Temples

Le Temple était le sanctuaire central du peuple juif. Au cours des trois millénaires du judaïsme, il n'y eut que deux Temples, les deux furent édifiés sur le même emplacement, le mont Moriah, à Jérusalem. Par un hasard de l'histoire, à plusieurs siècles de distance, les deux temples furent détruits le même jour.

Les bases de la construction du Premier Temple furent jetées par le roi David mais Dieu, par l'intermédiaire de son prophète Nathan, s'opposa à ce projet ; aussi, c'est son fils, Salomon, qui le construisit, vers -960 è.c. D'après les descriptions, ce temple était magnifique. Il fut détruit, par Nabuchodonosor, roi de Babylone, vers -586 è.c.

Le Second Temple, plus modeste, fut édifié, sur autorisation de Cyrus, à l'emplacement de l'ancien après le retour de l'exil de Babylone, vers -515 è.c. Restauré et agrandi par Hérode, il fut détruit par les Romains, sous Titus, en l'an 70 è.c.

Reconstruction du Temple : le Troisième Temple

La destruction du Second Temple fut une véritable catastrophe spirituelle pour le peuple juif. Elle ouvrait pour les Juifs une nouvelle ère, à tel point qu'il devint habituel de dater les événements à partir de la destruction de ce Second Temple. Comme chaque fois qu'une catastrophe (*hourban*) s'abattait sur le peuple juif, les chefs religieux l'expliquaient comme une punition des péchés d'Israël. L'Exil après la destruction du Temple étant une expiation nécessaire pour les péchés du peuple.

Arche d'Alliance

Il s'agit d'un coffre en bois, construit selon les directives divines alors que le peuple hébreu séjournait encore dans le désert. Ce coffre est conçu pour contenir les Tables de la Loi (« les tables de pierre, la loi et la règle que j'ai écrites » (Exode 24, 12)). C'était l'objet rituel le plus sacré du peuple juif. Chaque fois que les Juifs se déplaçaient, ils emportaient l'Arche d'Alliance dans leur voyage. Plus tard, cette Arche fut placée dans un endroit spécifique du Premier Temple jusqu'à la destruction de celui-ci où elle disparut à jamais.

Temple de Jérusalem

Gravures du XIXe siècle représentant le Premier Temple de Jérusalem ainsi que ses différentes enceintes.

Amidah

Quelques règles doivent être observées pour la récitation silencieuse de l'Amidah dont la position debout, pieds joints, en direction de Jérusalem (pour une description complète, voir le *Dictionnaire encyclopédique du judaïsme* à l'article Amidah).

Rite de la Vache rousse

Il s'agit d'un rite biblique (Nb 19) dont les docteurs de la loi estiment qu'il n'est « pas dans les pouvoirs de l'homme d'en percer le mystère ». Il s'agit donc d'un des commandements qu'il convient d'exécuter, sans chercher à en comprendre le sens, simplement parce qu'il a été ordonné par Dieu. Sans entrer dans les détails, ce rite consistait à brûler une vache de pelage roux et à mélanger les cendres avec de l'eau de source. Cette eau servait à la purification des personnes et des choses.

Aujourd'hui que l'État d'Israël est à nouveau maître des lieux, on pourrait se demander pourquoi les Juifs du monde entier n'exigent pas la reconstruction d'un Troisième Temple ? Il faut savoir que cette reconstruction, selon la *halakhah,* ne sera possible que lorsqu'un certain nombre de conditions seront remplies : « La majorité des Juifs doivent habiter en Israël, il doit y régner un état de paix, le désir de rebâtir le Temple doit découler d'un authentique sentiment religieux chez les Juifs, un signe surnaturel de l'approbation divine doit être donné, un vrai prophète doit en ordonner la reconstruction. »[39] On voit donc que malgré le deuil du Temple, les conditions requises pour sa reconstruction sont loin d'être remplies. Ajoutons que « d'après Maïmonide, le Troisième Temple ne sera pas l'œuvre des mains humaines mais a été construit au ciel, d'où il descendra miraculeusement au moment approprié » (ibid.).

Culte et rites dans le Temple

Si le temple était tellement important pour les Juifs, c'est qu'il était unique. Chouraqui écrit : « Le Temple était le lieu de la présence divine, la demeure du Dieu d'Israël, le seul endroit où il fût possible de prononcer le Nom du Seigneur, puisque là seulement résidait Sa présence et que là seulement il était possible de Lui offrir le culte qu'il avait exigé d'Israël dans la Torah de Moïse. »[40] En effet, le Temple était le seul édifice dans lequel on pouvait offrir des sacrifices. Ceux-ci étaient offerts tous les jours, y compris le jour du chabbat. Outre les sacrifices, le Temple était également un lieu de prière, de bénédictions, de chants liturgiques et de lecture du Pentateuque. L'organisation du clergé (prêtres et lévites) était telle qu'un roulement permettait aux nombreux prêtres de participer aux offices et aux différents partis religieux

Mur des Lamentations

C'est actuellement le principal lieu de pèlerinage des Juifs. La plupart pensent qu'il s'agit d'un des murs du Temple alors qu'il s'agit simplement d'un mur de soutènement du mont du Temple construit sous Hérode à l'époque où il agrandissait et embellissait l'édifice sacré. De nombreux Juifs se rendent devant ce mur pour prier car les prières qui y sont prononcées seraient particulièrement efficaces. Il est de tradition également de glisser entre les fentes du mur de petits papiers sur lesquels on note ses demandes (un service Internet est même disponible pour les Juifs qui ne peuvent se déplacer...).

Le Mur des Lamentations est aujourd'hui le principal lieu de pèlerinage des Juifs. On y prie, on y glisse des petits papiers entre les fentes du mur. En signe de respect, les hommes portent toujours un chapeau.

(pharisiens, sadducéens, etc.) d'organiser ceux-ci. C'est également là que la nation se réunissait lors des pèlerinages de Pessah, de Chavouoth et de Souccoth. Aujourd'hui, les prières à la synagogue ou en privé remplacent certaines des obligations du Temple. Ainsi, les trois prières quotidiennes d'Amidah (prières-bénédictions dites debout) remplacent les offrandes quotidiennes au Temple.

Note

Le judaïsme réformé (voir l'article consacré aux judaïsmes contemporains) utilise le mot temple pour désigner la synagogue. Il ne s'agit pas pour autant d'un « Troisième Temple » reconstruit mais d'une influence du milieu protestant.

Le deuil du Temple dans la vie juive

Aujourd'hui encore, le deuil du Temple s'exprime de différentes manières dans la vie juive, dans les prières, à la synagogue et même dans la vie privée. Il est intéressant de noter que, depuis la destruction du Temple, tous les Juifs sont dans un état permanent d'impureté rituelle (laquelle ne peut être levée que par le rite de la vache rousse, impraticable en l'absence du Temple).

C'est toujours vers lui que se tourne le Juif en prière et dans la liturgie on prie également pour sa reconstruction (dix-septième bénédiction de la Amidah). Les Juifs orthopraxes jeûnent, depuis la destruction du Premier Temple, le 9 du mois de Av (*Tichah be Av*) en souvenir de sa destruction (ce jeûne, qui dure plus de 24 heures, obéit par ailleurs à des commandements spécifiques). D'autre part, lorsqu'un Juif peint sa maison, il laisse une partie à découvert en souvenir du Temple ; lors de ses fiançailles, il brise une assiette et durant la cérémonie de mariage, le marié brise un verre, le tout en souvenir de la destruction du Temple. Les rites du Temple sont toujours étudiés de facon à être prêts pour le jour où il serait reconstruit...

Les sectes juives à l'époque du Second Temple

Aux alentours de la destruction du Second Temple (an 70 de l'è.c.) on dénombre vingt-quatre sectes (*minim*) juives. Les plus connues sont les pharisiens, les sadducéens, les esséniens, les samaritains, et les judéo-chrétiens (aussi nommés nazaréens). Après la destruction du Second Temple, la plupart des sectes disparurent entièrement du paysage juif, lequel ne sera plus représenté durant des siècles que par les pharisiens. On notera cependant quelques sectes dissidentes vers le huitième siècle (comme, par exemple, les karaïtes) et surtout les nombreuses divisions au sein du judaïsme contemporain (voir l'article consacré à ce sujet).

Sadducéens

Appelé en hébreu les *tsedouqim*, ils représentent à l'époque du Second Temple un groupe politique et religieux puissant. C'est parmi les sadducéens que se recrutent les plus hauts dignitaires du culte ; ce sont les aristocrates du monde juif. Les sadducéens s'opposaient aux pharisiens, leurs principaux rivaux, sur plusieurs points importants. En effet, ils refusaient la loi orale (Talmud), ne croyaient pas à l'immortalité de l'âme ni à la résurrection des corps. Attachés au Temple et à ses rites, psychorigides, mal aimés du peuple, ils perdirent lors de la destruction du Temple leur raison d'être et disparurent de la scène juive laissant aux pharisiens, leurs ennemis, la mainmise sur l'ensemble de la doctrine juive.

Esséniens

Cette secte ne nous est bien connue que depuis la découverte, à Qumran, des manuscrits de la mer Morte. Cette secte n'était pas numériquement très importante mais tout en observant un judaïsme pur et dur, par plusieurs de ses aspects elle préfigure le christianisme (obéissance à un chef religieux hiérarchique, monachisme, vie communautaire, culpabilité innée de l'homme, etc.). Cette secte disparut complètement après la destruction du Second Temple.

Pharisiens

Appelés en hébreu les *perouchim*, ils représentent à l'époque du Second Temple, comme les sadducéens, un groupe politique et religieux puissant. C'est parmi les pharisiens que se recrutent les penseurs, les enseignants ; ce sont les intellectuels du monde juif. Très populaires, ils surent s'adapter aux contingences nouvelles conséquences de la destruction du Second Temple. Leurs discussions sont aujourd'hui encore source d'enseignement pour les Juifs. Après la destruction du Temple, ce fut un penseur pharisien qui obtint la permission de créer l'académie de Yavneh, qui, se substituant à Jérusalem, désormais interdite aux Juifs, deviendra le centre d'étude et de décision du monde juif, reformulant les règles de la Torah pour une religion maintenant privée de Temple. Le judaïsme actuel est l'héritier direct des pharisiens.

Samaritains

Appelés en hébreu les *koutim*, ils représentent à l'époque du Second Temple un groupe politique et religieux nettement moins puissant que les sadducéens ou les pharisiens. Ils n'acceptent que la loi écrite (les cinq livres de la Torah) et rejettent toute la loi orale (le Talmud). En règle générale, les autres Juifs fréquentaient peu les Samaritains (on se souviendra de la Parabole du Bon Samaritain et de Jésus rencontrant la Samaritaine — Évangile selon saint Jean IV, 1-42) à qui ils reprochaient d'être les descendants de tribus non-juives converties au judaïsme. C'est la raison pour laquelle il leur était interdit d'offrir des sacrifices au Temple. Aujourd'hui, la communauté samaritaine est réduite à quelque 500 personnes qui vivent en Israël aux environs de Naplouse et de Holon.

Judéo-chrétiens (nazaréens)

Ce sont les premiers chrétiens : des Juifs qui tout en continuant à observer la Torah croient en la messianité du Christ (voir page 98).

Le Tsimtsoum

Le *tsimtsoum* est certainement l'une des approches religieuses les plus intéressantes concernant Dieu et la création de l'univers. Elle est due à l'une des figures emblématiques de la seconde Kabbale (la première étant celle du Zohar, voir page 109) : Rabbi Isaac Louria (1534-1572).

Alors que la première Kabbale s'intéressait essentiellement à l'origine du monde, au contenu caché de la Torah, la nouvelle Kabbale se préoccupe d'eschatologie, de la fin du monde et de sa rédemption, dont les explications passent nécessairement par une compréhension de la création du monde. Le grand mérite de Louria est d'avoir non seulement répondu à la question qui préoccupait tous les Juifs (« Pourquoi l'Exil ? ») mais aussi d'avoir responsabilisé l'homme juif et le peuple juif tout entier en lui donnant une part du fardeau (laquelle n'est possible que du fait de l'exil) de la création et de la rédemption du monde. Rappelons que la Kabbale est une réponse au désarroi du peuple juif après son expulsion d'Espagne (1492), laquelle fut vécue avec la même intensité dramatique que la chute du Second Temple (en l'an 70, voir l'article consacré au Temple).

Avant la création du monde

Le *tsimtsoum* est la première étape, l'étape fondamentale, de la création du monde : Dieu se retire « de lui-même en lui-même », il se retranche dans un « exil volontaire ». Ce retrait de Dieu en lui-même (*tsimtsoum*) laisse une place vide pour le monde à venir. Néanmoins, et c'est primordial, en se retirant « en lui-même », Il laisse des « étincelles » de sa plénitude dans cette place vide. Pour Louria, l'espace vide porte le nom de *tehirou* et les étincelles divines sont appelées *rechimou*.

La création du monde

La théorie de Louria est extrêmement complexe et fort intéressante (même si au premier abord elle paraît parfaitement farfelue), aussi nous nous contenterons, ici, de la résumer le mieux possible – de n'en laisser que la trame – de manière à ce qu'elle soit accessible à tous nos lecteurs. À eux d'en parfaire la connaissance par de nombreuses lectures...

Chronologie simplifiée des événements :

1. Dieu se retire « de lui-même en lui-même » (*tsimtsoum*), laissant un espace vide. Retenons que Louria ne dit rien de la vie intime de la divinité avant le *tsimtsoum*.

2. Après le *tsimtsoum*, la lumière divine jaillit en ligne droite à partir des différents « membres » de l'homme primordial (appelé *Adam Quadmon*).

L'âme selon la Kabbale

Adam, le premier homme, comprenait en lui l'ensemble des âmes à venir. La brisure des seconds vases a dispersé ces âmes qui, comme les étincelles divines, sont enfermées dans des éclats des vases brisés.

Pour la Kabbale, l'âme de l'Adam primordial est composée de 613 parties (comme le nombre des commandements divins) et est subdivisée en plusieurs ramifications. La dernière ramification, ou « étincelle », est une âme humaine. Pour prendre une comparaison humaine, c'est un peu comme un poumon dont l'ultime ramification est l'alvéole pulmonaire, responsable du passage de l'oxygène, indispensable à la vie.

Chacun des 613 commandements a pour fonction de restaurer une des 613 parties de l'âme de l'Adam primordial.

3. Cette lumière est emmagasinée dans des vases solides.

4. La force de la lumière fait éclater les récipients, créant par la même occasion un déséquilibre dans le monde, un déplacement (ou « exil ») de ses divers constituants.

5. La majeure partie de la lumière remonte à la source mais des « étincelles » (qui sont des étincelles divines) tombent dans l'espace vide protégées par des éclats des vases primordiaux.

Les conséquences de cette séquence très abrégée sont au nombre de deux :

- L'homme doit retrouver les étincelles divines en exil et les libérer.
- L'« exil » de la présence divine explique l'imperfection du monde.

Le Tsimtsoum pourrait être comparé au big bang primitif ayant engendré notre Univers.

Chekhinah

On désigne ainsi la présence de Dieu dans le monde ou dans un lieu privilégié (on dit ainsi que lorsque règne la parfaite harmonie dans un couple, la *Chekhinah* est présente dans le foyer conjugal).

Le concept de la *Chekhinah* est un concept rabbinique, en ce sens qu'il n'apparaît jamais dans la Bible. La *Chekhinah* est une autre manière de désigner Dieu mais jamais dans la littérature rabbinique il n'est fait de distinction entre Dieu et la *Chekhinah*. Cette distinction — qui pèche contre l'unicité divine, dogme fondamental du judaïsme — n'apparaît que dans des écrits midrachiques (où elle est la manifestation de Dieu) ou mystiques (où elle est parfois l'une des hypostases[41] de Dieu).

Veau d'or

Pendant que Moïse recevait les Tables de la Loi, Aaron, son frère, laissait se construire un veau avec l'or des Hébreux. Au retour, apercevant le veau d'or, Moïse entra dans une grande fureur et « jeta de ses mains les Tables et les brisa au pied de la montagne » (Exode 32, 19). Pour se justifier, Aaron explique à son frère que la demande émanait du peuple effrayé de ne pas savoir ce qu'il était devenu : « Fabrique-nous un dieu qui marche à notre tête, puisque celui-ci, Moïse, l'homme qui nous a fait sortir du pays d'Égypte, nous ne savons pas ce qu'il est devenu. » (Exode 32, 23).

Selon les kabbalistes, cette érection est responsable de l'échec du tiqoun.

Ces conséquences ont pour corollaire que la libération des étincelles divines sera libératrice pour le monde et que le peuple juif, en exil lui aussi, est chargé de cette mission libératrice.

La réparation des vases

Les vases brisés doivent être réparés et c'est à l'homme qu'incombe la fin de cette réparation : il devient donc l'**« associé » de Dieu** dans l'immense chantier de la Création. Cette phase de réparation porte le nom de *tiqoun*.

Plusieurs essais ont été entrepris pour cette réparation mais sans succès. Le premier essai est celui d'Adam, le premier homme (appelé *Adam Harichone* par les kabbalistes), lequel rate son essai et, pire, « sépare le fruit de l'arbre », comme on le sait, provoquant ainsi la colère divine, une nouvelle brisure des vases et l'exil sur la planète Terre.

Un second essai est la Révélation de la Torah au mont Sinaï. Le *tiqoun*, la restauration, était sur le point d'être réussi, mais le Veau d'or remet tout en question.

Isaac Louria (1534-1572)

Surnommé ha-Ari (le Lion), Isaac Louria n'a rien écrit car, disait-il, « au moment où je prends la plume les visions affluent avec une telle force que ma plume est incapable de suivre, j'ai donc renoncé à écrire ». Tout ce que nous savons de ses théories nous a été transmis par les notes de ses disciples avec lesquels il conversait lors de longues marches. Initié à la Kabbale lors de son enfance en Égypte, I. Louria ne doit cependant presque rien à ses maîtres car sa pensée cosmique est tout à fait originale. Il a l'énorme mérite d'avoir imaginé un système qui comprend le passé, le présent, le futur, le monde vivant et le monde divin et cela en conservant — et en sanctifiant — l'organisation orthopraxe du monde juif. C'est, sans doute, ce respect d'une certaine orthodoxie qui a sauvé I. Louria de l'excommunication. On notera, au passage, que comme la plupart des rabbins et des talmudistes, Louria avait un métier très concret : il était dans l'épicerie en gros (marchand de poivre et de céréales).

Pour compenser cette nouvelle brisure, Dieu donne la Torah.

Le troisième essai de réparation n'est possible qu'avec le respect des 613 commandements de la Torah (*mitzvoth*) et la séparation « sacrée » du pur de l'impur. Le respect des commandements divins n'est donc plus un acte sans signification ou réalisé simplement pour « aimer et plaire » à Dieu mais il acquiert ainsi une dimension cosmique. **Cette mission cosmique, c'est la mission du peuple juif, laquelle passe par l'exil et le respect des commandements.**

Le messianisme et la personnalisation des étincelles

Alors que dans la théorie de Louria le messianisme n'avait pas une très grande importance, il n'en a pas été de même par la suite. Pour les récipiendaires de cette nouvelle Kabbale, les kabbalistes devinrent les théologiens du judaïsme. G. Scholem écrit que « la rédemption ne

Famille juive

Dans de nombreuses contrées les Juifs étaient tenus de porter des habits qui les distinguaient du reste de la population. Parfois, c'était aussi un choix personnel, lequel est aujourd'hui encore vivant dans certaines communautés (hassidim de New York, Juifs d'Anvers, communauté du Méa Shéarim, etc.).

fut plus conçue dès lors simplement comme un événement temporel, qui apporterait l'émancipation d'Israël du joug des Nations, mais comme une transformation radicale de toute la création, affectant également le monde matériel et le monde spirituel et conduisant à la réparation de la catastrophe primordiale appelée « brisure des vases ».[42]

Le rôle du Messie devenait autre. Les étincelles sont partout : dans le sacré, dans le profane et aussi dans les espaces du mal. Alors que le mouvement hassidique s'imposait des limites très nettes dans la recherche et la remontée des étincelles, d'autres mouvements messianiques s'estimaient en droit d'aller chercher ces étincelles jusqu'au tréfonds du mal. Pour eux, tant qu'il restera des étincelles divines dans le domaine impur des forces du mal (*kelippot*) et qu'elles n'auront pas été rassemblées et ramenées à leur origine, la Rédemption ne pourrait se réaliser. Ainsi, le Rédempteur « doit descendre par les portes de l'impureté dans le domaine des kelippot et sauver les étincelles divines qui s'y trouvent encore emprisonnées ».[43] Lorsque ceci sera réalisé, le domaine du mal s'effondrera de lui-même car le mal n'ayant pas d'existence en lui-même, le retrait des étincelles divines provoquerait immédiatement son effondrement.

La rédemption par le péché

Cette recherche des étincelles prisonnières du domaine du mal impose au Messie la réalisation d'« actes étranges ». Ceux-ci sont très nombreux et peuvent paraître paradoxaux pour quiconque n'a pas compris exactement la *nouvelle* mission du Messie. Cette « mission » a parfaitement été remplie par les faux Messies Sabattaï Tsevi et Jacob Franck. Le premier n'hésitant pas à se convertir à l'islam et le second au christianisme. On aurait pu penser que cette conversion entraînerait *ispo facto* leur rejet par les populations juives en attente messianique. C'était sans compter sur l'énorme attente des populations, leur sens du devoir qui était « d'élever les étincelles » et de participer ainsi au *tiqoun* final. C'était ne pas tenir compte,

Sabbataï Tsevi

Faux Messie, né en 1626 à Smyrne (aujourd'hui Izmir). Atteint de troubles nerveux, il était considéré comme fou jusqu'à sa rencontre avec Nathan de Gaza. Celui-ci le persuada qu'il était le Messie. Sous la conduite de Nathan de Gaza, son action et ses discours enflammèrent le monde juif et cela même lorsqu'il encourageait le péché (nécessaire pour libérer les étincelles de pureté, voir l'article sur le Tsimtsoum). Pour sauver sa peau, ce « roi juif » se convertit à l'islam, imité en cela par des milliers d'autres Juifs.

non plus, de l'emprise du mouvement de rédemption par le péché sur le sentiment religieux. De nombreux Juifs suivirent leur messie, se plongèrent volontairement dans le *kelippot* (en transgressant volontairement tous les commandements, en mangeant les jours de jeûne, etc.) et se convertirent à l'islam (pour les disciples de Sabattaï Tsevi) ou au christianisme (pour les affidés de J. Franck) tout en continuant à prier selon les livres saints juifs. La suite de cette histoire nous conduirait à parler de l'épisode religieux du « marranisme volontaire » (car la « vraie foi » doit toujours demeurer cachée) mais cela nous entraînerait bien plus loin que ne le souhaite ce modeste ouvrage d'introduction au judaïsme.

Retenons, simplement, pour en terminer, que si le but de la rédemption par le péché était d'induire la levée de la présence divine (*Chekhinah*) et la restauration du monde, le foisonnement d'idées incontrôlées aboutit à un résultat tout autre. Cette « ferveur religieuse » engendra de nombreux concepts que l'on pourrait classer parmi les schismes ou les hérésies s'ils n'avaient, par bonheur, fait long feu (on se contentera, ici, de signaler les réincarnations multiples de Sabattaï Tsevi, la divinisation du Messie, la « théologisation » de trois hypostases divines : Dieu cause première, Dieu d'Israël et la Chekhinah — la présence divine appelée aussi la « Dame » ou la « Jeune fille »).

Marrane

Qualification utilisée, au départ de manière offensante, pour désigner les Juifs espagnols et portugais convertis au christianisme mais dont on soupçonnait la fausse réalité de la conviction religieuse. Par la suite, ce terme fut employé de manière régulière pour désigner les Juifs convertis — de force ou pour raison de convenances ou d'intérêts économico-sociaux — qui continuaient à pratiquer le judaïsme en cachette. L'Inquisition a été instaurée, en partie, pour dépister ces « faux chrétiens » qui pratiquaient en cachette la Loi juive. C'est pour éviter que d'anciens convertis aux convictions fragiles ne soient entraînés par des Juifs à reprendre leurs anciennes pratiques que les rois catholiques décidèrent, en 1492, d'expulser les Juifs d'Espagne. De nombreux marranes s'établirent à Amsterdam où ils reprirent l'observation des commandements de la Loi juive. En règle générale, les communautés juives furent très accueillantes pour ces Juifs convertis de force.

Pour en savoir plus

G. Scholem. *Le messianisme juif* (Pocket, coll. Agora n° 115). On lira tout particulièrement le chapitre *La rédemption par le péché* (pages 139 à 217).

M.-A. Ouaknin. *Tsimtsoum* (Albin Michel. Les spiritualités vivantes n°105). On lira avec intérêt le chapitre III, *Le palais des vases brisés* (pages 30 à 36).

Et, bien entendu, l'ouvrage « classique » de G. Scholem, *La Kabbale* (Folio Essais n°426) dans lequel on lira (entre autres) les quelques pages consacrées à Isaac Louria (pages 629 à 640).

La vie éternelle : le purgatoire, le paradis, l'enfer

Contrairement à d'autres religions monothéistes (le christianisme, l'islam) où la vie éternelle est clairement annoncée et agréablement dépeinte, dans la religion juive, il n'existe pas de corpus la décrivant. Bien qu'elle soit évoquée dans les 13 principes de foi du code dogmatique de Maïmonide (*Je crois en la rétribution dans ce monde et dans l'autre*), la vie éternelle ne fait pas partie du dogme juif. Ainsi, au cours des siècles, elle a été interprétée de diverses manières. Trois concepts, au moins, sont en jeu : la résurrection des corps, la vie éternelle dans le « monde à venir » et l'immortalité de l'âme.

Le « monde d'ici » et le « monde à venir »

Dans son ensemble, le judaïsme distingue cependant le « monde d'ici » (ou *ha olam ha-zeh*) et le « monde à venir » (ou *ha olam ha-ba*) mais sans réellement décrire ce que sera le *ha olam ha-ba*, pour lequel il existe de nombreuses divergences selon les époques et selon les mouvements religieux. Entre autres, les Juifs n'ont pas une position tranchée concernant les ayants droit du monde à venir. Il est pourtant admis que les justes, même s'ils ne sont pas Juifs, y auront une place.

La majorité des Juifs orthodoxes pensent cependant que l'âme quitte le corps à sa mort mais qu'elle erre pendant les douze premiers mois — une sorte de « purgatoire de l'âme » — partant et revenant jusqu'à la décomposition complète du corps (c'est la raison pour laquelle les Juifs pieux prient douze mois pour leurs morts et que la stèle funéraire n'est placée qu'un an après le décès). Selon certains, Dieu a eu pitié des âmes pècheresses — dont certaines se voyaient même refuser

Tombeau

En principe, la pierre tombale n'est posée qu'un an après le décès ; elle est assez modeste. Néanmoins, influencés par les soufis musulmans, les juifs des pays arabes aiment à glorifier leurs saints hommes par de petits édifices. C'est également une tradition chez les hassidim.

Résurrection des corps

Cette doctrine est essentielle pour les rabbins juifs. En effet, elle sépare les pharisiens (c'est-à-dire le monde juif actuel) des sadducéens. Pour les pharisiens, celui qui niait la Résurrection n'aurait pas de participation à l'au-delà alors que les sadducéens rejetaient toute idée de Résurrection. Pour les pharisiens, par la résurrection, à la fin des temps, les âmes des morts s'uniront à leurs corps recomposés : « Beaucoup de ceux qui dorment dans la poussière du sol se réveilleront, les uns pour une vie éternelle, les autres pour être un objet d'ignominie et d'horreur éternelle. » (Daniel, 12, 2)

Dibbouq

Le Dibbouq est un esprit malin et malheureux qui, ne pouvant trouver le repos dans l'au-delà, s'attache au corps d'une personne devenue perméable suite à un péché. Pour extirper le dibbouq, les rabbins organisent des séances d'exorcisme. Le dibbouq a donné lieu a une très riche littérature. Ce phénomène est également décrit dans la littérature chrétienne et islamique. Chez les Juifs, c'est surtout le mouvement de la Kabbale qui lui a donné consistance. Une pièce, « classique » (pour la culture juive), a été consacrée à ce sujet (voir Anski dans la bibliographie, page 215).

la réincarnation et l'enfer... — qui se trouvaient exilées, comme dans les légendes écosaisses, à la recherche d'un corps affaibli dont elles prenaient possession jusqu'à ce qu'elles en soient extirpées. Ces âmes errantes ont donné naissance en la croyance du *dibbouq*, âme pouvant pénétrer dans un autre corps (c'est le *gilgoul*, ou « transmigration des âmes », dont il ne sera pas question ici mais dont la possibilité est également évoquée par certains chrétiens et par les soufis musulmans). Le « monde à venir », pour en revenir à lui, est composé d'un paradis et d'un enfer.

Le paradis et l'enfer

Chez les Juifs, le paradis porte le nom de jardin d'éden céleste (*gan eden*), lequel est une « reproduction » de l'éden terrestre dans lequel vivaient Adam et Eve ; avant d'en être chassés pour avoir consommé le fruit de l'« arbre de la connaissance du bien et du mal ». Les poètes religieux ont décrit cet éden comme le pays où, bordés d'arbres, bercés par les chants de six cent mille anges, coulent des fleuves de lait, de miel, d'ambre et de vin pendant que Dieu, lui-même, explique la Torah aux bienheureux. Dans le Talmud, il est écrit que

« dans le monde futur, il n'y a ni nourriture, ni boisson, ni relations sexuelles, ni commerce, ni haine, ni jalousie, ni concurrence. Il n'y a que des sages assis et heureux dans la contemplation de la présence divine ».[44]

L'enfer porte le nom de *gehenne*, c'est le lieu où seront envoyées les âmes châtiées... mais on n'en sait pas plus.

La gehenne

C'est l'enfer des Juifs. Ce terme est la francisation de Géhinnom, déformation du nom de la vallée de Ben Hinnom, au sud de Jérusalem. À l'époque de la royauté d'Israël, un culte païen, consistant en sacrifices d'enfants, y était pratiqué.

Les sadducéens

Leur nom tire son origine du grand prêtre, du temps du roi David, Sadoq (en hébreu, ils sont désignés comme *tsedouqim*). À l'époque du Second Temple, c'était un parti politique et religieux très puissant, au même titre — et parfois plus — que les pharisiens. Les sadducéens — qui appliquaient très rigoureusement la loi — ne croyaient ni en l'immortalité de l'âme, ni en la résurrection des corps (car de ceci, il n'est rien dit dans la Torah...). Très attachés au culte du Temple, ils disparurent avec lui laissant le champtotalement libre aux pharisiens.

Polémique

Reprenant en cela la croyance des sadducéens, le judaïsme réformé a abandonné toutes les croyances littérales en une résurrection des morts, ne conservant que la croyance en une vie spirituelle après la mort.

Léviathan

Monstre marin qui règne sur les animaux aquatiques. La légende raconte que pour éviter qu'il ne détruise le monde, Dieu castra le mâle et tua la femelle avec la peau de laquelle il fit des vêtements pour Adam et Ève. À la fin des temps, un gigantesque combat opposera Léviathan, le monstre marin, à Béhémoth, le monstre terrestre. Lors du banquet messianique de la fin des temps, la chair des animaux fantastiques (dont Léviathan) sera servie aux Justes qui s'en régaleront.

Conclusion

Les sources de la Halakhah (la jurisprudence juive)

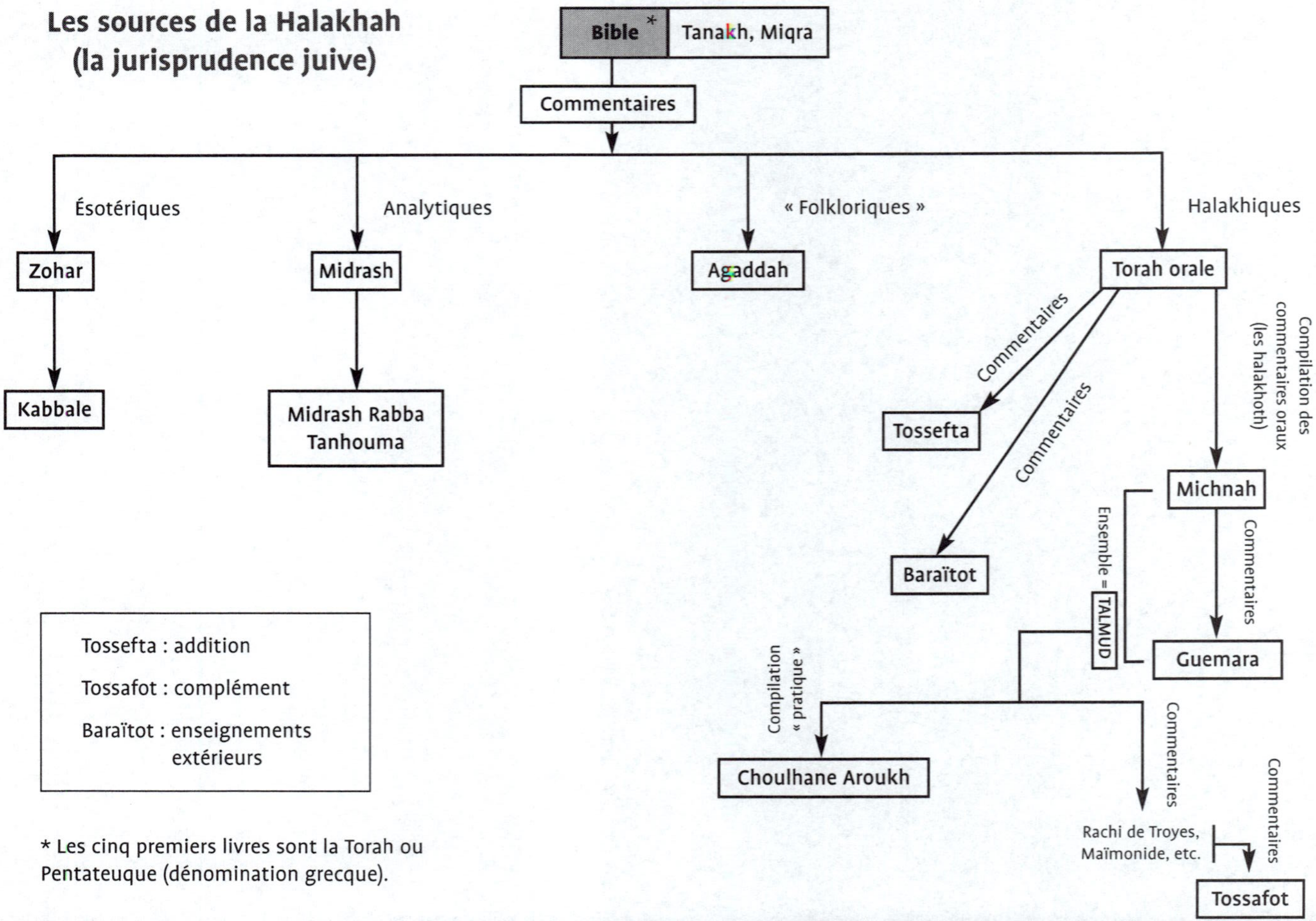

Tossefta : addition

Tossafot : complément

Baraïtot : enseignements extérieurs

* Les cinq premiers livres sont la Torah ou Pentateuque (dénomination grecque).

Tout homme a un deuil à consommer afin de vivre, et le judaïsme en donne pour paradigme la ruine du Temple.

G. Haddad[45]

Il est difficile de terminer un ouvrage comme celui-ci. Il y a encore tant et tant à dire qu'une vie et des dizaines de livres ne suffiraient pas pour aborder tous les sujets en rapport avec le judaïsme.
Il est néanmoins nécessaire de conclure, ou du moins de placer le point final. Nous aimerions le faire sur deux anecdotes riches en sens et en espérance.

Le bien d'abord, le reste n'est que commentaire

L'histoire se déroule à l'époque du Second Temple de Jérusalem. Un apicorète (incroyant) vient trouver un rabbin et lui dit : « Si tu m'expliques toute la Torah pendant le temps que je reste debout sur une seule jambe, je jure de devenir un Juif pratiquant. » Le premier rabbin l'injurie et le chasse. L'apicorète retourne voir un autre rabbin et lui pose la même question. Le rabbin lui répond que c'est impossible, l'étude de la Torah nécessitant des années; il le chasse également. Fier de son succès, l'apicorète, s'adresse alors au sage Hillel Hazaken (c'est-à-dire « le vieux »), un ancien membre du Sanhédrin. Celui-ci lui répond très calmement : « Ce qui est détestable à tes yeux ne le fais point à autrui. Ceci est toute la Torah, le reste n'est que commentaire. Maintenant va et étudie. »

On appréciera à sa juste valeur la réponse de Hillel qui n'est qu'une reformulation du commandement biblique : « Aime ton prochain comme toi-même » (Lévitique 19, 18). Le but de la Loi est donc l'amour du prochain. On pourrait, dès lors, à juste titre, penser que les nombreuses obligations que s'imposent les Juifs ne sont destinées, en fin de compte, qu'à cimenter les liens d'une population en exil ou en diaspora. Un judaïsme débarrassé de ces obligations rituelles pourrait donc se substituer au judaïsme ultraorthodoxe...

C'est l'homme qui décide de la Loi

Après une longue discussion entre docteurs de la Loi concernant un point rituel – à savoir si un four est apte à la cuisson ou non –, « Rabbi Eliezer revint à la charge encore une fois et leur dit : « Si la loi est conforme à mon opinion, c'est du ciel que la preuve sera fournie. » À ce moment, dans l'assemblée, une voix céleste (*bat qol,* la fille de la voix) surgit et proclame : « Que voulez-vous à Rabbi Eliezer, car en tout domaine la Loi est conforme à son opinion ? »

En réponse à cette voix céleste, un rabbin se dresse sur ses pieds et invective le ciel en citant le verset suivant : « La Torah ne se situe pas dans le ciel » (Deutéronome 30, 12).

Qu'a voulu dire ce rabbin à la voix céleste en lui citant ce verset ?

Cette injonction à la voix céleste peut être interprétée de la manière suivante : « La Torah a été révélée au Sinaï et nous n'avons plus à nous fier à une voix céleste car Tu as déjà écrit dans le texte biblique, au mont Sinaï : c'est d'après la majorité que l'on décide de la loi. »

Commentant ce texte, Armand Abécassis, écrit, voici un « récit dont la pointe est évidente et stupéfiante : un Rabbi arrive à écarter du débat humain l'auteur divin lui-même du texte de la Loi ! (...) L'absolu a tout dit au Sinaï quand, grâce à Moïse le prophète législateur, le peuple hébreu et, à travers lui toute l'humanité, est entré en alliance avec l'idéal de justice absolue. C'est devenu une donnée immédiate de la conscience humaine. Désormais l'interprétation est humaine et exclusivement humaine, et nous n'avons plus à attendre des voix célestes pour résoudre nos problèmes ».[46]

Ce texte illustre parfaitement le côté merveilleux de la religion juive où le dogme est réduit à deux fois rien, où toute la Loi est entre les mains de l'homme et où chaque commandement ne prend sa valeur qu'en fonction d'un consensus chaque jour remis en question. Dans la religion juive, transgresser un commandement à l'égard de Dieu reste moins grave qu'offenser son prochain. Malgré ses 613 *miztvoth*, la religion juive est, pour qui ne se contente pas d'une orthopraxie, un modèle de démocratie. On comprend, dès lors, que durant son histoire cette religion a généré de profondes modifications structurelles et qu'elle reste aujourd'hui encore, dans ses mouvements progressistes (judaïsme réformé, judéité laïque, etc.), ouverte aux individus, à la société, au monde (les femmes peuvent être rabbin, des rabbins gays officient, certains rabbins nient la vie éternelle, etc.). Oserions-nous, en conclusion, écrire qu'être Juif, c'est être démocrate et que le reste n'est que commentaire ?

Annexes

Chronologie

Il va sans dire que, selon les ouvrages, les dates des premiers événements varient considérablement (parfois de plus de deux siècles). Cette chronologie n'a d'autre but que de fixer la succession des personnages pour les premiers millénaires (d'abord Noé, puis Abraham, puis Moïse, etc.) et des événements pour les derniers siècles (émancipation, pogroms, création de l'État d'Israël, etc.). Les personnages juifs sont en caractères gras et les diverses dominations étrangères en caractères bleus. Les périodes de royauté ou de souveraineté sont en caractères bleus, gras, soulignés.

-3760	Date mythique de la création du monde.
-3000	Naissance de l'écriture au Proche-Orient (caractères cunéiformes et hiéroglyphes).
-2750	**Noé** sauvé du Déluge.
-2000	Les **Apirou** (ancêtres vraisemblables des Hébreux) sont des tribus mercenaires, des migrants, dont on trouve le nom sur des tablettes cunéiformes et sur des documents égyptiens.
-1850	Domination égyptienne : **Abraham** (sans doute un Apirou) arrive en Canaan. Les Patriarches : Abraham, Isaac, Jacob.
-1550	Nouvel Empire égyptien : Aménophis IV impose le culte du dieu Aton (début du monothéisme ?).
-1250	**Moïse** conduit les Hébreux hors de l'Egypte, alors sous le règne de Ramsès II.
-1200	**Josué** conquiert le pays de Canaan.
-1100	**Les Juges** : les Hébreux organisés en une douzaine de tribus s'installent en Canaan.
-1030	**La royauté** : **Saül** est proclamé roi. Il meurt (-1010 è.c.) sans avoir vaincu les Philistins.
-1010	**La royauté** : **David** est sacré roi.
-970	**La royauté** : règne de **Salomon**. Construction du Temple.
-930	**Division du royaume** : au Nord, le royaume d'Israël (10 tribus, capitale : Samarie) et au Sud, le royaume de Juda (2 tribus, capitale : Jérusalem).
-850	Les prophètes **Elie** et **Elisée** critiquent la royauté.
-721	*Domination assyrienne.* Fin du royaume d'Israël (royaume du Nord). La capitale Samarie est prise par les Assyriens. Le roi Sargon II exile l'élite en Assyrie et installe en Samarie des colons étrangers. Ce métissage forcé des samaritains leur restera indéfiniment collé à la peau. La population juive déportée en Assyrie « disparaît » : ce sont les « dix tribus perdues ».
-622	Dans le royaume de Juda (royaume du Sud), le roi de Judée **Josias** (nommé en dépit de l'influence assyrienne) lance une grande réforme religieuse et laïque qui vise à supprimer tous les sanctuaires locaux au profit du Temple de Jérusalem (cette réforme est dite « deutéronomique »).
-597/-586	*Domination babylonienne.* Fin du royaume de Juda. La capitale Jérusalem est prise par les Babyloniens (-597) puis détruite (-586) par Nabuchodonosor, roi de Babylone. L'élite juive (plus ou moins 20 000 personnes) est déportée en

	Babylonie. En détruisant Jérusalem, Nabuchodonors détruit le 1er Temple. Pour les Juifs une nouvelle ère commence : le Temple étant détruit, il est nécessaire d'« adapter » la religion aux nouvelles conditions de vie (fin des sacrifices, fin de prêtres, une communauté divisée en deux, etc.). C'est à cette époque que les sages commencent la rédaction des commentaires de la Torah (ce qui deviendra le Talmud de Babylone). C'est la première « révolution » dans la religion juive, qui en connaîtra d'autres (cette religion qui semble éternelle a subi des transformations importantes au cours des trois derniers millénaires).
-538	*Domination perse.* Cyrus, un roi Perse, investit Babylone. Les Juifs sont autorisés à revenir à Jérusalem. Une certaine partie décide de rester à Babylone : fin de l'Exil et début de la Diaspora.
-520	Reconstruction du Temple : le Second Temple (on notera que les Samaritains s'opposaient à cette reconstruction).
-473	Grâce à Esther, les Juifs échappent à un massacre.
-400	**Esdras**, le scribe, fixe le contenu de la Torah et de la Bible. A partir de ce moment, la Torah deviendra source de commentaires et la Bible sera traduite en plusieurs langues (*Targoum*, en araméen ; Septante, en grec ; etc.). Aidé par **Néhémie**, ils réorganisent l'Etat juif sous domination perse. On notera que la réalisation de la Septante (*Septuaginta*, LXX) a nécessité cinq siècles...
-333	Alexandre le Grand renverse l'Empire perse et s'empare de la Palestine.
-320	*Domination grecque.* À la mort d'Alexandre, ses successeurs se disputent son empire, lequel est divisé entre ses trois généraux. Le général Lagos reçoit la Judée. Ses descendants, les Lagides, gouvernent la Judée.
-250	Une partie importante de la Bible est traduite en grec : la *Septante*.
-200	La Judée passe aux mains des Séleucides (descendants du général Séleucos de l'armée d'Alexandre). L'héllenisme (courant politico-social né de la fusion de l'esprit juif et de l'esprit grec) gagne la couche cultivée de la population juive. Certains se font même refaire un prépuce. La Judée passe sous domination syrienne.
-167	**Restauration d'une royauté juive.** Révolte des Maccabées et création d'une nouvelle dynastie juive : les **Hasmonéens**. Elle durera un siècle et sauvera le judaïsme de l'héllenisation.
-63	*Domination romaine.* Le général Pompée pénètre à Jérusalem et installe une domination romaine.
-40	Hérode (un Iduméen, c'est-à-dire un habitant de Édom, ville annexée sous la dynastie hasmonéenne dont les habitants durent se convertir au judaïsme) se fait nommer **roi des Juifs** par le sénat romain sous le nom d'**Hérode le Grand**.
-34	Hérode le Grand, restaure et consolide le Temple et ses abords (dont les murs extérieurs). C'est l'époque du foisonnement des mouvements religieux (pharisiens, sadducéens, esséniens, etc.).

-25	Les discussions autour de la Torah battent leur plein. Retenons surtout le couple d'halakhistes Hillel et Chammaï.
-4	Mort d'Hérode le Grand.

—— APRES l'ÈRE COMMUNE ——

6	La Palestine est divisée en quatre provinces romaines.
26-36	Ponce-Pilate est procurateur de Judée.
30	Crucifixion de Jésus de Nazareth.
50	Développement des sectes : les judéo-chrétiens, les pagano-chrétiens (les païens convertis au christianisme sous l'influence de saint Paul).
66-70	Révolte juive contre le pouvoir romain. Le général Titus détruit le Second Temple. Jérusalem est interdite aux Juifs. L'historien juif Flavius Josèphe, un des révoltés, devient, pour les romains, à Rome, l'historien « officiel » de la *Guerre des Juifs*.
70	**Siméon Ben Zaccaï** fonde l'Académie de Yavneh. Début de protection et d'organisation de la Torah. Finalisation des textes traduits en araméen (*Targoum*).
132	Nouvelle révolte juive (**Bar Kokhba**) contre le pouvoir romain. La révolte est écrasée et Jérusalem perd son nom pour celui de *Aelia Capitolina*. Martyre du rabbin **Aqiva**.
135	La Judée prend le nom de Palestine. A partir de cette date, les Juifs vivront en Diaspora mais il y aura toujours une présence juive en Judée, même si elle fut minime.
220	Achèvement de la Michnah, le premier ouvrage de codification de la Torah (la Michnah sera, plus tard complétée par la Guemara pour former le Talmud). Début des Amoraïm (les rabbins enseignants).
303-337	Constantin le Grand, premier empereur romain à se convertir au christianisme.
350	Achèvement du Talmud de Jérusalem.
392	Théodose Ier, dernier empereur de l'empire romain unifié, impose le christianisme comme religion d'état.
500	Le Talmud de Babylone (plus complet que celui de Jérusalem) est achevé.
622	Mahomet cherche à gagner les Juifs de Médine à sa religion. Sans succès, il entre de ce fait en guerre contre les tribus juives.
637	Prise de Jérusalem par le Calife Omar. Les Juifs de Palestine passent sous *domination arabe.*
694	Tous les Juifs d'Espagne sont déclarés esclaves.

711	Les Arabes conquièrent l'Espagne et rendent aux Juifs une liberté totale (ils bénéficient du statut de *dhimmis*).
761	**Anan Ben David** fonde la secte des Karaïtes.
8e et 9e siècle	Au contact des musulmans, les Juifs se laissent influencer par les civilisations arabe et grecque (cette dernière étant transmise par les Arabes)
1040	Naissance de **Rachi de Troyes**.
1096	Première Croisade et début du massacre des Juifs.
1138	Naissance de **Maïmonide** (Cordoue).
1240	Naissance de **Moïse de Léon** (mystique, co-auteur du Zohar).
1254	Les Juifs sont bannis de France.
1481	Début de l'Inquisition espagnole et de la chasse aux crypto-juifs (les marranes).
1488	Naissance de **Joseph Ben Ephraïm Caro**, l'auteur du Choulhane Aroukh.
1492	Les Juifs sont expulsés d'Espagne (pendant ce temps, Christophe Colomb, ayant à son bord des Juifs, découvre l'Amérique). Début de la Reconquista.
1516	Sur décret papal, création du premier Ghetto, à Venise. Interdiction est faite aux Juifs d'acquérir des terres. Par contre, il leur est imposé de porter un signe distinctif sur la poitrine (un bout de tissu jaune-orange).
1517	La Palestine devient turque. Les quelques Juifs de Palestine sont sous *domination turque.*
1586	Louria développe sa conception de l'exil des Juifs et sa mystique du monde (Kabbale).
1700	Naissance du **Baal Chem Tov** (l'inspirateur du hassidisme).
1791	Émancipation des Juifs de France et apparition de divers courants religieux « moins orthodoxes ou orthopraxes ».
1807	Napoléon « institue » et convoque le Grand Sanhédrin.
1894	Affaire Dreyfus.
1897	**Théodor Herzl** préside, à Bâle, le premier Congrès sioniste mondial.
1881-1921	Pogroms de grande amplitude en Russie.
1906	Réhabilitation du capitaine Dreyfus.
1933-1940	Antisémitisme européen mais principalement nazi virulent et occasionnellement meurtrier.
1941-1945	Génocide (Shoah) du peuple Juif (massacres, déportations, extermination, à grande échelle, chambres à gaz, etc.) par les nazis et leurs affidés.
1942	Le Maréchal Pétain impose un statut aux Juifs de France.
1948	Naissance de l'État d'Israël (conquête de l'indépendance nationale par le mouvement sioniste).
1950	L'ONU propose l'internationalisation de Jérusalem.

Objets du culte et objets symboliques

La plupart des objets du culte ont déjà été décrits au cours des différents articles de cet ouvrage. Ce chapitre a pour but essentiel de les regrouper, tout en proposant pour chacun d'eux une courte description. Il ne sera cependant pas question des objets du culte de la synagogue tels que l'arche, l'estrade, etc.

Bougies du chabbat

Les bougies (au moins deux) sont utilisées pour toutes les fêtes religieuses (chabbat, Yom Kippour, Hanoukah, etc.) ainsi que pour les mariages et les enterrements. Pour la célébration du chabbat, on trouve dans le commerce des bougies spécialement décorées car, ne l'oublions pas, la table familiale du chabbat est un autel pour les prières adressées à Dieu. Toutes les matières sont utilisées pour la confection des bougies, à l'exception du suif (cette graisse n'étant pas cashère). Pour la cérémonie de la *havdala* (voir page 44), on utilise une bougie spéciale ayant au moins deux mèches emmêlées de manière à obtenir, comme décrit dans la bénédiction, un feu multiple.

Chaise d'Élie

Lors de la circoncision, chaise sur laquelle prennent place le parrain tenant l'enfant.

Chofar

Corne de bélier dont les bords sont dentelés. Elle est utilisée à l'occasion de nombreuses fêtes.

Chaussettes blanches

Elles sont symbole de pureté et sont portées le jour du chabbat par les hassidim.

Circoncision

Divers instruments sont utilisés pour cette petite opération : un couteau aiguisé sur les deux faces (*izamel*), un bouclier de protection pour le gland (*magen*) et un stylet en argent. Rappelons également le siège d'Elie sur lequel on place l'enfant avant l'opération.

Couvre-pain du chabbat

Petit tapis réalisé en velours richement brodé aux fils d'or. Il est utilisé pour recouvrir les pains lors du chabbat.

Dais nuptial

C'est sous le dais nuptial (ou *houppa*) — où les parents, une bougie à la main, ont conduit les futurs mariés — que le rabbin prononce la bénédiction sur le vin et la bénédiction des *érousin* (qui consacre la femme à son mari et l'interdit à tout autre homme).

Étoile de David

L'étoile (ou bouclier) de David, le Magen David, est une étoile à six branches. Après avoir été utilisée généreusement comme motif ornemental, elle est devenue aujourd'hui le symbole du peuple juif. Pour les kabbalistes, c'est le symbole ésotérique qui représente la Rédemption. Pendant la Seconde guerre mondiale, les nazis imposèrent le port de cette étoile à tous les Juifs. On notera aussi que le Magen David est le symbole de la Croix Rouge israélienne.

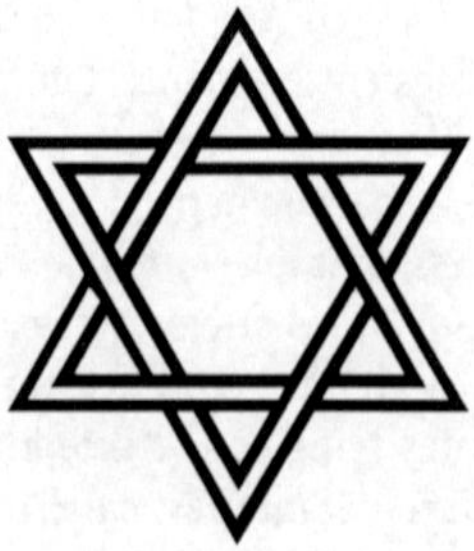

Hanoukiah

C'est un chandelier à 8 branches utilisé pour commémorer la fête de Hanoukah (voir page 36). Ce chandelier comporte une neuvième branche (le *chammach*) dont la bougie sert à allumer les huit autres.

Haggadah de Pessah

Texte relatant la sortie d'Égypte et le rituel de sa célébration. Chaque participant du *sédèr* (rituel) de Pâque dispose de son ouvrage personnel, lequel est orné de divers motifs de manière à le rendre somptueux et solennel.

Ketoubbah

C'est le contrat de mariage. Il s'agit d'un document officiel dont l'aspect extérieur est particulièrement soigné (motifs floraux ou animaliers, drapeaux, etc.). Chaque communauté importante avait son style de ketoubbah. Aujourd'hui encore, il est possible de confier la réalisation de différents types de ketoubboth à des artisans spécialisés (les différents styles peuvent être visualisés sur le site commercial : *http : www.mariage-j.com/houpachet.htm* où il est également possible de passer commande).

Kippah

Calotte portée sur le sinciput par les Juifs religieux. On parle aussi de *yarmoulka*. L'obligation de la porter ne fait pas partie des 613 commandements, mais la coutume a pris force de loi. Les Juifs pieux portent cette calotte (ou un chapeau) en signe de respect pour la présence de Dieu (la *Chekhinah*).

Lampes commémoratives

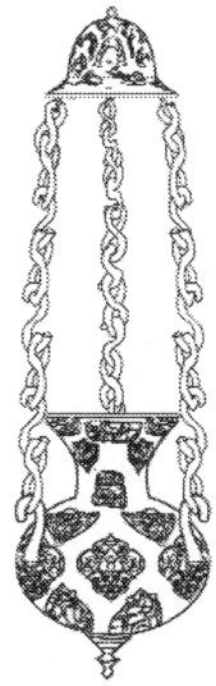

Ce sont des lampes sur lesquelles le nom de la personne décédée est gravé sur la paroi du verre. Divers supports, richement décorés, sont disponibles pour ces lampes.

Menorah

Chandelier à 7 branches. Il est devenu aujourd'hui l'un des symboles du peuple juif et l'emblème de l'État d'Israël. Dans la Bible (Exode 25, 31-38), Dieu donne à Moïse des indications précises pour sa réalisation. La Menorah en or du Second Temple a été emportée comme butin de guerre ; refaite, elle a disparu lors de la destruction du Temple par Titus (70 è.c.).

Menorot

C'est un petit signet utilisé dans le livre de prière. Joliment décoré, il contient le psaume 67.

Mezouzah

C'est le petit boîtier que l'on place sur les portes des habitations juives. Ce boîtier contient deux passages bibliques (Dt 6, 4-9.11.13.21). Il comporte également une ouverture où l'on peut lire *Chaddaï*, l'un des noms de Dieu (voir page 62).

Papillotes

Tresses portées par les Juifs orthodoxes devant ou derrière les oreilles. Ces mèches de cheveux (*payes* ou *peyes*, en yiddish ou *peot*, en hébreu) tressés ont pour origine une interdiction biblique (« Ne taillez pas en rond les extrémités de votre chevelure, et ne rase pas les coins de ta barbe », Lévitique 19, 27) qui a été interprétée par les Juifs orthodoxes comme l'interdiction de se couper les favoris.

Parokhet

C'est le rideau recouvrant les portes de l'arche contenant la Torah. Ce rideau est en velours rouge, vert ou bleu et est orné de divers motifs et parfois de dédicaces.

Pointeur de lecture de la Torah

Comme il est interdit de réciter la Torah par cœur et qu'il est, d'autre part, interdit de toucher le parchemin avec son doigt, la plupart des utilisateurs se servent d'un pointeur de lecture. Il s'agit d'un petit bâton terminé par une main d'où pointe un doigt. Le pointeur de Torah, ou *yad* (c'est-à-dire main), est souvent en argent et richement travaillé.

Récipients

Divers récipients en bois décoré ou en métal ciselé sont utilisés pour recevoir les herbes odoriférantes utilisées à l'occasion du chabbat ou pour conserver tout son parfum à l'étrog (cédrat ou gros citronnier sauvage) de la fête de Souccoth (dans le *loulav* – le bouquet des 4 espèces liées ensemble pour Souccoth – l'étrog symbolise le Juif modèle).

Rouleau de la Loi (Séfèr Torah)

C'est un parchemin, réalisé dans une matière noble, sur lequel la Torah est écrite, sans aucune faute, en utilisant une calligraphie traditionnelle. Toute erreur d'orthographe rend le Séfèr Torah inutilisable. Ce rouleau est placé dans une boîte cylindrique revêtue de velours. Une housse en velours, ornée de divers motifs, est également prévue pour protéger le Sefer Torah.

Shtraymel

Chapeau de fourrure à large bord porté essentiellement par les hassidim ; les treize queues de zibeline représentent les aspects de la miséricorde divine.

Tallit

C'est un châle rectangulaire comportant des franges. On porte ce châle durant certaines prières. Seuls les hommes portent le tallit ; dans certaines communautés son usage est réservé aux hommes mariés.

Tapouhim ou Rimonim

Ce sont les extrémités en bois qui supportent le rouleau de la Torah. Ces extrémités sont travaillées et habituellement coiffées d'ornements. Le mot *tapouhim* signifie pomme, laquelle, dans le *Cantique des Cantiques*, est le symbole de la révélation.

Teffilin

Les teffilin ou phylactères sont deux petites boîtes en cuir, contenant quatre passages de la Bible, que l'on porte en semaine pendant l'office du matin. Sur chaque boîte figure le caractère hébraïque *chin*. À partir de sa majorité, chaque Juif porte un teffilin sur le bras gauche et un autre sur la tête. Les teffilin sont fixés par des lanières terminées par un nœud. Les nœuds forment les lettres *daled* et *youd*. L'ensemble *chin*, *daled* et *youd* forme le mot *Chaddaï*, l'un des noms de Dieu. Les Juifs pieux utilisent également des sacs richement décorés pour ranger les teffilin et le châle de prière.

Tsitsit

C'est un petit châle en laine ou en lin que l'homme porte sous ses vêtements (il porte aussi le nom de *tallit qatan* ou petit tallit) à partir de l'âge de trois ans.

Tsedaqah

Ce mot hébreu signifie charité. On désigne sous ce terme une petite boîte à aumône qui est largement distribuée dans les familles et les commerces juifs.

Verre à Qiddoush

Le qiddoush est une prière récitée sur une coupe de vin à l'occasion du chabbat, d'un mariage ou d'une fête. On peut, bien entendu, se servir d'un verre ordinaire, mais pour donner plus de majesté à la prière, on trouve dans le commerce des verres à vin spécialement ornés dont le pied est généralement doré ou en métal précieux.

Influencés par l'islam, les Juifs des communautés du monde arabe, et tout particulièrement les Juifs du Maghreb, utilisent encore d'autres objets symboliques dont la *khemsa*, le *srira* et le *henné*. La *khemsa* (main à 5 doigts ouverts), symbole de protection, est largement diffusée comme amulette. Généralement, les trois lettres hébraïques du mot *Chaddaï* (un des noms de Dieu) sont gravées sur le recto. Le *srira* est une amulette placée autour du poignet des fiancés et portée jusqu'au jour du mariage. Mélangée à du sucre, elle est placée dans le lit nuptial afin que l'épouse soit douce envers son mari. Le rite du *henné*, comme chez les Arabes, est utilisé en différentes occasions mais principalement au cours de la cérémonie du mariage, et cela bien que le tatouage soit, en principe, interdit chez les Juifs. Notons encore que le culte des saints (*hiloulah*) est très important chez les Juifs marocains et donne lieu à l'utilisation de diverses amulettes.

Notes

1. R. Kamenetz. *Le Juif dans le lotus*. Calmann-Lévy. 1997. Page 59.

1a. La *Septante* a été réalisée sur proposition d'un roi grec voulant réformer le système judiciaire de son État. Pour cela, il lui était nécessaire de disposer en langue grecque des traductions des textes juridiques des diverses ethnies. Ainsi, « une fois traduite en grec, la Loi juive devient une loi grecque pour les Juifs, garantie par l'autorité du souverain » *(Le Pentateuque. La Bible d'Alexandrie.* Folio Essais n° 419. 2003. Page 579). Le nombre de traducteurs de la *Septante* provient d'un simple calcul à double composante (humaine et divine) : 6 traducteurs par tribu, soit 72 interprètes (il s'agit bien d'interprètes et non de drogmans : le travail était personnel et non une traduction mot à mot). Pour faire intervenir Dieu, on en retire 2 par tirage au sort. On trouvera une étude intéressante sur la LXX dans l'ouvrage cité ci-dessus (pages 531 à 693).

1b. *Guide des patronymes juifs. Beth Hatefutsoth – Musée de la Diaspora*. 256 pages. Solin. Actes Sud. 1996.

1c. G. Haddad. *Lacan et le judaïsme*. Livre de Poche n° 4343. 2003. Page 12.

1d. On lira avec intérêt l'ouvrage d'Abraham Ségal, *Abraham, Enquête sur un patriarche* (Bayard. 2003). Cette longue enquête (506 pages), très personnelle, riche en réflexions – durant laquelle l'auteur se déplace de ville et ville et interroge toutes les sommités ayant à connaître d'Abraham – se lit comme un bon roman. Dans l'ouvrage *Fils d'Abraham*, on découvrira un panorama complet de toutes les communautés juives, chrétiennes et musulmanes qui se réclament du Patriarche (Joseph Longton. *Fils d'Abraham*. Brepols. 1987).

2. P. Novick. *L'Holocauste dans la vie américaine*. NRF. 2001. Page 15.

3. Yom Kippour est le « Jour du Pardon ». Ce jour, le plus saint du calendrier juif, jour de jeûne strict, est commémoré dix jours après la fête du Nouvel An (*Rosh Hashana*).

4. J. Emden. *Mémoires de Jacob Emden ou l'anti Sabattaï Zewi*. Cerf. 1992. Page 178.

4a. B. Lewis. *Les Juifs en terre d'islam*. Champs. Flammarion. 1989. Page 30.

4b. B. Lewis. *Les Juifs en terre d'islam*. Champs. Flammarion. 1989. Page 188.

5. Cet ouvrage est connu sous le nom de *Choulhane Aroukh*, voir page 158.

6. J. Emden. *Mémoires de Jacob Emden ou l'anti Sabattaï Zewi*. Cerf. 1992. Page 118.

7. Depuis l'époque de la communauté en exil à Babylone, un exilarque est un haut dignitaire qui représente les Juifs auprès des dirigeants non Juifs. Il est d'ailleurs, la plupart du temps, nommé par le pouvoir en place, c'est-à-dire le plus souvent par le calife. La transmission du titre était héréditaire et il n'y eut que 17 dignitaires autorisés à porter ce titre. L'exilarque n'était cependant pas le chef de la communauté juive. Ce dernier portait le titre de *Gaon* (ou pluriel *geonim*). Les relations entre les exilarques et les *géonim* étaient régulièrement conflictuelles.

8. R. Badinter. *Libres et égaux... L'émancipation des Juifs*. Livre de Poche n° 6732. 1990. Page 11.

9. R. Badinter. *Libres et égaux... L'émancipation des Juifs*. Livre de Poche n° 6732. 1990. Page 203.

10. E. Gugenheim. *Le judaïsme dans la vie quotidienne*. Albin Michel. 1989. Page 174.

11. P. Bebe. *Isha. Dictionnaire des femmes et du judaïsme*. Calmann-Lévy. 2001. Page 188.

12. A. Steinsaltz. *Talmud Berakhot I*. Pocket n° 11242. 2001. Page 8.

12a. Il existe, en Israël, un cédérom qui reprend l'ensemble des *responsa*. On raconte que les Juifs n'y cherchent pas la réponse à leurs questions mais bien les réponses qu'ils souhaitent obtenir afin de connaître le nom de l'autorité à consulter pour obtenir satisfaction.

13. M.-A. Ouaknin. *Tsimtsoum*. Albin Michel. 2003. Page 46.

14. M.-A. Ouaknin. *Tsimtsoum*. Albin Michel. 2003. Page 20.

15. J. Emden. *Mémoires de Jacob Emden ou l'anti Sabattaï Zewi*. Cerf. 1992. Page 31.

15a. Gérard Haddad *Lacan et le judaïsme*. Livre de Poche n° 4343. 2003. Page 42.

15b. Voir à ce sujet l'excellent dossier et les nombreux liens sur le site www.chez.com/sylviecastaing/resilience.htm

16. Voir à ce sujet l'article d'Avraham Burg, ancien président de la Knesset, paru dans le journal israélien *Yediot Aharonot* et repris le jeudi 11 septembre 2003 par le journal *Le Monde* (page 1) sous le titre *La révolution sioniste est morte*. En conclusion de son article, Avraham Burg écrit : « Les forces du Bien perdent l'espoir, font leurs valises et nous abandonnent ici, avec le sionisme tel qu'en lui-même : un État chauvin et cruel où sévit la discrimination, un État dont les nantis sont à l'étranger et où les pauvres déambulent dans les rues, un Etat où le pouvoir est corrompu et la politique est corruptrice, un État de pauvres et de généraux, un État de spoliateurs et de colons. Tel est en résumé le sionisme dans sa phase la plus critique de son histoire ».

17. J. Ajchenbaum. *Les judaïsmes*. Folio actuel. 2000. Page 266.

17b. Daniel Ligou. *Dictionnaire de la franc-maçonnerie*. PUF. 1998.

17c. ib. Page 668.

17d. La guématria est une technique dont la visée est de dévoiler le sens caché des mots et des phrases. La langue hébraïque se prête particulièrement bien à cette technique car, comme pour la plupart des langues anciennes, chaque lettre, ou association de lettres, représente également un chiffre. En utilisant la guématria (l'une des 32 méthodes pour interpréter la Torah) on arrive ainsi à décrypter le sens supposé caché de certains textes, ce qui est bien le but de la Kabbale.

17e. Selon la définition de Simon-Claude Mimouni, cité par Claudine Cavalier (http://www.chronicus.com/antiq/dossiers/judchrist/judchrist1.htm) : « Le judéo-christianisme ancien est une formulation récente désignant des chrétiens d'origine juive qui ont reconnu la messianité de Jésus, qui ont reconnu ou qui n'ont pas reconnu la divinité du Christ, mais qui tous continuent d'observer la Torah.» (*Le Judéo-christianisme ancien. Essais historiques.* Paris 1998. Page 15.)

17f. En réalité, selon qu'ils admettaient ou non la divinité du Christ, ils se répartissaient en plusieurs sectes que nous nous contenterons de citer : nazoréens, ébionites, elkasaïtes. Pour en savoir plus, le plus simple est de consulter les « Pères de l'Église », c'est-à-dire les auteurs chrétiens des premiers siècles (Ignace d'Antioche, Origène, Eusèbe de Césarée, etc.). On peut facilement se procurer les deux ouvrages de Hans von Campenhausen (*Les pères latins* et *Les pères grecs*) parus au éditions du Seuil dans la collection Livre de Vie.

17g. Il semblerait qu'il existe, aujourd'hui encore, en Californie, des mouvements judéo-chrétiens, c'est-à-dire des mouvements religieux appartenant aux deux mondes religieux que sont le judaïsme et le christianisme. On lira à ce sujet, en français, l'ouvrage de J. Gutwirth *Les judéo-chrétiens d'aujourd'hui.* Le Cerf. 1987.

18. B. Lewis. *Que s'est-il passé ?* Gallimard. 2002. Page 198.

18a. Le Targoum utilisé dans les synagogues est le Targoum d'Onquelos, appelé par les juifs pieux « notre Targoum ». Il a été traduit (et « adapté ») par un Juif converti, neveu d'un empereur romain, sous la direction des disciples du rabbin Aqiva. Ce dernier, un sage de l'époque de la Michnah, était resté, par volonté, analphabète jusqu'à l'âge de 40 ans. Supplicié par les romains pour son appui à la révolte de Bar Kokhba, il est considéré comme l'un des maîtres du Talmud. Selon la formule des rabbins, « il a introduit la Torah dans des anneaux » ; sans lui le Talmud ne serait pas ce qu'il est.

18b. Pourquoi écrivez-vous en Yiddish demandait-on à Isaac Bashevis Singer ? La réponse malicieuse de l'auteur était toujours : « Parce que je crois à la résurrection des morts et que lorsque des milliers de morts parlant yiddish se réveilleront, leur première question sera : « C'est quoi le nouveau livre en Yiddish ? » (cité par le journal *Le Monde* du 19 septembre 2003). Ajoutons que cette réflexion n'a rien d'étonnant car le peuple juif est le peuple du livre (*Am ha Sefer*) depuis qu'à l'Académie de Yavneh, reconstruite sur les ruines du Second Temple, les rabbins inaugurent une « nouvelle religion » abandonnant les sacrifices au profit des prières et surtout de la lecture des textes sacrés ; et de l'étude en général. Dieu n'a-t-il pas, d'ailleurs, sanctifié l'écriture ? Lui qui interdisant toute représentation, demande que Son nom soit écrit mais refuse qu'il soit dit (sauf, une fois par an, par le grand prêtre, à Yom Kippour, dans le saint des saints).

19. J. Baumgarten. *Le Yiddish.* Albin Michel. 2002. Page 40.

20. G. Scholem. *Le messianisme juif.* Pocket. 1992. Page 231.

21. Un autre spécialiste de la Kabbale, Henri Sérouya, fait à G. Scholem le reproche suivant : « toute l'économie de son livre est consacrée à la tendance de la Kabbale pratique, celle, précisément, que nous nous sommes efforcé d'éliminer scrupuleusement de notre ouvrage » (La Kabbale. Grasset. 1957. *Introduction à la nouvelle édition*, pagination non numérotée). Ceci pour signaler que la lecture de l'ouvrage de H. Sérouya (lequel est également un éminent islamiste) s'impose après celle de G. Scholem.

22. R. Kamenetz. *Le Juif dans le lotus.* Calmann-Lévy. 1997. Page 209.

22a. En août 1994, la revue *Statistical Science* publie sous la signature de trois mathématiciens D. Witztum, E. Rips et Y. Rosenberg, une étude sur le code secret de la Bible *(Equidistant Letter Sequences in the Book of Genesis)*. Un journaliste, Michael Drosnin apprend que le programme informatique utilisé annonce l'assassinat du ministre israélien I . Rabin et s'empare de l'affaire. Ce qui donne un ouvrage, *La Bible code secret* (Pocket n° 10410) où le journaliste utilisant le programme informatique va de découverte en découverte et sort convaincu que la Bible contient un code secret où tout est annoncé. Au lecteur de se faire une opinion. Signalons cependant que l'auteur, dans un soucis de « rigueur scientifique » a comparé les résultats de la recherche informatique dans la Bible et dans un ouvrage de référence (*Crime et Châtiment*). En conclusion de cela, il écrit (page 220), « Par exemple, ni "Yitzhak Rabin" ni "Holocauste atomique" n'apparaissent dans aucune séquence alternée de *Crime et Châtiment* ». À mon avis, il n'était pas nécessaire de faire cette vérification car si les mots *Yitzhak*, *Rabin* et *Holocauste* (hourban) font partie du vocabulaire de la Bible, il n'en va pas de même pour l'écriture de *Crime et Châtiments.* Pour la « vérification », la sélection est donc particulièrement mauvaise. Enfin, signalons que la revue espagnole MÁS ALLÁ offre avec son numéro 176 (octobre 2003) un programme informatique sur cédérom (« Codigo B ») proche de celui utilisé par Michael Drosnin.

23. L. Rosten. *Les joies du yiddish.* Calmann-Lévy. 1994. Page 525.

23a. L'écrit le plus ancien de la Bible n'est pas la Genèse, comme on pourrait le croire, mais le livre d'Amos (l'un des douze petits prophètes).

23b. Sans entrer dans les détails, qui mériteraient à eux seuls un ouvrage, l'art de lire talmudique est tout à fait particulier, très moderne, utilisant les anagrammes, le notarikon ou *raché tevot* (procédé qui consiste à lire un mot comme s'il était l'abréviation de plusieurs autres ou permettant de créer un nouveau mot avec les initiales d'un énoncé, voir page 114), l'inversion, la guématria, la recherche du sens caché (selon les méthodes de l'« association libre » de la psychanalyse), etc.

24. A. Steinsaltz. *Talmud Berakhot I.* Pocket n° 11242. 2001. Page 425.

25. Le « Petit Robert » recense, en français, seulement une trentaine de mots d'origine hébraïque. La plupart sont repris dans cet ouvrage (comme, par exemple, teffilin, chabbat, éden, golem, etc.). Signalons simplement, pour la curiosité du lecteur, les mots suivants : abracadabrant, brouhaha, tohu-bohu).

26. *Géonim.* Ce mot est le pluriel de *Gaon.* Le mot *Gaon*, qui signifie « gloire », est un titre honorifique donné, du VIe au XIe siècle, aux présidents des académies babyloniennes. Le pouvoir des *géonim* était très important et s'étendait au-delà de Babylone à toute la communauté juive. On leur doit de très nombreuses *responsa*, lesquelles ont fixé la Loi, c'est-à-dire la pratique du judaïsme, jusqu'à nos jours. Saadiah Gaon (882-942) est l'un des plus importants *géonim*, connu et respecté pour ses nombreuses *responsa*, œuvres halakhiques (droit religieux), dictionnaires hébraïques (dont un dictionnaire des *hapax legomena* de la Bible, c'est-à-dire des mots n'apparaissant qu'une seule fois) ainsi que pour son opposition ferme aux caraïtes (lesquels rejetaient la Loi orale).

27. R. Kamenetz. *Le Juif dans le lotus.* Calmann-Lévy. 1997. Page 215.

28. A. Steinsaltz. *Talmud Berakhot I.* Pocket n° 11242. *2001. Page 395.*

29. J. Emden. *Mémoires de Jacob Emden ou l'anti Sabattaï Zewi.* Cerf. 1992. Page 254.

30. P. Bebe. *Isha. Dictionnaire des femmes et du judaïsme.* Calmann-Lévy. 2001. Page 15.

31. Consistoire. Ce terme, emprunté à l'Église réformée calviniste de France, désigne une institution communautaire juive contrôlée par l'État. On doit la création du Consistoire juif à Napoléon (voir page 148).

32. J. Ajchenbaum. *Les judaïsmes.* Folio actuel. 2000. Page 263.

33. J. Y. Camus et A.-P. Derczansky. *Le monde juif.* Les essentiels Milan. 2001. Page 43.

33bis. On lira avec intérêt le texte sur le judaïsme dans le *Dictionnaire de l'homophobie* (page 254). Ce texte est complété par une intéressante bibliographie. PUF. 2003.

33c. Cité dans le *Dictionnaire encyclopédique du judaïsme.* Bouquins. Robert Laffont. Page 361. On pourrait multiplier à foisson les exemples montrant que la loi religieuse juive est centrée autour de la famille. Rappelons simplement, ici, la loi du levirat (*yibboum*) qui rend obligatoire le mariage entre une veuve sans enfants et le frère de son défunt mari. Si le frère refuse, une cérémonie est obligatoire faute de quoi la veuve n'a pas le droit de se remarier. La cérémonie (*halitsah*) consiste à prendre son beau-frère à partie et s'il persiste à refuser le mariage à le déchausser et à lui cracher à la face en prononçant la formule suivante : « Ainsi fait-on à l'homme qui ne rebâtit pas la maison de son frère ! ».

34. Alphabet de Ben Sira, texte antérieur à la destruction du Temple, cité par P. Bebe. *Isha. Dictionnaire des femmes et du judaïsme.* Calmann-Lévy. 2001. Page 194.

35. S. Schwarzfuchs. *Rachi de Troyes.* Albin Michel. 1991. Page 93.

35a. V. Grigorieff. *Le Judéocide.* Evo Histoire. 1994. Page 77.

36. Par contre, certains s'appuyant sur l'intérêt minutieux qu'Adolf Hitler portait aux soldats juifs exceptionnellement assimilés à des aryens, estiment que la position du Führer était arrêtée dès le début de sa campagne politique.

36a. Ce discours secret, prononcé par Himmler devant les responsables nationaux et régionaux du parti, à Poznan le 6 octobre 1943, est tout à fait significatif quant au concept nazi de « vie humaine » : « Je vous demande avec insistance d'écouter simplement ce que je dis ici en petit comité et de ne jamais en parler. La question suivante nous a été posée : « Que fait-on des femmes ou des enfants ? » Je me suis décidé et j'ai là aussi trouvé une solution évidente. Je ne me sentais en effet pas le droit d'exterminer les hommes – dites, si vous voulez, de les tuer ou de les faire tuer – et de laisser grandir les enfants qui se vengeraient sur nos enfants et nos descendants. Il a fallu prendre la grave décision de faire disparaître ce peuple de la terre. Ce fut pour l'organisation qui dut accomplir cette tâche la chose la plus dure qu'elle ait connue. Je crois pouvoir dire que cela a été accompli sans que nos hommes ni officiers en aient souffert dans leur cœur ou dans leur âme. Ce danger était pourtant réel. La voie située entre les deux possibilités : devenir trop dur, devenir sans cœur et ne plus respecter la vie humaine, ou bien devenir trop mou et perdre la tête jusqu'à en avoir des crises de nerf — la voie entre Charybde et Scylla est désespérément étroite... (Heinrich Himmler, *Discours secrets.* Collection Témoins. Gallimard. 1978. Page 168. Cité par V. Grigorieff dans *Le Judéocide.* Evo Histoire. 1994. Page 60).

36b. « Encore que des autorités juives, avec leurs partisans, aient poussé à la mort du Christ, ce qui a été commis durant sa Passion ne peut être imputé ni indistinc-

tement à tous les Juifs vivant alors, ni aux Juifs de notre temps. S'il est vrai que l'Église est le nouveau peuple de Dieu, les Juifs ne doivent pas, pour autant, être présentés comme réprouvés par Dieu ni maudits, comme si cela découlait de la Sainte Écriture. Que tous donc aient soin, dans la catéchèse et la prédication de la parole de Dieu, de n'enseigner quoi que ce soit qui ne soit conforme à la vérité de l'Évangile et à l'esprit du Christ.
En outre, l'Église, qui réprouve toutes les persécutions contre tous les hommes quels qu'ils soient, ne pouvant oublier le patrimoine qu'elle a en commun avec les Juifs, et poussée non pas par des motifs politiques mais par la charité religieuse de l'Évangile, déplore les haines, les persécutions et toutes les manifestations d'antisémitisme, qui, quels que soient leur époque et leurs auteurs, ont été dirigées contre les Juifs. » (Extrait du document conciliaire (Vatican II) *Nostra Aetate Déclaration sur les relations de l'Église avec les religions non-chrétiennes.*) Le lecteur impartial s'étonnera néanmoins de la formule choisie par l'Église s'annonçant comme «le nouveau peuple de Dieu ». Ce qui peut être considéré comme une captation d'héritage.

37. Jean-Baptiste Metz, cité dans le *Dictionnaire encyclopédique du judaïsme.* Bouquins. Robert Laffont. 1996. Page 213.

38. E. Fackenheim. *Penser après Auschwitz : affirmations juives et réflexions philosophiques.* Cité dans le *Dictionnaire Encyclopédique du Judaïsme.* Bouquins. Robert Laffont. 1996. Page 212.

38a. Au lieu de rabbin, on lira parfois le mot *rabban* : il s'agit d'un titre indiquant un très grand respect. Ce titre ne fut attribué qu'à de très rares rabbins.

38b. *Le Talmud.* L'Édition Steinsaltz. Guide et lexiques. J.C. Lattès. 1994. Page 47. Au sujet des Talmuds autocensurés, il convient de dire quelques mots des *Toledoth Yeshuh.* Il s'agit de textes rédigés au dixième siècle comme réponse aux évangiles chrétiens. Ils racontent la vie de Jésus telle qu'elle est imaginée par les Juifs. Certains textes ont été rédigés d'après des éléments censurés du Talmud. Dans ces *Toledoth Yeshuh,* les Juifs expliquent les miracles du Christ par la puissance du Tétragramme (*Shemhamphoras*) dont le Christ ce serait emparé (voir l'article sur le Golem, page 113). Luther a utilisé ces *Toledoth Yeshuh* pour ridiculiser la religion juive (*Vom Shem Hamphoras und vom Geschlecht Christi*). Pour en savoir plus, lisez de Jean-Pierre Osier *L'Évangile du Ghetto.* Berg International. 1984.

38c. A. Cohen. *Le Talmud.* Petite bibliothèque Payot. 2003. Page 46.

38d. A. Cohen. *Le Talmud.* Petite bibliothèque Payot. 2003. Pages 51 et 53.

39. *Dictionnaire encyclopédique du judaïsme.* Bouquins. Robert Laffont. 1996. Page 1004.

40. A. Chouraqui. *Histoire du judaïsme.* « Que sais-je ? ». n° 750. PUF. 2002. Page 22.

41. Hypostase. Terme théologique désignant les différents aspects substanciels d'un Dieu-Un. Dans la théologie chrétienne, ce sont les trois personnes de la Sainte Trinité. Dans la Kabbale, ce sont le Dieu « cause première », le Dieu d'Israël et la *Chekhinah* (la présence divine).

42. G. Scholem. *Le messianisme juif.* Pocket. 1992. Page 149.

43. G. Scholem. *Le messianisme juif.* Pocket. 1992. Page 158.

44. Berakhot, 27.

45. G. Haddad. Lacan et le judaïsme. Livre de Poche n° 4343. 2003. Page 55.

46. A. Abécassis. *Droit et religion dans la société hébraïque.* Archives de philosophie du droit. Sirey. 1993. Tome 38. Page 31.

Glossaire

Certains mots hébreux sont devenus fréquents dans la presse française. Ce petit glossaire, dont le but n'est pas d'être exhaustif, se propose de donner une très courte définition des mots les plus fréquents. Il comprend également les termes utilisés dans cet ouvrage. Pour une utilisation rapide, nous avons décidé de ne jamais expliciter le mot au-delà de ce qui est immédiatement nécessaire. Ainsi, pour le mot « adar » nous nous contentons de signaler qu'il s'agit d'un mois du calendrier juif, sans entrer davantage dans son explication.

L'orthographe utilisée ici est la plus usuelle mais le lecteur ne doit pas s'étonner de trouver d'autres graphies (ainsi, on écrit aussi bien Cabale que Kabbale ou Kabale, bat-mistva que bath mitzva, Torah que Tora ou même Thora).

Adar un des mois de l'année juive.

Aharonim ce mot, signifiant « les derniers », désigne les autorités juridiques postérieures au *Choulkham Aroukh* (« La Table dressée »).

Alliance l'expression « introduire dans l'alliance », signifie pratiquer la circoncision.

Almenor dans la synagogue, estrade pour l'officiant (autres noms : *bimah* et *alménar*).

Amoraïm docteurs de la loi (on leur doit les commentaires de la Michnah).

Ashkénaze nom donné aux Juifs d'Europe occidentale et centrale.

Av un des mois de l'année juive.

Bar mitzva cérémonie pour l'accès d'un garçon à la majorité religieuse (13 ans).

Bat mitzva cérémonie pour l'accès d'une jeune fille à la majorité religieuse (12 ans).

Berakha bénédiction.

Berechit premier mot de la Genèse (donc premier mot de la Torah).

Berit mila circoncision (alliance de la -).

Berit alliance.

Beth dine maison de la loi (tribunal rabbinique, sanhédrin).

Bimah dans la synagogue, estrade pour l'officiant (autre nom : *almenor*).

Brakha bénédiction prononcée avant d'accomplir une action.

Cacher ce mot signifie « conforme » pur. Il désigne ce qui est conforme aux règles de la *cashrouth*, c'est-à-dire les aliments « aptes » à être consommés ou, par extension, les actions en accord avec les commandements de la Loi juive.

Cachrouth ensemble des règles complexes délimitant ce qui est permis et ce qui est interdit en matière d'alimentation.

Casher voir Cacher.

Cashrout voir Cachrouth.

Chabbat septième jour de la semaine, jour de repos.

Chaddaï le « Tout-Puissant » (un des noms de Dieu); ce nom est apparent sur les mezouzas, les amulettes, etc.

Chaharit office du matin.

Chamach bedeau de la synagogue.

Chavouoth nom hébreu de la Pentecôte juive.

Chema premier mot d'un passage du Deutéronome, c'est la profession de foi du Juif (*Chema Israël...* : Écoute Israël...).

Chema Israël « Écoute, Israël. » : début de la prière journalière récitée matin et soir. Cette prière qui provient du *Pentateuque* (Deutéronome 6, 4-9) exprime la quintessence de la foi juive. Ces premiers mots ont acquis, au cours des âges, pour tout le peuple juif, valeur de symbole face aux persécutions.

Chemini atserèt nom de la fête qui suit les sept jours de la fête de Souccoth.

Chevarim types de sons produits par le chofar.

Chevat un des mois de l'année juive.

Chofar corne de bélier dont on se sert pour certaines fêtes juives.

Chohet préposé à l'abattage rituel.

Choulhane Aroukh « Table dressée » : un des principaux codes de la loi juive (écrit, au XVIe siècle, par Joseph Caro).

Cohen « prêtre » descendant d'Aaron (le pluriel est : cohanim).

Dayan juge.

Din loi (le pluriel est : dinim).

Din Torah jugement religieux.

Doukhane dans le Temple, estrade d'où les prêtres bénissaient le peuple.

Eloul un des mois de l'année juive.

Eretz la terre (*eretz Israël* : la terre d'Israël).

Erev veille (on se sert de ce mot pour indiquer la veille d'une fête ; par exemple : erev Yom Kippour).

Exilarque héritier des prestigieuses universités talmudiques de l'Antiquité.

Ezrat nashim « Cour des femmes » : dans le Temple, espace réservé aux femmes.

Galout dispersion, diaspora.

Gaon ce mot signifie « gloire » : c'est un titre honorifique des présidents des académies de Babylonie (Soura et Poumbedita) du VIe au XIe siècle. Le pluriel est géonim.

Gèt lettre de répudiation.

Gola diaspora.

Gézérah décret de la loi (pluriel : gézéroth).

Guemara une des parties du Talmud (c'est le commentaire de la Michnah).

Hagala purification des ustensiles de cuisine par l'eau bouillante.

Haggadah rituel et récit codifié de la sortie d'Égypte tel qu'il est lu à Pessah (Pâque juive).

Halaf nom du couteau utilisé pour l'abattage rituel.

Halakha lois, codes, règles de la vie juive telles qu'elles ont été codifiées par les rabbins.

Halitsa cérémonie de déchaussement en rapport avec la loi du lévirat qui impose au beau-frère d'épouser la femme du disparu.

Hallel suite de psaumes lus lors de certaines fêtes.

Hametz produit fermenté (interdit durant la fête de Pessah, la Pâque juive).

Hanoukah fête juive durant laquelle on allume le chandelier à 8 branches.

Hanoukiah chandelier à huit branches.

Haskalah ce mot signifie « raison ». La haskalah désigne le mouvement juif des Lumières.

Hazane c'est le chantre qui de sa voix dirige et anime la prière publique à la synagogue.

Héksher c'est une déclaration de conformité avec la Loi religieuse.

Hèdèr école primaire juive.

Hérém c'est une excommunication dans le cadre d'une communauté (*qehilah*).

Houppa dais nuptial.

Iyar un des mois du calendrier juif.

Jubu Juif bouddhiste.

Juif, juive toute personne née de mère (femme mariée ou célibataire) juive ou converti(e) selon la Loi.

Kabbale c'est l'ensemble des éléments spéculatifs et pratiques se rapportant à la mystique juive.

Kaddich ce terme signifie « saint ». C'est une très ancienne prière récitée en araméen, de glorification (doxologie) et de sanctification du Nom de Dieu. Bien qu'elle soit récitée pendant la période de deuil, ce n'est pas une prière pour l'âme d'un disparu.

Keli récipient destiné à la purification des mains.

Kelippot dans la théorie de Louria(kabbale), ce sont les écorces, les forces du mal.

Ketoubbah contrat de mariage.

Kiddouch bénédiction sur le vin avant les repas du chabbat ou de certaines fêtes.

Kippah petit couvre-chef qui se porte sur le sinciput. L'obligation de la porter (en signe de respect pour la présence divine permanente) ne fait pas partie des 613 commandements, mais la coutume a pris force de loi. On parle aussi de calotte ou de *yarmoulka.*

Kippour la principale fête juive (le Grand Pardon).

Koi Nidré cette expression signifie « tous les vœux ». Ce sont les premiers mots de l'office de la veille de Yom Kippour. Par le *Kol Nidré*, le fidèle annule tous ses vœux inconsidérés envers Dieu (mais non les vœux envers ses semblables).

Liboun purification des ustensiles de cuisine par le feu.

Loulav palme (une des quatre espèces végétales du bouquet de Souccoth).

Machguiah superviseur (dans les boucheries, magasins, restaurants, communautés, aéroports, etc.) chargé du respect des règles alimentaires juives.

Maftir personne appelée en dernier à la lecture de la Torah.

Mamzer bâtard (enfant né d'une union interdite par la loi juive).

Mappah bande de tissu qui maintient le rouleau de la Torah.

Mariv office du soir.

Maskilim disciple de la haskalah (mouvement juif des Lumières).

Matzah pain azyme (sans levain) consommé à Pâque.

Meguilla rouleau sur lequel sont écrits les livres sacrés.

Mehitsa séparation des hommes et des femmes dans les lieux de prière.

Mélitsa rhétorique rabbinique. Voici un exemple de cette rhétorique telle qu'elle est écrite par le rabbin Emden dans ses mémoires (voir bibliographie) : « Ceci est un commentaire de la Michnah, censé compléter certains passages où le gaon, l'auteur des *Tosefot Yom tob*, a laissé des glanes et a omis les coins du champ pour un miséreux de mon espèce. » (page 50).

Menorah chandelier.

Mezouzah ce terme signifie « linteau de porte ». C'est un étui, fixé sur les portes des demeures juives, contenant les deux premiers chapitres du *Chema Israël* ; on le fixe sur le montant droit du chambranle de la porte. Le mot *Chaddaï* (une des appellations de Dieu, disant à la création « assez ») est écrit sur la mezouzah. Chaddaï est aussi l'acrostiche de *Chomer delatot Israël* (« gardien des portes d'Israël »).

Michnah ce mot signifie « répéter », c'est la loi orale dans tous ses aspects ; dans un sens plus restrictif c'est une partie du Talmud.

Midrach ce mot signifie « interroger », « étudier », c'est un commentaire rabbinique de la Bible.

Miqweh bain rituel.

Mitzva commandement, acte méritoire.

Minhag coutume.

Minyan ce terme signifie « nombre ». Il désigne le quorum de dix hommes disposant de la capacité religieuse (donc Juifs, âgés de plus de 13 ans, etc.) nécessaire pour qu'une prière publique puisse être valablement récitée ou qu'une cérémonie religieuse soit valide.

Mohel circonciseur.

Nassi président du Sanhédrin.

Netsotsot étincelles de l'âme (dans la kabbale de Louria).

Niddah ce terme signifie « femme impure. C'est la période d'impureté pendant laquelle la femme doit être isolée. Après cette période, et l'immersion dans la *mikvah* (édifice du bain rituel), elle sera à nouveau permise à son mari.

Nissan un des mois de l'année juive.

Omer nom de la période séparant Pessah de la Pentecôte juive.

Oth signe.

Paracha un ou plusieurs paragraphes de la Torah.

Parokhet dans la synagogue, rideau devant l'arche contenant les rouleaux de la Torah.

Parnassim notables et dirigeants communautaires d'une grande communauté juive ashkénaze.

Peroukh commentaires talmudiques de Rachi.

Perouta petite monnaie de cuivre (utilisée pour acter un contrat).

Pessah nom de la Pâque juive.

Pirké Avoth un des traités de la Michnah (première partie du Talmud) composé d'aphorismes.

Piyout poème liturgique (le mot provient de la déformation du mot grec « poète »).

Posèq décisionnaire.

Pourim fête religieuse des « sorts », la journée la plus joyeuse de l'année juive.

Qiddoush sanctification.

Rabbin ce mot provient de l'hébreu *rabbi* (mon maître) : personne qui a reçu, à la suite d'études spécialisées, le titre d'expert de la Loi.

Richonim ce mot, signifiant « les premiers », désigne les autorités juridiques antérieures au *Choulhane Aroukh* (« La Table dressée »).

Rosh Hachana fête juive du nouvel An.

Sanhédrin haute cour de justice (à l'époque du Temple ; restaurée pour un temps limité, en France, par Napoléon).

Sandaq parrain lors de circoncision.

Sédèr rituel de cérémonie (en particulier celui de la cérémonie de Pessah).

Séfarade nom donné aux Juifs espagnols, portugais et d'Afrique du Nord.

Seliha prière pénitentielle.

Shas les six ordres de la Michnah.

Shehita abattage rituel.

Shtetl village juif d'Europe centrale tel qu'il existait avant la Seconde Guerre mondiale.
Siddour rituel de prières.
Sidra section de la Torah que l'on lit le jour du chabbat.
Simhat Torah fête de la « réjouissance de la Torah ».
Sota femme « déviante », soupçonnée d'adultère (un traité éponyme de la Michnah est d'ailleurs consacré à ce sujet).
Soucca « cabane » rituelle construite pour la fête de Souccoth.
Souccoth fête des cabanes.
Synagogue lieu de réunion *(beth-knesset)* pour la prière collective mais aussi pour l'étude de la Loi ou d'autres activités communautaires.
Takanat ordonnance religieuse.
Tallit châle de prière dont les quatre coins sont garnis de franges (*tsitsit*).
Tallit qatane sous-vêtement à grands coins garnis de franges (*tsitsit*).
Talmid élève, étudiant.
Talmud code de la loi orale (il comprend la Michnah et la Guemara).
Taqqanot décrets religieux.
Tamouz un des mois de l'année juive.
Tanaïm docteurs de la loi ayant eu une influence décisive sur le judaïsme durant une époque qui s'étend de l'an 20 à l'an 200 de l'è.c (on leur doit la *Michnah*).
Tanith jeûne.
Targoum traduction (et plus précisément la traduction de la Bible en araméen).
Tefilla prière.
Teffilin phylactères. Deux boîtiers de cuir noirci reliés à des lanières de cuir. Un des teffilin se met sur le bras gauche, l'autre ceint le front. Chaque boîtier renferme des rouleaux de parchemin sur lesquels sont inscrits des versets bibliques.
Tenaïm contrat de fiançailles.
Tévah dans une synagogue, pupitre devant lequel se tient l'officiant.
Tèvèt un des mois de l'année juive.
Ticha be Av fête religieuse jeûnée (le 9 du mois de av).
Tichri un des mois de l'année juive.
Tiqoun neshamot purification de l'âme.
Torah ce mot désigne « l'enseignement ». Au sens étroit, c'est le Pentateuque, c'est-à-dire les cinq premiers livres de la Bible. Au sens large, c'est l'ensemble de la loi juive.
Tossafot commentaires sur le Talmud rédigés par les rabbins français et allemands du XIIe au XIVe siècle (il s'agit principalement des gendres et des héritiers de Rachi).
Tsaddiq personnage particulièrement respectable, saint.
Tsitsit franges rituelles accrochées au châle de prière (*tallit*). Elles comportent 39 torsades (en guématria : Tsitsit = 39 = Dieu est Un).
Yamin noraïm les dix jours redoutables (entre Rosh Hachana et Yom Kippour).
Yeshiva école talmudique de niveau avancé où on étudie la Torah et surtout le Talmud (au pluriel : yechivoth).
Yom ha-Atsmaout « jour de l'indépendance » (fête de la naissance de l'État d'Israël).
Yom Kippour fête juive (le Grand Pardon), le jour le plus saint du calendrier juif.
Yom tov « jour de fête ».
Zohar le livre de la « Splendeur » (œuvre de base de la mystique juive).

Bibliographie

Ouvrages généraux

La Bible	Édition du rabbinat français sous la direction de Zadoc Kahn. 1222 pages. Colbo. 1966.
Le Code noir	L'esprit frappeur. 62 pages. 2000.
Talmud	Berakhot I. Édition de A. Steinsaltz. 484 pages. Pocket n° 11242. 2001.

Pour ce qui concerne le Talmud Steinsaltz, il s'agit d'une traduction « assistée ». Textes du Talmud (en caractères gras) et commentaires (en caractères maigres) se suivent. Les notes proviennent des décisionnaires classiques (Maïmonide [*Michné Torah*] et Joseph Caro [*Choulhane Aroukh*]).

Ouvrages d'auteurs

Abécassis (A.)	*La pensée juive* (deux tomes). 352 pages (pour chaque tome). Biblio essais. Livre de poche n° 4050 et 4051. 1987.
Abécassis (A.)	*Droit et religion dans la société hébraïque* in Archives de philosophie du droit. Tome 38, pages 23 à 34. Sirey. 1993.
Abitbol (M).	*Le passé d'une discorde. Juifs et Arabes depuis le VIIe siècle*. 520 pages. Collection tempus. Éditions Perrin. 2003.
Ajchenbaum (J. et Y.-M.)	*Les judaïsmes*. 318 pages. Folio actuel. Le Monde. N° 79. 2000.
Anonyme	*Lettres de quelques Juifs à Monsieur de Voltaire*. Paris. 426 pages (tome I). Méquignon junior. 1817.
Anski (C.)	*Le Dibouk*. 78 pages. Répertoire pour un théâtre populaire n° 6. L'Arche. 1957.
Atias (J.-C.) et Benbassa (E.)	*Dictionnaire de civilisation juive*. Les Référents. 346 pages. Larousse. 1998.
Bon (D.)	*Le midrach*. 128 pages. « Que sais-je ? » n° 3019. PUF. 1995.
Baumgarten (J.)	*Le yiddish. Histoire d'une langue errante*. 284 pages. Présence du judaïsme n° 26. Albin Michel. 2002.
Bebe (P.)	*Isha. Dictionnaire des femmes et du judaïsme*. 440 pages. Calmann-Lévy. 2001.
Chouraqui (A.)	*Histoire du judaïsme*. 128 pages. « Que sais-je ? » n° 750. PUF. 2002.
Cohen (G.)	*La grande clarté du moyen âge*. 190 pages. Idées. NRF. 1967.
Collectif	*Dictionnaire encyclopédique du judaïsme*. Bouquins. 1636 pages. Cerf/Robert Laffont. 1996.
Collectif	*Encyclopaedia Judaica*. Jérusalem. 1972 (20 volumes).
Collectif	*La psychanalyse est-elle une histoire juive ?* Colloque de Montpellier. 230 pages. Seuil. 1981.

Collectif.	*Dictionnaire illustré de la Bible*. 600 pages. Bordas. 1990.
Dahan (G.)	*La Polémique chrétienne contre le judaïsme au moyen âge*. 152 pages. Présences du Judaïsme n° 4. Albin Michel. 1991.
Derczansky (A.-P.) et Camus (J.-Y.)	*Le Monde juif*. 64 pages. Les essentiels Milan. 2001.
Emden (J.)	*Mémoires de Jacob Emden ou l'anti Sabbataï Zewi*. 418 pages. Patrimoines Judaïsme. Cerf. 1992.
Fleg (E.)	*Anthologie de la pensée juive*. 448 pages. L'Essentiel. J'ai Lu. 1966.
Grigorieff (V.)	*Le judéocide*. 132 pages. Evo Histoire. Éditions Vie Ouvrière. 1994.
Gruber-Magitot (C.)	*Jésus et les pharisiens*. 454 pages. Robert Laffont. 1964.
Gugenheim (E.)	*Le judaïsme dans la vie quotidienne*. 244 pages. Présences du judaïsme. Albin Michel. 1989.
Haddad (G.)	*Maïmonide*. Les Belles lettres. 140 pages. 1998.
Kamenetz (R.)	*Le Juif dans le lotus*. Des rabbins chez les lamas. Calmann-Lévy. 306 pages. 1997.
Loewenstein (R)	*Psychanalyse de l'antisémitisme*. 150 pages. PUF. 1952.
Longton (J.)	*Fils d'Abraham. Panorama des communautés juives, chrétiennes et musulmanes*. 264 pages. Brepols. 1987.
Malka (S. et V.)	*Le petit Retz du judaïsme*. Éditions Retz. 144 pages. 1989.
Martinez (G.)	*La Shoah*. 64 pages. Mémo. Seuil. 1999.
Méchoulan (H.)	*Être Juif à Amsterdam au temps de Spinoza*. 184 pages. Présences du judaïsme n° 1. Albin Michel. 1991.
Novick (P.)	*L'Holocauste dans la vie américaine*. 434 pages. NRF. 2001.
Ouaknin (M.-A.)	*Tsimtsoum. Introduction à la méditation hébraïque*. 254 pages. Spiritualités vivantes n° 105. Albin Michel. 2003.
Rosten (L.)	*Les joies du yiddish*. 534 pages. Calmann-Lévy. 1994.
Scholem (G.)	*La Kabbale*. 704 pages. Folio Essais n° 426. 2003.
Scholem (G.)	*Le Messianisme juif. Essais sur la spiritualité du judaïsme*. 504 pages. Coll. Agora. Pocket. 1992.
Scholem (G.)	*Sabattaï Tsevi. Le messie mystique*. 969 pages. Collection « Les Dix Paroles ». Verdier. 1983.
Schwarz (J.)	*Ruth. Manuel de la femme juive*. 130 pages. Fondation Sefer Paris. S.d.
Schwarzfuchs (S.)	*Rachi de Troyes*. 152 pages. Présences du Judaïsme n° 3. Albin Michel. 1991.
Serouya (H.)	*La Kabbale*. 534 pages. Grasset. 1957.
Steinsaltz (A.)	*Personnages du Talmud*. 212 pages. Pocket n° 11265. 2001.

Index

Imprimé en France. - JOUVE, 11, bd de Sébastopol, 75001 PARIS
N° 393114N. - Dépôt légal : Février 2006